학술진흥재단 기초학문(국학고전) 과제

문집소재
조선후기 민요자료 정리와 분류

| 최재남·정한기·성기각 공저 |

보고사

연구책임자 : 최재남(현 이화여대 국어국문학과 교수)

공동연구원 : 정한기(현 홍익대학교 교양과 강사)
　　　　　　성기각(현 경남대학교 교양학부 강의전담교수)

연구보조원 : 이힐한(현 경남대학교 강사)
　　　　　　김은지(현 경남대학교 강사)
　　　　　　문정혜(경남대학교 석사 수료)

* 이 저서는 2004년도 학술진흥재단의 지원(기초학문 국학고전 과제)에 의하여
　연구되었음(KRF-2004-AS3016)

머리말

　민요에서 서정시가 출발하고 서정성의 향방에 다기한 문제가 노정되었을 때 다시 민요를 주목하게 되었다는 사실은 한국서정시의 전개에서 주의를 기울여야 할 대목이다. 각 지역의 민요를 수집하여 산정한 『시경』에 대한 새로운 해석을 제기하고 사상사와 문학사의 연관을 강화하면서 영조가 어명으로 각 지역에서 채시하게 되자, 민요는 새삼 여러 담당층에게 특별한 관심의 대상이 되었다고 할 수 있다. 이렇듯 민요에 대한 각별한 애정은 서정의 현실성을 우리의 삶에서 찾는다는 점에서 매우 중요한 태도일 터인데, 우리들은 조선후기에 애써 노력했던 서정시의 방향 확인에 대한 실천적 양상을 민요 자료를 통하여 새삼 되새겨볼 수 있을 것이다.

　우리 선생님의 회갑을 앞두고 문하들이 모여서 각기 한 과제씩 맡아 고전시가의 장르교섭을 탐색하고자 했을 때 필자가 맡은 것이 한시와 민요의 장르교섭에 관한 것이었다. 거의 두 해에 걸쳐서 문집을 열람하면서 민요와 관련된 자료를 정리하게 되었는데, 그 과정에 연행 현장을 고스란히 보여주는 강준흠의 〈조산농가〉와 같은 소중한 작품을 확인하게 되었다. 그리고 확보한 자료를 근간으로 「조선후기 민요의 실상과 한시의 민풍 수용」이라는 논문을 작성할 수 있었다.

　그리고 그때 수집한 자료를 바탕으로 마련한 연구계획이 2004년에

학술진흥재단의 기초학문 과제로 선정되어 정한기·성기각 등 공동연구원과 함께 문집에 기록되어 있는 민요 자료를 전면적으로 새롭게 정리하게 된 것이다. 연구보조원인 이힐한·김은지·문정혜를 포함하여 한 해 동안 매주 한 차례의 검토회의를 통하여 자료 정리의 방향을 다지고, 방학도 반납한 채 강행군을 한 결과, 현재 우리가 확인할 수 있는 바와 같은 조선후기 민요자료를 확보하고 분류의 체계를 논의할 수 있었다.

한 해라는 짧은 기간으로 미처 완수하지 못하거나 새롭게 제기된 과제의 해결을 포함하여 자료의 확충과 보완이 필요하여 몇 차례에 걸쳐 후속 과제로 신청했으나 우리들의 뜻을 받아주지 않았다. 자료의 보완을 위한 후속 연구를 포함하여 정리한 자료를 번역하는 일은 앞으로 해결해야 할 새로운 과제인 셈이다.

이제 우리 연구팀이 수집하고 정리한 조선후기 민요자료를 세상에 공개하고자 한다. 보완해야 할 내용이 많이 있으리라 생각하지만, 이 자료를 바탕으로 민요를 중심으로 조선후기 서정문학에 대한 전면적인 재검토가 이루어지기를 기대하고, 아울러 한국서정시의 방향에 대한 진지한 성찰이 동시에 진행될 수 있기를 소망한다.

이런저런 사정으로 이제 우리 연구팀은 서로 다른 곳에서 지내게 되었지만 연구를 진행하는 기간 동안 사소한 일상을 편안하게 배려하지 못하여 송구스러운 마음을 감출 수 없고, 한편으로 여러 면에서 지원해 주신 경남대학교 산학협력단에 고마운 마음을 전하고자 한다.

2008년 5월
鞍峴 아래 연구실에서 **최재남**

차 례

머리말 / 3

조선후기 민요자료의 정리와 분류 ··· 7
최재남

조선후기 민요자료에 나타난 민요의 통시적 양상 ························ 19
정한기

조선후기 민요자료를 통해 본 민요의 가창방식 ····························· 57
성기각

민요자료

  1. 農歌 : 농사꾼의 노래 ··· 85
  2. 樵歌 : 나무꾼의 노래 ··· 225
  3. 漁歌 : 어부의 노래 ·· 299
  4. 婦謠 : 부녀자의 노래 ·· 321
  5. 童謠 : 아이들 노래 ·· 377
  6. 기타 ··· 383

작품 색인 / 425

조선후기 민요자료의 정리와 분류

최재남

1. 조선후기 민요의 분류체계와 분류방법[1]

　수집·정리한 조선후기 민요를 분류하는 준거를 마련하는 일은 간단하지 않다. 문집을 통해서 확인한 자료가 조선후기 민요의 실상을 온전하게 반영하고 있는지에 대한 재검토가 아울러 필요한 상황에서 조심스러울 수밖에 없지만, 수집·정리한 자료를 바탕으로 조선후기 민요를 분류하는 준거를 설정할 수 있는 이론적 기반을 마련하도록 한다.

　민요의 분류는 각 시기 각 지역의 구체적 민요에서 시작해야 하는데, 실제 민요의 분류를 시도한 연구가 가진 한계가 여러 가지 측면에서 드러난다. 고정옥, 『조선민요연구』(수선사, 1949)는 김소운, 『조선구전민요집』(제일서방, 1933)에 수록된 자료를 바탕으로 분류한 것이

---

[1] 이 글은 배달말 38(2006.6)에 발표한 원고 「문집 소재 조선후기 민요자료 정리 및 분류」를 바탕으로 수집한 자료와 함께 2006년 8월 학술진흥재단에 제출하여 심사를 거쳐 2006년 10월 수정과 보완을 요구받아 새롭게 분류하고 정리한 것이다. 따라서 배달말 38집에 발표한 「문집 소재 조선후기 민요자료 정리 및 분류」와는 많은 차이가 있으며, 앞으로 이 글을 중심으로 자료를 다루도록 한다.

지만, 남요와 부요로 나눈 내용이 실상에 부합하지 않는 것이 많다. 임동권, 『한국민요집』(집문당, 1961~1992) 1-7이나 정신문화연구원, 『한국구비문학대계』가 기능에 따라 분류하고 있고 채록한 자료가 늘어났지만 기능의 변화에 따른 고려[2]가 필요하고, 실제 조선후기 민요의 실상의 연장선에서 통시적으로 어느 정도 부합할 수 있는지 신중하게 검토해야 할 것이다.

본 연구에서 수집·정리한 621제 1233각편의 민요자료를 중심으로 검토할 때 가창자에 따른 분류와 기능에 따른 분류보다 일노래를 근간으로 크게 농가(農歌), 초가(樵歌), 어가(漁歌)로 인식하고 있었음을 알 수 있다. 기능적인 분류에 따르자면 농업노동요, 벌채노동요, 어업노동요에 해당한다. 이러한 인식은 정약용(1762~1836)[3], 이학규(1770~1835)[4] 등의 개별적인 사례에서도 확인되지만, 전반적으로 각 지역의 민요를 제시하면서 각 지역을 포함한 농가, 어가, 초가를 들고 있다는 사실을 주목할 수 있다. 다음에서 제시하는 민요 분류의 실제에서 소분류에 '각 지역 민요'라고 항목을 설정한 것이 바로 그것인데, 농가의 경우 81제 108각편, 어가의 경우 22제 40각편, 초가의 경우 59제 77각편, 기타의 경우 9제 113각편 등 총 171제 338각편이 이러한 증거가 된다. 이 자료는 각 지역의 지역성을 반영하면서 동시에 민요를 농가, 어가, 초가의 큰 범주 내에서 인식하고 있다는 사실을 증명하는 것이다. 따라서 조선후기 민요를 크게 농가, 초가, 어가로 대 분류

---

2) 기능의 조건들이 바뀌면서 나타나는 변화의 진폭, 기능의 항목들이 탈락하거나 추가되면서 민요의 양상이 바뀌는 경우 등을 고려해야 하는 과제가 제기된다.
3) 정약용은 〈耽津農歌〉, 〈耽津漁歌〉, 〈耽津村謠〉로 대별하고 있다.
4) 이학규는 〈江滄農歌〉, 〈南湖漁歌〉, 〈上洞樵歌〉로 대별하고 있다.

할 수 있을 것이다. 이와 함께 일의 기능과 가창자를 중심으로 생각할 때 부녀자의 노래인 부요와 아이들이 부른 동요를 따로 설정하고 아울러 기타 항목도 두도록 한다.

　농가(農歌)는 전체 316제 529각편 가운데 넓은 의미의 농가로 제시한 경우도 있지만 농업노동의 구체적 내용에 따라 다시 세분하여 중분류를 설정할 수 있다. 밭농사 노래, 논농사 노래, 잡농사 노래, 농가 생활 노래와 기타로 중분류 하도록 한다. 밭농사 노래는 다시 보리갈이, 보리밟기, 보리베기, 보리타작, 밭갈이, 밭매기, 조 심기, 담배 심기, 채소 심기, 부추 베기, 콩 타작 등의 소분류가 확인된다. 논농사 노래는 논갈이, 모내기, 논매기, 새 쫓기, 벼 베기, 벼 타작 등의 소분류가 확인된다. 잡농사 노래는 이삭줍기, 소 치기, 밤 심기, 울 치기 등의 소분류가 확인된다. 농가 생활 노래는 농부노래, 농사노래, 머슴 노래, 농가 노래 등을 설정할 수 있고, 기타에 풍년가와 각 지역 농가를 놓을 수 있다. 실제 자료에서 큰 비중으로 확인되는 것은 보리베기[刈麥] 12제 16각편, 보리타작[打麥] 40제 48각편, 벼베기[刈稻] 10제 10각편, 모내기[移秧] 91제 144편, 논매기[鋤禾] 19제 19각편, 농사노래 13제 42각편, 농가 노래 14제 77각편 각 지역 농가 81제 108각편 등이다.

　초가(樵歌)는 전체 제 각편 가운데 채취노래, 나무꾼의 노래, 산유화와 기타 등으로 중분류를 하고자 한다. 채취노래는 풀 베기, 나무 베기, 땔나무 하기, 갈대 꺾기 등의 소분류를 설정할 수 있고, 나무꾼의 노래는 초부가와 초가를 소분류로 설정하고, 산유화는 다시 산유화가와 향랑요로 나누며 기타는 산촌의 노래와 각 지역 초가로 세분하고자 한다. 구체적으로 벌채노동의 종류를 가를 수 있는 자료는 비중이

약하고 오히려 포괄적인 제목으로 나타나, 초가(樵歌)가 12제 14각편, 초부가(樵夫歌)가 21제 30각편, 각 지역 초가가 59제 77각편 등이며, 여러 가지 성격을 포함하고 있는 산유화가(山有花歌)가 25제 79각편을 차지하고 있다.

어가(漁歌)는 대 분류 중에서 가장 비중이 약한데 전체 41제 69각편 가운데 고기 잡는 노래, 뱃노래, 해녀 노래, 어부의 노래, 기타 등으로 중분류할 수 있다. 고기 잡는 노래는 단일 항목으로 소분류하고 뱃노래는 배 띄우는 노래와 배따라기로 소분류하고 어부의 노래는 어가와 어부가로 나누고 기타에는 각 지역어가를 두도록 한다. 이 가운데 각 지역 어가가 22제 40각편으로 가장 큰 비중을 차지하고 있다.

부요(婦謠)는 부녀자의 노래로 68제 221각편이 수집되었는데 농가와 겹치는 부분도 있지만 일의 성격이 부녀자에 속하는 것을 중심으로 중분류를 하면 길쌈 노래, 방아찧기 노래, 누에 치기 노래, 잡일 노래, 여성 생활 노래, 사랑노래, 기타 등으로 나눌 수 있다. 길쌈노래는 다시 목화 심기, 목화 따기, 목화 타기, 베 짜기 등으로 세분하고, 방아찧기 노래는 디딜 방아와 절구 방아로, 누에치기는 뽕 따기와 잡부의 노래로 잡일 노래는 다듬이질, 바느질, 물 긷기, 나물 캐기 등으로 정리할 수 있다. 한편 여성 생활 노래는 농가 여성 노래, 시집살이 노래, 의붓어미 노래 등으로 나누고 사랑노래는 고염곡, 신염곡, 자야가, 아조, 염조, 탕조, 비조, 기타 등을 설정할 수 있다. 이 가운데 디딜방아 노래가 8제 16각편, 농가 여성 노래가 15제 24각편, 사랑노래가 고염곡과 신염곡을 비롯하여 10제 132각편을 차지하고 있다.

동요(童謠)는 아이들 노래로 6제 10각편이 확인되는데 중분류도 그대로 아이들 노래로 설정하고 구체적으로 확인되는 자료를 바탕으로

별 노래, 대추 따는 노래, 칠석 노래, 기타 동요로 소분류하고자 한다.
　위의 다섯 가지 대분류에 속하지 않은 작품을 45제 174각편인데 이를 기타로 묶고자 한다. 그 중분류는 의례·세시, 사물 노래, 인정·세태, 아리랑, 지역 민요 등으로 가를 수 있다. 의례·세시민요는 다리 밟기, 땅 다지기, 풍물, 세시가, 널뛰기, 정월 대보름, 설날 등으로 소분류하고, 사물 노래는 꽃 타령, 새 타령, 달 타령, 담배 타령, 대나무 노래 등으로 나누고, 인정·세태 노래를 노처녀가, 기녀 노래, 문답가, 신세 타령 등으로 가르고, 지역 민요는 각 지역의 민요를 포함하도록 한다. 이 가운데 세시가가 1제 17각편이고, 각 지역 민요가 9제 113각편을 차지하고 있다.

2. 민요 분류의 실제

　앞장에서 논의한 분류체계 및 분류방법을 바탕으로 조선후기 민요자료를 다음과 같이 분류할 수 있다.
　농가는 중분류로 1. 밭농사 노래, 2. 논농사 노래, 3. 잡농사 노래, 4. 농가 생활 노래, 5. 기타로 나누고, 밭농사는 1-01 보리갈이 1-02 보리 밟기 1-03 보리 베기, 1-04 보리타작, 1-05 밭갈이 1-06 밭매기 1-07 조 심기 1-08 담배 심기, 1-09 채소 심기 1-10 부추 베기 1-11 콩 타작으로 소분류하고, 논농사는 2-01 논갈이 2-02 모내기, 2-03 논매기, 2-04 새 쫓기 2-05 벼 베기, 2-06 벼 타작으로 소분류하며, 잡농사는 3-01 밤 심기, 3-02 이삭줍기, 3-03 소 치기, 3-04 울 치기로, 농가 생활은 4-01 농부 노래, 4-02 농사 노래, 4-03 머슴 노래, 4-04 농가 노래로, 기타는 5-01 풍년가와 5-02 각 지역 농가로 각각 소분류하였다.

　초가는 중분류로 1. 채취 노래, 2. 나무꾼의 노래, 3. 산유화, 4. 기타로 나누고, 채취노래는 1-01 풀 베기, 1-02 나무 베기, 1-03 땔나무 하기, 1-04 갈대 꺾기로 소분류하고, 나무꾼의 노래는 2-01 초부가와 2-02 초가로 소분류하며, 산유화는 3-01 산유화가와 3-02 향랑요로 나누고, 기타는 4-01 산촌의 노래와 4-02 각 지역 초가로 소분류하였다.

　어가는 중분류로 1. 고기 잡는 노래, 2. 뱃노래, 3. 해녀 노래, 4. 어부의 노래, 5. 기타로 나누고, 고기 잡는 노래는 1-01 고기 잡는 노래 그대로 소분류하고, 뱃노래는 2-01 배 띄우는 노래와 2-02 배따라기로, 해녀노래는 3-01 잠녀가와 3-02 전복 따는 노래로, 어부의 노래는 4-01 어가와 4-02 어부가로 나누고, 기타는 5-01 각 지역 어가를 배치하였다.

　부요는 중분류로 1. 길쌈 노래, 2. 방아찧기 노래, 3. 누에치기 노래, 4. 잡일 노래, 5. 여성 생활 노래, 6. 사랑노래로 나누고, 길쌈 노래는 1-01 목화 심기, 1-02 목화 따기, 1-03 목화 타기, 1-04 베 짜기로 소분류하며, 방아찧기 노래는 2-01 디딜방아 노래와 2-02 절구방아 노래로, 누에치기 노래는 3-01 뽕 따기 노래와 3-02 잠부가로, 잡일 노래는 4-01 다듬이질 노래, 4-02 바느질 노래, 4-03 물 긷는 노래, 4-04 나물 캐기 등으로, 여성 생활 노래는 5-01 농가 여성 노래, 5-02 시집살이 노래, 5-03 의붓어미 노래로, 사랑노래는 6-01 고염곡 6-02 신염곡, 6-03 자야가, 6-04 아조, 6-05 염조, 6-06 탕조, 6-07 비조, 6-08 기타 등으로 각각 정리하였다.

　동요는 1. 아이들 노래 하나로 중분류하고 1-01 별노래, 1-02 대추 따는 노래, 1-03 칠석 노래, 1-04 기타 동요로 소분류하였다.

그리고 기타 민요는 1. 의례·세시 노래, 2. 사물 노래, 3. 인정·세태 노래, 4. 아리랑, 5. 지역 민요 등으로 중분류하고, 의례·세시 노래는 1-01 다리 밟기, 1-02 땅 다지기, 1-03 풍물 노래, 1-04 세시가, 1-05 널뛰기 1-06 정월 대보름 노래, 1-07 설날 노래 등으로 소분류하고, 사물 노래는 2-01 꽃 타령, 2-02 새 타령, 2-03 달 타령, 2-04 담배 타령, 2-05 대나무 노래 등으로 소분류하며, 인정·세태 노래는 3-01 노처녀가, 3-02. 기녀노래, 3-03. 문답가, 3-04 신세타령 등으로 정리하고, 아리랑은 4-01 아리랑으로, 지역 민요는 5-01 각 지역 민요로 각각 소분류하였다.

본 자료에는 포함하지 않았지만 민요의 연행이나 가창 방식 등과 관련이 있는 자료로 20제 21각편의 참고자료를 확보하였다.

3. 조선후기 민요자료 분류표

대분류	중분류	소분류	각편 수	비고
1. 농가(農歌)	01 밭농사 노래	01 보리갈이 노래	5제 11각편	1-01-01-01~1-01-01-05
		02 보리밟기 노래	1제 1각편	1-01-02-01~1-01-02-01
		03 보리베기 노래	12제 16각편	1-01-03-01~1-01-03-12
		04 보리타작 노래	40제 48각편	1-01-04-01~1-01-04-40
		05 밭갈이 노래(소몰이)	6제 6각편	1-01-05-01~1-01-05-06
		06 밭매기 노래	3제 3각편	1-01-06-01~1-01-06-03
		07 조 심기 노래	1제 1각편	1-01-07-01~1-01-07-01
		08 담배 심는 노래	1제 1각편	1-01-08-01~1-01-08-01
		09 채소 심는 노래	1제 1각편	1-01-09-01~1-01-09-01
		10 부추 베는 노래	1제 1각편	1-01-10-01~1-01-10-01
		11 콩 타작 노래	1제 1각편	1-01-11-01~1-01-11-01

	02 논농사 노래	01 논갈이 노래	1제 1각편	1-02-01-01~1-02-01-01
		02 모내기 노래	91제 144각편	1-02-02-01~1-02-02-91
		03 논매기 노래	19제 19각편	1-02-03-01~1-02-03-19
		04 새 쫓는 노래	2제 2각편	1-02-04-01~1-02-04-02
		05 벼 베기 노래	10제 10각편	1-02-05-01~1-02-05-10
		06 벼 타작 노래	5제 5각편	1-02-06-01~1-02-06-05
	03 잡농사 노래	01 밤 심기 노래	1제 1각편	1-03-01-01~1-03-01-01
		02 이삭줍기 노래	2제 2각편	1-03-02-01~1-03-02-02
		03 소 치는 노래	10제 15각편	1-03-03-01~1-03-03-15
		04 울 치는 노래	1제 1각편	1-03-04-01~1-03-04-01
	04 농가 생활 노래	01 농부 노래	2제 5각편	1-04-01-01~1-04-01-02
		02 농사 노래	13제 42각편	1-04-02-01~1-04-02-13
		03 머슴 노래	1제 6각편	1-04-03-01~1-04-03-01
		04 농가 노래	14제 77각편	1-04-04-01~1-04-04-14
	05 기타	01 풍년가	1제 1각편	1-05-01-01~1-05-01-01
		02 각 지역 농가	81제 108각편	1-05-02-01~1-05-02-81
	소계		316제 529각편	
2. 초가(樵歌)	01 채취 노래	01 풀 베는 노래	3제 3각편	2-01-01-01~2-01-01-03
		02 나무 베는 노래	3제 3각편	2-01-02-01~2-01-02-03
		03 땔나무하는 노래	5제 5각편	2-01-03-01~2-01-03-05
		04 갈대 꺾는 노래	1제 1각편	2-01-04-01~2-01-04-01
	02 나무꾼 노래	01 초부가	21제 30각편	2-02-01-01~2-02-01-21
		02 초가	12제 14각편	2-02-02-01~2-02-02-12
	03 산유화	01 산유화가	25제 79각편	2-03-01-01~2-03-01-25
		02 향랑요	4제 4각편	2-03-02-01~2-03-02-04
	04 기타	01 산촌의 노래	2제 14각편	2-04-01-01~2-04-01-02
		02 각 지역 초가	59제 77각편	2-04-02-01~2-04-02-59
	소계		135제 230각편	
3. 어가(漁歌)	01 고기 잡는 노래	01 고기 잡는 노래	2제 2각편	3-01-01-01~3-01-01-02
	02 뱃노래	01 배 띄우는 노래	1제 1각편	3-02-01-01~3-02-01-01
		02 배따라기	2제 2각편	3-02-02-01~3-02-02-02

	03 해녀 노래	01 잠녀가	2제 2각편	3-03-01-01~3-03-01-02
		02 전복 따는 노래	1제 1각편	3-03-02-01~3-03-01-01
	04 어부의 노래	01 어가	6제 8각편	3-04-01-01~3-04-01-06
		02 어부가	5제 13각편	3-04-02-01~3-04-01-05
	05 기타	01 각 지역 어가	22제 40각편	3-05-01-01~3-05-01-22
	소계		41제 69각편	
4. 부요(婦謠)	01 길쌈 노래	01 목화심기 노래	2제 2각편	4-01-01-01~4-01-02-02
		02 목화 따기 노래	1제 1각편	4-01-02-01~4-01-02-01
		03 목화 타는 노래	1제 1각편	4-01-03-01~4-01-03-01
		04 베 짜는 노래	5제 5각편	4-01-04-01~4-01-04-05
	02 방아찧기 노래	01 디딜 방아 노래	8제 16각편	4-02-01-01~4-02-01-08
		02 절구 방아 노래	4제 4각편	4-02-02-01~4-02-02-04
	03 누에치기 노래	01 뽕 따기 노래	1제 1각편	4-03-01-01~4-03-01-01
		02 잠부가(蠶婦歌)	6제 13각편	4-03-02-01~4-03-02-06
	04 잡일 노래	01 다듬이질 노래	3제 10각편	4-04-01-01~4-04-01-03
		02 바느질 노래	1제 1각편	4-04-02-01~4-04-02-01
		03 물 긷는 노래	2제 2각편	4-04-03-01~4-04-03-02
		04 나물 캐는 노래	7제 7각편	4-04-04-01~4-04-04-07
	05 여성 생활 노래	01 농가 여성 노래	15제 24각편	4-05-01-01~4-05-01-15
		02 시집살이 노래	1제 1각편	4-05-02-01~4-05-02-01
		03 의붓어미 노래	1제 1각편	4-05-03-01~4-05-03-01
	06 사랑 노래	01 고염곡	1제 13각편	4-06-01-01~4-06-01-01
		02 신염곡	1제 10각편	4-06-02-01~4-06-02-01
		03 자야가	1제 20각편	4-06-03-01~4-06-03-01
		04 아조	1제 17각편	4-06-04-01~4-06-04-01
		05 염조	1제 18각편	4-06-05-01~4-06-05-01
		06 탕조	1제 15각편	4-06-06-01~4-06-06-01
		07 비조	1제 16각편	4-06-07-01~4-06-07-01
		08 기타	3제 23각편	4-06-08-01~4-06-08-03
	소계		68제 221각편	
5. 동요(童謠)	01 아이들 노래	01 별 노래(고잡곡)	1제 2각편	5-01-01-01~5-01-01-01
		02 대추 따는 노래	2제 2각편	5-02-01-01~5-02-01-02

			03 칠석 노래	1제 1각편	5-03-01-01~5-03-01-01
			04 기타 동요	2제 5각편	5-04-01-01~5-04-01-02
		소계			6제 10각편
6. 기타	01 의례·세시 노래		01 다리 밟기 노래	2제 4각편	6-01-01-01~6-01-01-02
			02 땅 다지는 노래	1제 5각편	6-01-02-01~6-01-02-01
			03 풍물 노래	4제 4각편	6-01-03-01~6-01-03-04
			04 세시가	1제 17각편	6-01-04-01~6-01-04-01
			05 널뛰기 노래	1제 1각편	6-01-05-01~6-01-05-01
			06 정월 대보름 노래	1제 1각편	6-01-06-01~6-01-06-01
			07 설날 노래	1제 1각편	6-01-07-01~6-01-07-01
	02 사물 노래		01 꽃 타령	9제 9각편	6-02-02-01~6-02-02-09
			02 새 타령	2제 2각편	6-02-02-01~6-02-02-02
			03 달 타령	3제 3각편	6-02-02-01~6-02-02-03
			04 담배 타령	1제 1각편	6-02-02-01~6-02-02-01
			05 대나무 노래	1제 1각편	6-02-02-01~6-02-02-01
	03 인정·세태 노래		01 노처녀가	1제 1각편	6-03-01-01~6-03-01-01
			02 기녀 노래	1제 1각편	6-03-02-01~6-03-02-01
			03 우부나부 문답가	2제 2각편	6-03-03-01~6-03-03-02
			04 신세 타령	2제 4각편	6-03-04-01~6-03-04-02
	04 아리랑		01 아리랑	3제 3각편	6-04-01-01~6-04-01-03
	05 지역 민요		01 각 지역 민요	9제 113각편	6-05-01-01~6-05-01-07
		소계			45제 174각편
	합계				621제 1233각편

❖ 참고문헌

『고서목록』(국립중앙도서관) 1~6
『규장각도서한국본종합목록』(서울대 규장각 소장)
『한국구비문학대계』(한국정신문화연구원, 1981~1988)
『한국문집총간』(민족문화추진회, 1988~2004) 1~340책
『한국역대문집총서』(경인문화사) 3,000책
姜浚欽, 『三溟集』 1·2(탐구당, 1994)
卞榮圭, 『曉山集』 9권 5책(경상대 문천각 소장)
徐璘淳, 『華軒遺稿』 5권 2책(국립중앙도서관 소장)
申維翰, 『靑泉集』, 『한국문집총간』 200(민족문화추진회, 1997)
尹東野, 『弦窩集』 6권 6책(서울대 도서관 소장)
李 鈺, 『역주 이옥전집』 1~3(소명출판, 2001)
崔成大, 『杜機詩集』 3책(국립중앙도서관 소장)

고정옥, 『조선민요연구』(수선사, 1949)
김소운, 『조선구전민요집』(제일서방, 1933)
박경수·서대석, 『한국민요·무가유형분류집』(한국정신문화연구원, 1993)
임동권, 『한국민요집』 1~7(집문당, 1961~1992)
정한기, 「서인순의 〈전가부〉에 나타난 여성형상의 문학적 위치」, 『조선후기 시가와 여성』(월인, 2005)
최재남, 「윤동야의 〈용가〉와 며느리 형상의 해석 방향」, 『조선후기 시가와 여성』(월인, 2005)
최재남, 「조선후기 민요의 실상과 한시의 민풍 수용」, 『장르교섭과 고전시가』(월인, 1999)

조선후기 민요자료에 나타난 민요의 통시적 양상

✳

정한기

1. 머리말[1]

　문집 소재 조선후기 민요자료는 현존 채록 민요의 역사적 근원을 밝힐 수 있는 자료라는 점에서 중요하다. 또한 민요와 한시·시가 등의 갈래 교섭이 문학사의 중요한 관심사란 점에 비추어 볼 때 조선후기 민요자료의 정리는 민요와 기존시가와의 관련성을 밝힐 수 있다는 점에서도 중요하다. 이와 같은 중요성에서 볼 때 기존에 개인적인 연구자들에 의하여 부분적으로 수집 소개되었던 것을 확장하여 문집에 수록된 조선후기 민요자료를 전면적으로 수집할 필요가 있다. 이러한 필요에서 본 연구팀은 1년간(2004. 9. 1.~2005. 8. 31) 문집소재 조선후기 민요자료의 정리·분류를 목표로 영인본으로 간행된 『한국문집총간』 전340책, 『한국역대문집총서』 전3000책, 국립중앙도서관 소장

---

[1] 이 글은 『배달말』40(2007. 6)에 발표한 논문 「문집 소재 조선후기 민요자료에 나타난 민요의 통시적 양상」을 바탕으로 본 자료집의 수록 작품과 작품 체재에 맞게 수정한 것이다.

6400여 종의 문집, 서울대학교 규장각 소장 838종의 문집, 경상대학교 문천각 소장 526종의 문집을 조사하였다.[2]

이렇게 수집된 민요자료가 의미를 얻기 위해서는 이 자료를 토대로 조선후기 민요의 통시적 양상을 정리하는 것이 필요하다. 민요의 통시적 양상은 현재 채록된 민요의 역사성을 밝힐 수 있을 뿐만 아니라 민요와 한시·시가의 관련성을 확인할 수도 있다. 민요의 통시적 양상은 당대에 채록된 민요를 대상으로 하는 것이 가장 적합하지만 현재 조선후기 당시에 불렸던 민요를 수록한 자료가 따로 마련된 것이 아니기 때문에 엄밀한 실상을 파악하기는 쉽지 않다. 다만 문집 소재 조선후기 민요자료들을 통하여 시기별로 부각된 민요의 종류, 민요를 수용하는 태도 등 민요에 대한 전반적인 모습을 정리하는 것은 가능하다. 전반적인 모습의 정리는 민요의 역사적 변모에 대한 본격적인 고찰의 전 단계이기는 하지만 조선후기 민요의 전체적인 실상을 확인할 수 있다는 점에서 필요한 작업이라 생각한다.

문집 소재 조선후기 민요자료를 통한 민요의 시대별 성격에 대하여 최재남 교수는 "17세기에는 단편적 언급이나 부분적인 관심"을 보이고 18세기에는 "매우 적극적인 입장에서 민요를 채록하거나 민요를 수용"한 것과 모내기 노래가 등장한 것이 보이고, 19세기에는 "민요의 대폭적인 확산"이 보인다고 하였다.[3] 본고도 앞의 견해를 수용하나, 확보한 민요자료의 각편 수가 확대되었다는 점에서 부각된 민요의 종

---

2) 민요자료의 수집 및 정리에 대한 경과는 최재남, 「문집 소재 조선후기 민요자료 정리 및 분류」, 『배달말』 38(배달말학회, 2006), 216~218면 참조.
3) 최재남, 「조선후기 민요의 실상과 한시의 민풍 수용」, 『장르교섭과 고전시가』(월인, 1999), 187면.

류를 확정하고, 민요에 대한 수용 태도에서 구체적인 양상을 제시할 것이다.

2. 민요의 통시적 양상에 대한 접근 방식

조선후기 민요의 통시적 양상이란 임란이후 17세기에서부터 19세기까지의 민요의 모습을 말한다.

그 모습을 파악하기 위해서는 먼저 민요자료를 확정하는 것이 필요하다. 본고에서 말하는 '민요자료'란 '민요와 관련된 자료'이다. 민요와 관련된 자료는 민요를 한역하였다고 인정할 만한 것·일의 현장을 보고 지은 것·일의 종류를 소재로 활용한 것·민요를 변용한 것·민풍만 받아들인 것 등을 포함한다. 조선후기 민요의 모습은 엄밀한 의미에서 민요를 한역한 자료만 대상으로 하는 것이 가장 적합할 것이다. 하지만 이와 같은 자료는 민요의 모습을 적시하는 장점이 있지만, 그 수집된 자료의 수가 적어 민요의 통시적인 전체 양상을 파악하기에는 무리가 있다. 따라서 민요의 '통시적인 양상'을 조망하는 데에는 '민요와 관련된 자료'를 포괄하는 것이 타당하다고 생각한다.[4] 민요를 한역한 것·일의 종류를 소재로 활용한 것 등을 포함한 민요와 관련된 자료를 문집에서 수집한 결과는 대분류에서 농가(農歌)가 316제 529각편, 초가(樵歌)가 135제 230각편, 어가(漁歌)가 41제 69각편, 부요(婦謠)가 68제 221각편, 동요(童謠)가 6제 10각편, 기타 45제 174각편

---

4) 다만 민요를 한역한 경우와 일의 종류를 소재로 활용한 경우는 민요를 수용하는 태도가 다른 것이므로 이것에 대한 별도의 논의가 '시기별로 부각된 민요의 종류'에서 이루어질 것이다.

이다. 이 가운데에는 각편의 수가 적은 것들이 있다. 대분류에서 어가가 그 예이고, 농가・초가의 소분류에서도 조심기 노래・채소 심는 노래 등에서 보듯 각편의 수가 적은 자료들이 있다. 적은 수를 보이는 민요자료로 민요의 통시적 양상을 살펴보기에는 어려움이 있다. 이러한 점을 감안하여 10각편 이상의 자료가 확보된 것과 벼 타작 노래 등과 같이 현 민요와 직접적인 관련성이 있는 자료를 주 자료로 한다. 이렇게 선정된 자료는 다음과 같다. 농가의 경우 소분류에서 보리베기 노래・보리타작 노래・벼 베기 노래・벼 타작 노래・모내기 노래・논매기 노래・농사 노래・농가 노래・각 지역 농가이고, 초가의 경우 풀 베는 노래・나무 베는 노래・초부가・초가・산유화가・각 지역의 초가이다. 이 가운데 산유화는 그 기능이 다양하므로 항목을 달리하여 살펴보기로 한다. 부요(婦謠)의 경우 방아찧기 노래[5]・나물 캐는 노래[6]이다.

다음으로 민요자료의 시대를 확정하는 것이 필요하다. 자료의 정확한 시대는 자료가 채록・창작된 시기이다. 그런데 수집된 민요자료는 채록・창작된 시기가 미상인 경우가 대부분이다. 단지 민요자료를 기록한 작자의 생몰 연대를 확인할 수 있을 뿐이다. 이와 같은 상황을 감안하면 작자의 주된 활동 시기로 시대를 확정하는 것이 유효하다.

이렇게 선정된 민요자료를 대상으로 본고에서 살펴볼 민요의 통시적 양상은 다음과 같다.

---

5) 방아찧기 노래는 분류상 부요에 속하지만 부요의 항목을 따로 설정하기에는 농가・초가와 균형이 맞지 않는다. 방아찧기 노래가 논농사・밭농사 등과 관련이 있다고 생각되어 이글에서는 농가를 설명하면서 함께 다룬다.
6) 나물캐는 노래는 분류상 부요에 속하지만, 채취 노동과 관련된다고 생각되어 이글에서는 초가를 설명하면서 함께 다룬다.

첫째, 시기별로 부각된 민요의 종류이다.

시기별로 부각된 민요의 종류는 현재 채록된 민요의 역사성을 밝힐 수 있을 뿐만 아니라 민요와 한시·시가의 교섭에 관련되었을 민요의 종류를 확인할 수도 있다. 이러한 민요의 종류를 파악하는 기준으로는 민요자료의 시제(詩題)가 주요하다. 그 이유는 민요자료의 시제는 현존 민요의 제목과 유사한 것이 대부분이고, 당대에 민요를 분류한 경우에도 현재의 분류인 농업노동요·벌채노동요·어업노동요에 해당하는 농가·초가·어가라는 시제가 보이는 것이 주종을 차지하고, 민요의 제목이나 농사를 소재로 한 한시에서도 그 시제에 해당하는 민요의 실상을 간접적으로 보여주는 기록[7]들이 있기 때문이다.

민요자료의 시제로 민요의 종류를 파악하더라도 그 민요자료에는 민요를 채록한 것에서 민요 제목을 활용한 한시에 이르기까지 다양하다. 민요자료에 병서 등의 부대기록으로 채록임이 확실한 경우·민요자료의 내용이 현존 채록 민요와 유사할 경우에는 당대에 불렸던 민요로 간주할 수 있다. 하지만, 부대기록이 없고 현존 채록 민요와 대비할 것이 없는 경우도 있다. 부대기록과 현존 채록 민요와 대비할 것이 없는 경우에는 민요가 민(民)의 노래라는 점과 민요가 노동에서 발생한 것이라는 점[8]을 감안하면 민요자료에서 '화자가 농가(農家)에서 생활하는 자(농부·초부·농부의 아내·농부의 아이)'일 경우가 민요의 채

---

7) 김윤백(金綸栢, 1836~1911)의 〈이앙(移秧)〉(1-02-02-21)이 그 예이다. 이 자료는 민요의 제목을 이용하거나 농사를 소재로 한 한시에 가깝지만, 모내기를 하며 "전호후응(前呼後應)"으로 노래를 불렀다는 현장의 모습이 제시되어 있다. ("卽從春到戴星耕 出水靑秧已把盈 西揷東移千野闢 前呼後應四隣迎 炊烟乍起爭筐出 山日將斜手愈輕 頭白老人歌帝力 儘知化裏自生成"). 작품 뒤의 ( ) 속에 있는 번호는 본 자료집의 작품 번호를 적은 것으로 이하 같다.

8) 고정옥, 『조선민요연구』(수선사, 1949), 13~18면.

록에 가까울 것이다. 또한 민요의 형태상 특징으로 거듭 거론된 것이 '반복'인 점에서 반복구가 빈번하게 보이는 민요자료가 민요의 채록에 가까울 것이다. 특정 시기에 민요의 채록이거나 한역에 가까운 민요자료가 다량 보인다면 그 시기에 민요가 왕성하게 불렸다고 파악하는 데에 무리가 없을 것이다.

둘째, 시기별로 나타난 민요에 대한 수용태도이다.

시기별로 민요는 문인들에 의하여 적극적으로 수용될 수도 있고 소극적으로 수용 될 수도 있다. 적극적으로 수용된 특정 시기는 민요가 상층의 문학으로 크게 각광받았음을 의미하며 민요와 한시·국문시가와의 교섭이 활발하게 이루어졌을 개연성이 크다. 따라서 적극적으로 수용된 시기를 파악하는 것은 갈래교섭과 민요의 역사적 전개에 큰 의미가 있을 것이다. 민요자료의 다양성에 비추어 볼 때 민요를 채록한 것에 가까울수록 민요의 적극적인 수용이 될 것이며 농사현장의 모습을 구체적으로 드러낸 것일수록 적극적인 수용이 될 것이다. 또한 당대 문인들에 의하여 의도적이지는 않더라도 민요에 대한 분류가 이루어졌다면 그 시기는 당대 문인들이 민요를 더 세분화하고 구체적으로 인식하였음을 의미하므로 민요의 적극적인 수용과 관련될 것이다.

3. 민요자료에 나타난 민요의 통시적 양상

민요자료에 나타난 조선후기 민요의 통시적 양상을 민요자료 작자의 생몰 연대로 자료의 시기를 확정하고, 농가·초가·산유화를 주된 대상으로 하여, 민요의 종류·민요에 대한 수용 태도 등을 중심으로 살펴본다고 하였다. 본 장에서는 이러한 기준에 의거하여 각 시기별

민요의 양상을 제시할 것이다.

3-1. 17세기 민요의 양상

문집 소재 조선후기 민요자료에 나타난 17세기 민요의 양상은 다음과 같다.

첫째, 17세기에 농가에서는 보리타작·보리베기 노래 등의 민요는 있었던 것으로 추정되지만, 모내기·노매기 노래 등의 민요는 그 가창이 미약하였을 것으로 보인다. 농가·부요·기타 민요자료의 각편 수를 표로 제시하면 다음과 같다.

소분류	작가와 작품(작품 번호)
보리베기 노래	이달(李達, 1539~1612), 〈예맥요(刈麥謠)〉(1-01-03-01) 포함 5제 9각편
보리타작 노래	이민성(李民宬, 1570~1629), 〈타맥사(打麥詞)〉(1-01-04-01) 포함 5제 5각편
벼 베기 노래	확인된 자료 없음
벼 타작 노래	확인된 자료 없음
모내기 노래	배유장(裵幼章, 1618~1687), 〈이앙(移秧)〉(1-02-02-01) 포함 2제 2각편
논매기 노래	송영구(宋英耉, 1556~1620), 〈포구운가(浦口耘歌)〉(1-02-03-02) 포함 5제 5각편
농사 노래	확인된 자료 없음
농가 노래	이홍상(李弘相, 1619~?), 〈전가요(田家謠)〉(1-04-04-01) 포함 2제 2각편
각 지역 농가	곽열(郭說, 1548~1630), 〈후야농가(後野農歌)〉(1-05-02-01) 포함 15제 15각편
방아찧기 노래	노흠(盧欽, 1527~1602), 〈상저가(相杵歌)〉(4-02-02-02) 포함 2제 2각편
기타 특이 민요자료	이달(李達, 1539~1612), 〈습수요(拾穗謠)〉(1-03-02-01)·〈박조요(撲棗謠)〉(5-01-02-01)

위의 표에서 보듯 보리 베기 노래 민요자료는 6제 10각편이고 보리 타작 노래 민요자료는 3제 3각편이다. 이것에 비하여 모내기 노래 민요자료는 2제 2각편으로 보리베기 노래·보리타작 노래 등의 민요자료에 비하여 소략하다. 뿐만 아니라 보리베기 노래·보리타작 노래 민요자료는 모내기 노래·논매기 노래 민요자료와 자료의 특징에도 차이가 있다.

보리베기 노래 민요자료인 진경문(陳景文, 임란전후)의 〈예맥 사장(刈麥 四章)〉(1-01-03-04)과 이달(李達, 1539~1612)의 〈예맥요(刈麥謠)〉(1-01-03-01)를 보자. 〈예맥 사장〉은 5언 절구 4각편의 연작으로 되어 있으며 각 편마다 "刈麥復刈麥"이라는 구를 반복하고 있다. 그 내용은 농부가 보리를 베어도 이웃에 빌린 적미(糴米)를 갚고 세금을 내면 자식들이 굶주리게 된다고 토로한 것이다.9) 반복구가 있으며 화자는 가난한 현실을 토로하는 농부이고, 농부의 농가(農家) 생활이 구체적이다. 이달(李達, 1539~1612)의 〈예맥요(刈麥謠)〉에서는 촌부(村婦)가 비가 오는 가운데에서도 보리베기·땔나무하기·아이보기 등 쉴 틈 없이 일하는 모습이 구체적으로 드러난다.10) 이러한 농가(農家)의 구체적인 생활상은 보리타작 노래 민요자료에서도 확인할 수 있다. 이민성(李民宬, 1570~1629)의 〈타맥사(打麥詞)〉(1-01-04-01)에서는 보리베기·보리쌓기·보리타작으로 이어지는 작업 과정이 사실

---

9) "刈麥復刈麥 朝朝在南陌 靑靑不待黃 泣把三五束" "刈麥復刈麥 春之不盈斗 何以償隣糶 何以供南畝" "刈麥復刈麥 有吏來催租 入門苦索飯 猛怒嚴於虎" "刈麥復刈麥 作飯不得食 不得食奈何 兒飢其可惜" 진경문(陳景文, 임란전후), 〈예맥사장(刈麥 四章)〉.

10) "田家少婦無夜食 雨中刈麥林中歸 生薪帶濕烟不起 入門兒女啼牽衣" 이달(李達, 1539~1612), 〈예맥요(刈麥謠)〉.

적으로 묘사되어 있다.11)

 이에 비하여 모내기 노래・논매기 노래 관련 민요자료에는 그 양상이 다르다. 모내기 노래 민요자료인 오희창(吳喜昌, 1656~?)의 〈이앙(移秧)〉(1-02-02-03)을 보자. 화자는 정자 위에서 아직 자라지 않은 벼를 바라보며 비속에서 울려 퍼지는 농부들의 노래를 듣는 관찰자이고, 주된 내용은 농부들이 풍년을 바라는 것이다.12) 논매기 노래 민요자료는 5제 5각편이다. 이 각편들은 특정 지역의 풍경을 읊은 작품들 가운데 한 편이다.13) 비록 제목은 운가(耘歌)이지만, 풍경의 하나로 간주될 개연성이 크다. 또한 그 내용은 농부들이 부르는 노래가 태평성대의 격양가이거나 농부들이 풍년을 기다린다는 것이다.14) 화자는

---

11) 최재남, 「이민성의 삶과 시세계」, 『한국한시작가연구』 9(한국한시학회, 2005), 87면.

12) "太半空郊綠片時 小亭觀覽箇中宜 奇功倍得夸娥手 霽色偸來造化兒 遇早可沾西澗水 至秋應瑞北山芝 農人樂有豊登象 雨灑歌聲白日移" 오희창(吳喜昌, 1656~?), 〈이앙(移秧)〉.

13) 황섬(黃暹, 1544~1616)의 〈농두운가(隴頭耘歌)〉(1-02-03-01)는 〈백암금삼판륵희옥동포별서십경차운(栢巖金參判玏希玉東浦別墅十景次韻)〉의 제10수이고, 송영구(宋英耉, 1556~1620)의 〈포구운가(浦口耘歌)〉(1-02-03-02)는 〈십육경 기해(十六景 己亥)〉의 제10수이고, 김영조(金榮祖, 1577~1644)의 〈하휴서화(夏畦鋤禾)〉(1-02-03-03)는 〈원정 사절(園亭 四絶)〉의 제2수이고, 이민구(李敏九, 1589~1670)의 〈율도운가(栗島耘歌)〉(1-02-03-04)는 〈황록당 팔영(黃綠堂 八詠)〉의 제5수이고, 이수광(李晬光, 1653~1628)의 〈농두운가(隴頭耘歌)〉(1-02-03-05)는 〈김참판동포 십경(金參判東浦 十景)〉의 제10수이다.

14) 황섬(黃暹, 1544~1616)의 〈농두운가(隴頭耘歌)〉(1-02-03-01)에서 "耘歌無曲譜 大旨祝豊穰"(제3~4구), 송영구(宋英耉, 1556~1620)의 〈포구운가(浦口耘歌)〉(1-02-03-02)에서 "莫言長短皆閑慢 要待登場納地征"(제3~4구), 김영조(金榮祖, 1577~1644)의 〈하휴서화(夏畦鋤禾)〉(1-02-03-03)에서 "曲中還秦屢豊年"(제4구), 이민구(李敏九, 1589~1670)의 〈율도운가(栗島耘歌)〉(1-02-03-04)에서 "村謳不成曲 知是太平音"(제3~4구), 이수광(李晬光, 1653~1628)의 〈농두운가(隴頭耘歌)〉(1-02-03-05)에서 "唱歌猶作太平聲"(제4구) 등이 그 예이다.

일하는 농부가 아니고, 그 내용도 농사현장의 모습이 드러난 것이 아니다. 이러한 사실로 보아 17세기에는 보리타작·보리베기 노래 등이 있었을 것으로 보이나, 모내기·김매기 노래 등은 그 가창이 미약하였을 것으로 보인다.

　17세기 민요자료 가운데 동요에 가까운 작품들은 민요를 채록 또는 한역한 것에 가깝다. 이달(李達, 1539~1612)의 〈박조요(撲棗謠)〉(5-01-02-01)·〈습수요(拾穗謠)〉(1-03-02-01) 등이 그 예이다. 〈박조요〉에서는 농가의 아이들이 대추를 몰래 따자 주인 노인이 아이를 뒤쫓아 오고 주인을 향해 응대하는 아이들의 말이 드러난다.[15] 화자는 농가의 아이들이다. 〈습수요〉에서는 이삭 줍는 아이가 이삭을 주우며 이삭까지 관에 모두 바쳐 주을 것이 없다고 불평하는 말이 드러난다.[16] 화자는 농가의 아이들이다. 동일한 작품이 유신노(柳莘老, 1581~1648)의 〈박조요(撲棗謠)〉(5-01-02-02)·〈습수요(拾穗謠)〉(1-03-02-02)에서도 확인되므로 대추를 따거나 이삭을 주을 때 부른 아이들의 노래가 당대에 있었을 것으로 추정된다.

　둘째, 초가에서는 풀 베는 노래·나무 베는 노래·초부가·초가·각 지역의 초가 등과, 부요에서는 나물 캐는 노래와 관련된 민요자료들이 확인된다. 초가에서는 나무꾼 노래는 있었던 것으로 보이나, 부요인 나물 캐는 노래는 그 가창이 미약하였을 것으로 보인다. 초가·부요 민요자료의 각편 수를 표로 제시하면 다음과 같다.

---

15) "隣家小兒來撲棗 老翁出門驅小兒 小兒還向老翁道 不及明年棗熟時" 이달(李達, 1539~1612), 〈박조요(撲棗謠)〉(5-01-02-01).
16) "田間拾穗村童語 盡日東西不滿筐 今歲刈禾人亦巧 盡收遺穗上官倉" 이달(李達, 1539~1612), 〈습수요(拾穗謠)〉(1-03-02-01).

소분류	작가와 작품(작품 번호)
풀 베는 노래	이보(李簠, 1629~1710), 〈절초(折草)〉(2-01-01-01) 포함 1제 1각편
나무 베는 노래	이재(李栽, 1657~1730), 〈임하벌목가(臨河伐木歌)〉(2-01-02-01) 포함 1제 1각편
초부가	정창주(鄭昌冑, 1608~1664), 〈초옹문답(樵翁問答)〉(2-02-01-02) 포함 6제 7각편
초가	임상원(任相元, 1638~1697), 〈초가(樵歌)〉(2-02-02-01) 포함 2제 2각편
각 지역 초가	권필(權韠, 1569~1612), 〈노안초가(蘆岸樵歌)〉(2-04-02-01) 포함 11제 11각편
나물 캐는 노래	박태순(朴泰淳, 1653~1704), 〈춘채요(春菜謠)〉(4-04-04-01) 포함 1제 1각편

풀베기·나무 베기·초부가 등의 민요자료에서는 나무꾼의 체험과 나무꾼의 말이 드러난다. 작품의 예를 보기로 하자. 이보(李簠, 1629~1710)의 〈절초(折草)〉(2-01-01-01)에서는 나무꾼이 새벽녘 어둑할 때 산에 올라가 악충에 다리를 쏘이며 풀을 베고서 미끄러운 돌길에 무거운 짐을 지고 다 늦은 저녁녘에나 마을로 돌아오는 고생을 그리고 있다.17) 화자가 나무꾼을 향하여 '왜 고생스럽게 절초를 하는가?'라고 묻자 나무꾼은 '다만 바라는 것은 농사에 때 맞춰 내리는 비와 쬐이는 햇볕과 현명한 관리뿐이니, 나의 수고가 어찌 고통스럽겠는가?'라고 답한다. 절초하는 고생을 감내하는 자는 나무꾼이고, 나무꾼의 말도 드러난다. 홍석기(洪錫箕, 1606~1680)의 〈초부행(樵夫行)〉(2-02-01-01)은 초부가 매일 계곡을 오가며 나무하는 고생을 토로한 것

---

17) "朝折草上山阿 曉色曚曚迷宿莽 暮折草下山阿 里巷家家局外戶 草頭濃露濕短衫 草間惡蟲螫雨股 石逕嵯嵯泥又滑 負重身疲或顚仆 問汝折草何所爲 秋爲種麥春秔稌 秔稌如山麥如雲 收聚穰穰滿倉庾 但願雨暘時若官吏賢 區區自勞何足苦" 이보(李簠, 1629~1710), 〈절초(折草)〉.

이다.18) 화자는 나무꾼이다. 정창주(鄭昌胄, 1608~1664)의 〈초옹문답(樵翁答問)〉(2-02-01-02)은 나무꾼에게 묻는 말과 나무꾼이 답하는 방식 즉 문답식으로19) 이루어져 나무꾼 노래의 연행 상황을 짐작하게 한다. 민요에서 빈번하게 보이는 문답식 표현을 채용한 점을 보아 민요의 채록에 가깝다. 17세기 초가 민요자료에서는 나무꾼이 자신의 체험을 토로하는 것, 나무꾼 노래의 연행 상황이 제시된 것이 확인되는 점을 보아 나무꾼 노래가 불렸을 것으로 보인다. 나물 캐는 노래 민요자료는 1제 1각편으로 각편의 수가 적고, 이 자료에서 화자는 풀을 뜯어 연명하는 노인의 가난한 삶을 관찰하고 있어20) 농가(農家)에서 생활하는 자가 아니고, 18세기에서도 확인된 나물 캐는 노래 민요자료가 1제 1각편이란 점에서 이 시기 나물 캐는 노래의 가창은 미약하였던 것으로 보인다.

---

18) "昨日南溪南 今日北溪北 採薪還負薪 力疲閒不得 憔夫向余言 此意人不識 雖云採薪苦 亦有採薪樂 平生山峽間 採薪是吾役 利斧與利鎌 狂歌入深谷 四顧無所見 蒼蒼林木束 斫之斫滿意 多少隨我力 歸來白雪中 落照柴門夕 我室土突溫 我釜豆粥熟 土突煖我身 豆粥飽我腹 身煖寒不憂 腹飽貧亦足 我聞樵夫言 一笑一歎息 嗟我迷不復 十年趁紫陌 歸田苦不早 昨非今始覺 我與爾相好 分山不負約" 홍석기(洪錫箕, 1606~1680), 〈초부행(樵夫行)〉.

19) "問樵翁 天寒日暮山谷裡 胡爲遑遑行未已 霜濃木石滑 雪甚風刀利 腹飢膚折擔肩頹 何乃自苦至於此" "樵翁答 一生生事只飯食 我是野人本勞力 我朝出伐薪 我夕歸煮栗 我雖勞力不勞心 猶勝風塵名利客 名利客 雖有文繡榮其軀 金石美其輝 照耀乎皇都 不過勞心勞力紛紛然 昏夜乞哀者 何曾比於擔бог 吾雖擔負心則安 不願奔走朱門途 朱門途笑矣乎 朱門之所貴 朱門能賤之 何如無憂無樂 採山釣水而魚鳥爲友于" 정창주(鄭昌胄, 1608~1664), 〈초옹문답(樵翁答問)〉.

20) "野田日暖雨初晴 雜菜迎春皆怒生 羊蹄馬齒又鷄腸 青薺白蒿黃精 勾者戴土拳木張 突者出荄頭如芒 凶歲農畝少昨收 村家恃此以爲糧 平朝老嫗携兒女 遵彼山坡仍澗傍 日身饑困無力 竟夕采采不盈筐 米雜陳根半塵沙 十步一休歸到家 老翁捨薪俟 小兒亢火至 老嫗語老翁 有菜無鹽豉 長者或可食 兒小嚥不得 老翁低首不答言 出門獨坐長嘆息" 박태순(朴泰淳, 1653~1704), 〈춘채요(春菜謠)〉.

셋째, 17세기 민요 산유화는 농업노동요로 불렸다. 17세기 민요 산유화의 관련 자료는 다음과 같다.

　　권극중(權克中, 1585~1659), 〈산유화(山有花)〉(2-03-01-01)
　　윤창산(尹昶山, 1597~?), 〈산유화가(山有花歌)〉(2-03-01-02)
　　이사명(李師命, 1647~1689), 〈산유화가음(山有花歌吟)〉(2-03-01-03)

권극중(權克中, 1585~1659)의 7언 6구로 된 〈산유화(山有花)〉(2-03-01-01)의 제5~6구에서는 "물이 고인 논에서는 산유화(山有花)가 울린다"라고 하였다.21) 논농사를 하면서 산유화를 부른 것을 알 수 있다. 총 5수로 이루어진 이사명(李師命, 1647~1689)의 〈산유화가음(山有花歌吟)〉(2-03-01-03) 가운데 제1수에서는 "유녀(遊女)들의 노래(〈산유화〉)가 논에 가득하다"고 하였다.22)

3-2. 18세기 민요의 양상

문집 소재 조선후기 민요자료에 나타난 18세기 민요의 양상은 다음과 같다.

첫째, 농가에서는 17세기와 마찬가지로 보리베기·보리타작 등의 민요들이 불렸고, 17세기와 달리 모내기·논매기·벼 타작·벼 베기 등 논농사와 관련된 민요가 적극적으로 불리기 시작하였다. 부요에서

---

21) "山有花 刺農政廢也. 淸明寒食皆已過 昨聞布谷今鳴蛙 農書不煩田畯廢 春事闌珊山下家 賴有耕夫識時候 水中有蒲山有花" 권극중(權克中, 1585~1659), 〈산유화(山有花)〉.
22) "江南五月草如烟 遊女行歌滿水田 終古遺民悲舊主 至今哀唱似當年" 이사명(李師命, 1647~1689), 〈산유화가음(山有花歌吟)〉.

는 방아찧기 노래가 불렸다. 민요자료의 특징에서 화자를 농가(農家)의 생활자로 하는 17세의 양상을 계승하였을 뿐만 아니라 연작시·장편의 형태로 농사 현장을 담은 자료를 확인할 수 있어 당대 문인들이 민요를 적극적으로 수용하였음을 알 수 있다. 농가 민요자료의 각편 수를 표로 제시하면 다음과 같다.

소분류	작가와 작품(작품 번호)
보리베기 노래	조석기(曺錫基, 1667~1724), 〈예신맥(刈新麥)〉(1-01-03-06) 포함 6제 6각편
보리타작 노래	이문보(李文輔, 1698~?), 〈타맥사(打麥詞)〉(1-01-04-06) 포함 4제 4각편
벼 베기 노래	이영보(李英輔, 1687~1747), 〈전교예도(前郊刈稻)〉(1-02-05-01) 포함 9제 9각편
벼 타작 노래	강준흠(姜浚欽, 1768~1833), 〈타도 십운(打稻 十韻)〉(1-02-06-01) 포함 1제 1각편
모내기 노래	윤동야(尹東野, 1757~1827), 〈앙가 구절(秧歌 九絶)〉(1-02-02-04) 포함 2제 10각편
논매기 노래	박창원(朴昌元, 1683~1753), 〈세서연(洗鋤讌)〉(1-02-03-06) 포함 3제 3각편
농사 노래	강필공(姜必恭, 1717~1783), 〈농가요(農家謠)〉(1-04-02-01) 포함 1제 1각편
농가 노래	정종로(鄭宗魯, 1738~1816), 〈전가잡요(田家雜謠)〉(1-04-04-02) 포함 5제 33각편
각 지역 농가	하세응(河世應, 1671~1727), 〈평촌농구(平村農謳)〉(1-05-02-16) 포함 16제 16각편
방아찧기 노래	이중정(李重廷, 1711~1794), 〈수용가(水舂歌)〉(4-02-01-02) 포함 4제 12각편
기타 특이 민요자료	홍양호(洪良浩, 1724~1802), 〈질우(叱牛)〉(1-01-05-03)

보리베기 민요자료는 6제 6각편이, 보리타작 민요자료는 4제 4각편이, 방아찧기 민요자료는 4제 12각편이 확인된다. 민요자료의 각편 수

를 보아 보리베기·보리타작·방아찧기 민요는 17세기 이래로 18세기에도 불렸을 것으로 보인다. 특히 방아찧기 민요가 불렸음은 경남 거창 지역의 방아찧기 노래를 5언 절구 9수로 한역한 윤동야(尹東野, 1757~1827)의 〈용가 구절(舂歌 九絶)〉(4-02-01-04)23)로 확인된다. 18세기에 새롭게 확인되는 것은 벼 베기·벼 타작 민요자료이다. 벼 베기 민요자료가 9제 9각편인 점을 보아 '벼 베기'가 중요한 소재로 시화되었으며 그 노래가 가창되었을 가능성이 큰 것으로 보인다. 벼 타작 민요자료는 18세기 말에서 19세기 초에 걸쳐 있는 강준흠(姜浚欽, 1768~1833)의 〈타도 십운(打稻 十韻)〉(1-02-06-01)이 확인된다. 5언 24구로 비교적 장편에 속하며 농부들이 벤 벼를 묶고 즐겁게 타작하는 구체적인 모습이 제시된24) 점을 보아 이 시기 벼타작 노래가 가창되었을 가능성이 큰 것으로 보인다.

또한 이 시기 호미씻이와 관련된 민요자료도 확인된다. 호미씻이는 주지하듯이 농촌에서 세벌논매기를 끝낸 음력 칠월에 일정한 날을 잡아 일꾼들의 노고를 위로하기 위한 놀이이다. 호미씻이 관련 자료의 확인으로 이 시기 논매기 노래가 불렸을 것으로 추정된다. 이러한 추정을 뒷받침하는 것이 이철보(李喆輔, 1691~1770)가 1750년에서 1751년 사이에 쓴 〈기음노래〉이다. 〈기음노래〉는 가사(歌辭) 작품으로 글로 쓰느라고 약간 다듬어지기는 했지만 논매기를 하면서 부른 민

---

23) 최재남, 「윤동야의 〈용가〉와 며느리형상의 해석 방향」, 『조선후기 시가와 여성』(월인, 2005), 415~434면.
24) "薄土耕耘早 豊年子粒稠 通期同禊會 因事作嬉遊 國俗飯崇梡 村心酒滿甌 穫殘霜後畝 曬趁雨前疇 多少從心束 高低儘力投 紅珠跳更轉 黃髦擺難收 筲秸移相續 秕穧掃未休 簸箕風力猛 量斗夕陰幽 篰較前年出 罌留卒歲憂 時平無野盜 民樂有春謳 害極猶羞鳥 功成不飼牛 人情何厚薄 一笑晚山秋" 강준흠(姜浚欽, 1768~1833), 〈타도 십운(打稻 十韻)〉.

요를 그대로 적었다고 인정되는 자료이다.25) 이러한 사실로 보아 18세기에는 민요 논매기 노래가 있었고, 이것이 문인들에게 수용되었을 가능성이 크다.

  모내기 노래 민요자료는 2제 10각편으로 17세기와 마찬가지로 각편의 수가 적다. 하지만 민요자료의 양상이 17세기와는 다르다. 17세기 모내기 민요자료에서는 화자가 농부를 관찰하는 자이고 주된 내용이 풍년에 대한 바람으로 한시에 가까운 것이다. 이에 비하여 이 시기 민요자료에는 모내기의 노동 현장이 재현된 것이 보인다. 윤동야(尹東野, 1757~1827)의 〈앙가 구절(秧歌 九絶)〉(1-02-02-04)이 그 예이다. 〈앙가 구절〉은 5언 절구 9각편으로 모내기의 과정과 실제 일의 현장이 드러난다. 다음은 〈앙가 구절〉 가운데 제3수·제5수이다.

>   중년 아낙네는 옛 가락을 잘하고
>   젊은 아낙은 오늘 소리를 잘하네.
>   농서를 누가 다시 모을까
>   빈송(邠頌)은 절로 이루어진 것이네
>   中婦能古調 小娃善時聲
>   農書誰復採 邠頌自然成
>
>   여러 일꾼들은 기러기처럼 서고
>   주인은 갈매기 행렬 같네.
>   봄빛과 물빛이,
>   손을 따라 태평을 그리네.

---

25) 가사 〈기음노래〉의 작자와 성격은 졸고, 「가사 〈기음노래〉의 작자와 창작 배경」, 『고전문학연구』 30집(한국고전문학회, 2006), 183~205면 참조.

羣用如雁序 主翁似鷗行
春光與水色 隨手畵太平

　　제3수에서는 중년의 여인은 옛 노래를 잘 부르고 젊은 아낙네는 오늘날의 노래를 잘 하는 모내기 현장의 모습이 제시되었다. 제5수에서는 일꾼들이 한 줄로 서서 모를 심는 것이다. 모내기 현장의 모습이 구체적이고 그 구체적인 현장에서 중년 아낙네와 젊은 아낙네가 일노래를 부르고 있다. 18세기에는 모내기 노래가 불렸음을 알 수 있다. 벼 베기·벼 타작·모내기·논매기 노래 등이 불렸다는 것은 이 시기에 논농사와 관련된 민요가 17세기에 비하여 다양해지고 관심의 대상으로 크게 부각되었음을 의미한다.

　　농사 노래·농가 노래와 관련된 민요자료에서는 연작 또는 장편의 형태로 농가(農家) 생활이 종합적이고 구체적으로 표현된 것이 확인된다. 5언 16구로 된 강필공(姜必恭, 1717~1783)의 〈농가요(農家謠)〉가 농사 노래의 예이다. 내용은 농부들이 해가 뜨자마자 논매기를 시작하여 찌는 더위로 얼굴이 붉게 타는 고생을 하지만, 그들은 풍년을 바라며 장가(長歌)를 부르면서 이러한 고생을 잊으며 용인들을 독촉한다는 것이다.26) 농부의 논매기하는 모습에 대한 세밀한 관찰이 보인다. 농가 노래 민요자료의 예는 7언 절구 13각편으로 이루어진 정종로(鄭宗魯, 1738~1816)의 〈전가잡요(田家雜謠)〉(1-04-04-02)·5언 절구 4각편으로 이루어진 이조원(李肇源, 1758~1832)의 〈전가요

---

26) "農人待日出 荷鋤呼四鄰 男女歸田疇 向夕移手頻 曜靈何赫烈 長歌忘苦辛 俯首論禾好 仰首語傭人 所以終歲勤 有此禾如薪 莫道田厚薄 厚薄由我民 耕耘苟以時 磽确亦盈囷 人事孰不然 聽此書諸紳" 강필공(姜必恭, 1717~1783), 〈농가요(農家謠)〉.

(田家謠)〉(1-04-04-04)이다. 이조원(1758~1832)의 〈전가요〉에서는 화자가 "나 스스로의 힘으로 밭에서 먹고 산다"고 하여 밭에서 일하는 화자가 제시되었고, 각편마다 농사를 제시한 다음 농부인 화자와 '고량진미(膏粱珍味)의 저 사람'·'비단 옷의 저 사람'·'수놓은 이불에 누워있는 사람'·'부귀한 사람'들을 대비하여 농부와 부귀자(富貴者)의 대립이라는 동일한 구도를 반복하고 있다.27) 화자가 일하는 농부이고 반복형식이 있다는 점에서 민요에 근사하다. 농사현장을 세밀히 관찰한 자료가 부각된 점을 보아 민요를 적극적으로 수용하였음을 알 수 있다.28)

둘째, 초가에서는 17세기와 마찬가지로 나무꾼을 화자로 나무꾼의 체험을 표현한 자료와 나무꾼 노래의 연행 상황을 제시한 자료가 확인된다. 이것을 보아 나무꾼 노래가 불렸을 것으로 보인다. 나물 캐는 노래의 가창은 미약한 것으로 보인다. 초가 민요자료와 나물 캐는 민요자료의 각편 수를 표로 제시하면 다음과 같다.

---

27) "終歲服田疇 吾力吾自食 膏粱彼其子 五穀名不識""之二. 麻綿種而織 寒暑優可免 錦衣彼其子 麻綿看不辨""之三 落日伐柴歸 巖蹊氷雪厚 繡褥裏臥者 問人有寒否""之四 農桑雖云勞 心界則安逸 富貴莫自矜 五臟病寒熱" 이조원(李肇源, 1758~1832), 〈전가요(田家謠)〉.

28) 적극적인 민요수용의 예로 홍양호(洪良浩, 1724~1802)의 〈질우(叱牛)〉(1-01-05-03)를 들 수 있다. 〈질우〉에서는 농부가 논밭을 갈며 소를 재촉하는 말이 제시되어 있다. 이 자료는 강원도 철원지방과 함경도 지방에서 부르는 논밭을 갈 때 부르는 민요와 친연성이 확인된다. 〈질우〉에 대한 것은 진재교, 『이계 홍양호 문학 연구』(성균관대학교 대동문화연구원, 1999), 206면을 참조하였고, 〈질우〉의 원문은 다음과 같다. "叱牛上山去 山高邐仄牛喘息 把犁將墢土 土硬人汗犁不入 牛兮努力莫退惻 爾喘我汗亦奈何 今也不畊時不及".

소분류	작가와 작품(작품 번호)
풀 베는 노래	확인된 자료 없음
나무 베는 노래	김이만(金履萬, 1683~1753), 〈벌목(伐木)〉(2-01-02-02) 포함 1제 1각편
초부가	유후옥(柳後玉, 1702~1776), 〈초동창수(樵童唱酬)〉(2-02-01-08) 포함 5제 5각편
초가	박찬순(朴贊珣, 1754~1815), 〈초가(樵歌)〉(2-02-02-04) 포함 2제 2각편
각 지역 초가	권구(權榘, 1672~1749), 〈단고초가(短稿樵歌)〉(2-04-02-15) 포함 14제 14각편
나물 캐는 노래	최성대(崔成大, 1691~1761), 〈원녀초가(怨女草歌)〉(4-04-04-02) 포함 1제 1각편

이 시기 초동·초가·벌초·벌목·초부 등의 시제를 지닌 자료들에서 나무꾼의 체험이 드러난 것이 확인된다. 그 예가 김경찬(金景澯, 1680~1722)의 〈초부사(樵夫詞)〉(2-02-01-07)이다. 이 자료에서 화자는 앞에는 도끼를 쥐고 소를 타고 산에 들어가 힘이 다할 때까지 나무하는 나무꾼이며 그의 체험이 드러난다.[29] 또한 나무꾼 노래의 연행 상황을 보여주는 자료도 확인된다. 그 자료는 유후옥(柳後玉, 1702~1776)의 〈초동창수(樵童唱酬)〉(2-02-01-08)로 다음과 같다.

초동이 노래하네.
이 산에는 재목이 있는가 없는가?
사람이 말하네.
이 산에는 재목이 없네.

---

29) "抱斧牛亦駕 白犬先我行 隔越聞虎豹 山氣晦復明 層崖松栢老 丁丁響滿谷 薪多氣力疲 下飮深潭曲 皤皤兩兪翁 無乃赤松子 雲杯鬪黑白 柯爛忘家累 仙鄕歲月遲 人世丘陵夶 何處是墟里 千年但流水" 김경찬(金景澯, 1680~1722), 〈초부사(樵夫詞)〉.

가시나무가 창창하여 산에 해가 지네.
땔나무를 하고 하여 아궁이를 따뜻하게 하네.
초동이 노래하네.
이 산에는 재목이 있는가 없는가?
사람이 말하네.
이 산에는 재목이 역시 있네.
지난 밤 큰 나무가 땅에서 나와, 삼백척이 되었네.
땔나무를 하고 하여 아궁이를 따뜻하게 하네.
樵童唱
此山有材否
人言
此山材不有
荊棘蒼蒼山日暮
采得薪薪溫突口
樵童酬
此山有材否
人言
此山材亦有
昨夜梗楠出地 三百尺何如
采得薪薪溫突口

　초동이 노래하고 이것에 대하여 사람이 말하는 방식 즉 '창수(唱酬)'로 되어 있다. 17세기 나무꾼 노래의 자료로 살펴보았던 정창주(鄭昌冑, 1608~1664)의 〈초옹문답(樵翁答問)〉(2-02-01-02)이 나무꾼에게 묻는 말과 나무꾼이 답하는 문답식으로 이루어진 점을 볼 때 17세기 이래 나무꾼 노래에서 '창수(唱酬)'·'문답(問答)'이 하나의 형식이

었을 것으로 추정된다.30)

셋째, 18세기에 민요 산유화는 농업노동요·모내기 노래·나무꾼 노래·나물 캐는 노래·비기능요 등으로 불렸다. 17세기에 비하여 민요 산유화의 기능이 확대된다. 18세기 민요 산유화 관련 자료는 다음과 같다.

> 김창흡(金昌翕, 1653~1722), 〈남무농구(南畝農謳)〉(1-05-02-14)
> 김이만(金履萬, 1683~1753), 〈취초가(醉樵歌)〉(2-02-02-03)
> 강필신(姜必愼, 1687~1756), 〈평교농창(平郊農唱)〉(1-05-02-19)
> 이사질(李思質, 1705~?), 〈어난난곡(於難難曲)〉(2-03-01-10)
> 권사윤(權思潤, 1732~1803), 〈문산유화유감(聞山有花有感)〉(2-03-01-14)
> 권헌(權攇, 1713~1770), 〈산화사(山花詞)〉(2-03-01-11)

농업노동요로 불린 것을 확인할 수 있는 자료는 이사질(李思質, 1705~?)의 〈어난난곡(於難難曲)〉·김창흡(金昌翕, 1653~1722)의 〈남무농구(南畝農謳)〉 등이다. 이사질(1705~?)의 〈어난난곡〉에는 "山有花兮皐有蘭"이란 반복되는 구절이 있어 〈산유화〉 노래라는 것을 알 수 있고, 총 9각편 가운데 제7수에서 "(백제의) 남겨진 곡을 농녀(農女)가 부른다"라는 언급이 있어 농업노동요로 불렸음을 알 수 있다.31) 김창흡(金昌翕, 1653~1722)의 〈남무농구〉에서 작자는 비 갠 뒤에 농가의 집집마다 북소리가 들리고 수천 종류의 전요(田謠)를 들었으나

---

30) 가창방식에 대한 상세한 논의는 이어지는 글에 돌린다.
31) "其七 熊津春色古今闌 山有花兮皐有蘭 遺曲謾教農女唱 麥田何處問朱欄 於難難" 이사질(李思質, 1705~?), 〈어난난곡(於難難曲)〉.

(그 가운데) 산유화(山有花)를 즐겨 듣는다고 하였다.32) 북소리가 들리는 것은 농사의 시작을 알리는 것이고 전요란 농사 지을 때 부르는 노래이다. 작자는 농사를 지을 때 부르는 노래 가운데 산유화가 가장 좋다고 하였으므로 산유화가 농업노동요로 불렸음을 알 수 있다. 이규상(李奎象, 영정조)의 〈산유화사(山有花詞)〉는 작자가 백제의 옛 자취를 보고 느낀 감회를 읊은 것이다. 이 자료에서 작자는 '밭가에 있는 농부들이 산유화를 다투어 부른다'라고 하였다.33) 농업노동을 할 때 산유화(山有花)를 부른 것을 알 수 있다. 산유화가 모내기 노래로 불렸음을 확인할 수 있는 자료는 강필신(姜必愼, 1687~1756)의 〈평교농창(平郊農唱)〉(1-05-02-19)이다. 작자는 모내기할 때 "부소(扶蘇)의 민간 노래인 산화(山花)를 들을 수 있다"고 하였으므로34) 모내기할 때 산유화가 불렸다.

나무꾼 노래로 불렸음을 확인할 수 있는 자료는 김이만(金履萬, 1683~1753)의 〈취초가(醉樵歌)〉(2-02-02-03)이다. 이 자료의 제1~2구에서 "어부는 창랑가를 부르지 마시오, 취한 초부(樵夫)가 산유화(山有花)를 부르네"라고 하였다.35) 초부가 부른 산유화란 점을 보아 나무할 때 부른 노래임을 알 수 있다. 나물 캐는 노래로 불렸음을 확인

---

32) "黃梅雨新歇 土皷發家家 田謠千百種 愛聽山有花" 金昌翕(1653~1722), 〈竹林亭 八詠〉 제3수 南畝農謳(『三淵集遺稿』 권2).

33) "白馬江頭滿白沙 扶餘遺恨舊白沙 田邊農夫獨何興 落日爭歌山有花" 이규상(李奎象, 영정조), 〈산유화사(山有花詞)〉. 김영숙, 「산유화가의 양상과 변모」, 『민족문화논총』 2・3호 합집(영남대학교 민족문화연구소, 1982), 128면 재인용.

34) "長郊秧馬簇如雲 素帕靑簑什百羣 最是扶蘇謠俗在 山花舊曲詎堪聞" 강필신(姜必愼, 1687~1756), 〈평교농창(平郊農唱)〉.

35) "漁父莫歌滄浪歌 醉樵自歌山有花 樵人一醉亦有時 醉臥不知山日斜 壚頭酒價問幾何 美酒休言斗十千 枯柴一束足一飮 濁醪一盞論一錢 醉樵之歌歌一曲 爛柯日月壺中天" 김이만(金履萬, 1683~1753), 〈취초가(醉樵歌)〉.

할 수 있는 자료는 권사윤(權思潤, 1732~1803)의 〈문산유화유감(聞山有花有感)〉(2-03-01-14)이다. 이 자료의 병서에서 작자는 돌아오는 길에 나물 캐는 여인[採女]들이 길을 가면서 부른 산유화를 들었다고 하였다.36) 나물 캐는 여인들이 부른 산유화를 확인할 수 있다.

비기능요로 불린 것을 확인할 수 있는 자료는 권헌(權攇, 1713~1770)의 〈산화사(山花詞)〉(2-03-01-11)이다. 이 자료의 병서에서는 작자가 기양(岐陽, 현 평안남도 강서군)을 여행하였을 때 "할미와 아동들이 무리를 지어 춤추며 산유화(山有花)를 부르는 것을 들었는데 지금 전하는 옛날의 곡들은 〈산유화 고유란(山有花 皐有蘭)〉등 몇 개에 불과하고 그 노래가 여항의 설음(媟音)・번만(繁蔓)・창녕(傖儜)함이 섞여 있어 내가 〈산화사(山花詞)〉 15수를 지어 남녀들로 하여금 부르게 하여 소리를 바르게 한다"라고 하였다.37) 할미와 아동들이 무리지어 춤추며 부른 산유화를 확인할 수 있다.

3-3. 19세기 민요의 양상

문집소재 조선후기 민요자료에 나타난 19세기 민요의 양상은 다음과 같다.

---

36) "余自孤露以後 心事常悽感 雖野村謳野謠 苟有思親之語 未嘗不傷神而釀涕也 一日往陶沙省塋歸路 見採女且行且歌 其歌曰 歸兮歸兮 親在家兮欲歸家 願二親兮眉壽 畵鷄鳴兮喬成麻 其聲悽悗其辭懇惻 有足感動人者 遂飜出其語 因以所感者足成" 권사윤(權思潤, 1732~1803), 〈문산유화유감(聞山有花有感)〉.
37) "予居岐陽 農婆江童 結團揚袂 歌山有花數疊 緩聲促辭 間以凄調節其曲 其聲哀傷過甚 雖不協正音 而按節 激仰有竹枝 縹緲之思 但其舊曲所傳 不過山有花皐有蘭等數曲 而雜以閭巷媟音 繁蔓傖儜 亦不足以觀其變焉 遂作山花詞十五疊 使里中男女十數輩 唱之 以正其音 蓋欲取適於聽聆 云爾" 권헌(權攇, 1713~1770), 〈산화사(山花詞)〉.

첫째, 농가(農歌)에서는 18세기에서 확인된 보리타작·벼베기·벼 타작·모내기·김매기·방아찧기 노래 등의 민요가 불렸다. 특히 모 내기·김매기 노래 등의 민요는 이 시기에 왕성한 가창이 이루어졌다. 이에 비하여 보리베기 노래는 그 가창이 점차 약해져갔다. 농가 민요 자료의 각편 수를 표로 제시하면 다음과 같다.

소분류	작가와 작품(작품 번호)
보리베기 노래	이후(李㕀, 20세기 초), 〈예맥(刈麥)〉(1-01-03-012) 포함 1제 1각편
보리타작 노래	정약용(丁若鏞, 1762~1836), 〈타맥행(打麥行)〉(1-01-04-10) 포함 31제 39각편
벼 베기 노래	이학의(李鶴儀, 1874~1939), 〈예도(刈稻)〉(1-02-05-10) 포함 1제 1각편
벼 타작 노래	강복선(姜復善, 1852~1891), 〈타도(打稻)〉(1-02-06-03) 포함 4제 4각편
모내기 노래	강준흠(姜浚欽, 1768~1833), 〈조산농가(造山農歌)〉(1-02-02-06) 포함 10제 28각편
	오인태(吳仁兌, 1818~1898), 〈이앙(移秧)〉(1-02-02-15) 포함 23제 45각편
	이수하(李洙夏, 1861~1932), 〈이앙(移秧)〉(1-02-02-38) 포함 34제 59각편
논매기 노래	강시형(姜時馨, 1850~1928), 〈서화(鋤禾)〉(1-02-03-10) 포함 18제 18각편
농사 노래	강남용(姜男鎔, 1773~1830), 〈농가(農歌)〉(1-04-02-02) 포함 12제 41각편
농가 노래	이상수(李象秀, 1820~1882), 〈전가하일잡요 삼수(田家夏日雜謠 三首)〉(1-04-04-05) 포함 7제 42각편
각 지역 농가	정약용(丁若鏞, 1762~1836), 〈장수농가(長鬚農歌)〉(1-05-02-32) 포함 50제 77각편
방아찧기 노래	양진영(梁進永, 1788~1860), 〈용가(舂歌)〉(4-02-01-06) 포함 4제 4각편
기타 민요 자료	홍석모(洪錫謨, 1781~1850), 〈질우음(叱牛吟)〉(1-01-05-04)

모내기와 논매기 민요자료는 각편 수에서 17세기·18세기와는 현격하게 차이가 난다. 17세기·18세기에는 19세기에 비하여 간행된 문집의 수가 적은 점을 감안하더라도 이러한 작품 수의 현격한 차이는 이 시기 모내기 노래와 논매기 노래가 왕성하게 불렸을 근거의 하나가 된다.

논매기 민요자료에는 18세기 가사(歌辭) 〈기음노래〉를 한역한 이명재(李命宰, 1837~1895)의 〈연운가(演耘歌)〉(1-02-03-09)와 논매기를 읊은 강시형(姜時馨, 1850~1928), 〈서화(鋤禾)〉(1-02-03-10) 뿐만 아니라 호미씻이를 읊은 최영년(崔永年, 1856~1935)의 〈세서연(洗鋤宴)〉(1-02-03-11) 등 논매기와 관련된 다양한 자료들이 확인되는 점을 보아 논매기 노래의 왕성한 가창이 이루어졌을 것으로 보인다.

모내기 민요자료에서는 실제 가창되었을 법한 민요를 채록하거나 모내기의 현장을 드러낸 것들이 다수 확인된다. 가창되었을 법한 민요를 기록한 예는 강준흠(姜浚欽, 1768~1833)의 〈조산농가(造山農歌)〉(1-02-02-06)이고[38], 모내기 현장을 드러낸 예는 변영규(卞榮圭, 1826~1902)의 〈앙가 십오절(秧歌 十五絶)〉(1-02-02-19)[39]과 정영호(鄭泳鎬, 1867~1954)의 〈이앙가 사절(移秧歌 四絶)〉(1-02-02-44)이다. 다음은 정영호(1867~1954)의 〈이앙가 사절〉의 제3수이다.

삼곡(三曲)의 모내기 노래 정히 좋으니
앞에 부르고 뒤에 응함에 한결같이 즐거워하네.

---

38) 최재남, 앞의 논문, 1999, 176~180면 참조.
39) 변영규의 〈앙가 십오절〉은 윤동야의 〈앙가 구절〉을 수용한 것으로 모내기의 과정과 실제 일의 현장을 드러낸다. 〈앙가 십오절〉이 윤동야의 〈앙가 구절〉을 수용한 점은 최재남, 앞의 논문, 2006, 221면 참조.

삿갓과 도롱이로 곳에 따라 쉬니
이로부터 농부의 본 모습이라 하겠네.
三曲秧歌歌正好 前呼後應一般欣
雨笠烟蓑隨處憩 自是農人本態云

  삿갓 쓰고 도롱이 입으며 모내기하는 현장에서 모내기 노래를 "전호후응(前呼後應)"으로 부른다고 하였다. 모내기 노래가 불리는 현장의 모습을 보여준다. 이상의 민요자료들을 보아 19세기 모내기 노래가 왕성하게 불렸고, 수집된 민요자료의 각편 수로 보아 가창 지역도 광범위하였을 것으로 추정된다.
  이 시기 주목되는 것은 보리베기와 벼 베기 민요자료가 각각 1각편만 확인된 점이다. 보리베기 민요자료는 17세기에 5제 9각편 18세기 6제 6각편이었다. 이 현황으로 보아 보리베기 노래는 17세기에서 18세기까지 꾸준히 채록자들의 관심 대상이 되었다가 19세기 이래 관심에서 멀어졌음을 알 수 있고, 보리베기 노래가 17세기에서 18세기까지 농사현장에서 전승되다가 19세기에는 농사현장에서 불리지 않았을 가능성이 큰 것으로 보인다. 벼 베기 민요자료는 17세기에는 확인된 것이 없고 18세기에 9제 9각편이었다. 이 현황으로 보아 벼 베기 노래는 18세기에 농사 현장에서 전승되고 채록자들의 관심 대상이 되었다가 19세기 이후에 그 전승이 쇠퇴한 것으로 보인다.
  농요·전가요란 시제(詩題)의 민요자료는 18세기와 마찬가지로 연작형의 작품이나 장편의 작품이 지어진다. 연작형의 작품은 최승우(崔昇羽, 1770~1844)의 〈농구 십사장(農謳 十四章)〉(1-04-02-03)·김희령(金羲齡, 19세기)의 〈농요 구수(農謠 九首)〉(1-04-02-11) 등이다. 최승우(1770~1844)의 〈농구 십사장〉은 각 장마다 우양약(雨暘若, 제1장)·권로(捲露, 제2장)·영양(迎陽, 제3장)·제서(提鋤, 제4장)·토초(討草, 제5장)·과농(誇農, 제6장)·상권(相勸, 제7장)·대엽(待饁, 제8장)·고복(鼓腹, 제9장)·망추(望秋, 제10장)·경장무(竟長畝, 제11장)·수계명(水雞鳴, 제12장)·일함산(日啣山, 제13장)·탁족(濯足, 제14장)이란 제목이 부기되어 있다. 제목에서 알 수 있듯이 이 자료는 농부들이 김매기 하는 농사현장의 모습·농사후의 농가생활의 모습·가을의 수확을 기다리는 모습을 그린 것이다. 김희령(19세기)의 〈농요 구수〉에서는 농부가 지방 관리의 횡포와 과다한 조세 등으로 인한 곤경을 토로하였다. 화자가 농부이다. 이것을 보아 19세기에는 농요·전가요란 시제로 연작형의 작품이나 장편의 작품이 보이는데 이것은 농부의 농사현장을 종합적이고 구체적으로 담으려는 의도가 있음을 알 수 있다.

둘째, 초가에서는 나무하는 초부들의 생활상을 담으려는 자료가 보이고, 나물 캐는 노래의 민요자료가 확인되는 것도 주목된다. 초가 민요자료의 각편 수를 표로 제시하면 다음과 같다.

소분류	작가와 작품(작품 번호)
풀 베기 노래	곽종석(郭鍾錫, 1846~1919), 〈절초(折草)〉(2-01-01-03) 포함 2제 2각편
나무 베기 노래	곽종석(郭鍾錫, 1846~1919), 〈절목(析木)〉(2-01-02-03) 포함 1제 1각편
초부가	이주면(李周冕, 1795~1875), 〈초부사(樵夫詞)〉(2-02-01-12) 포함 9제 17각편
초가	양진영(梁進永, 1788~1860), 〈초가(樵歌)〉(2-02-02-05) 포함 8제 10각편

각 지역 초가	이상사(李象唆, 1769~?), 〈수산초창(水山樵唱)〉(2-04-02-26) 포함 34제 52각편
나물 캐는 노래	안영노(安英老, 1797~1846), 〈유애채요(幽崖採謠)〉(4-04-04-05) 포함 5제 5각편

초가에서는 초가의 연행 상황이 제시된 민요자료는 확인되지 않으나, 연작시 또는 장편으로 나무꾼의 생활을 구체적으로 드러낸 자료들이 확인된다. 초부가 10제 18각편 가운데 3제 3각편이 10구 이상의 장편이고[40] 이석희(李錫熙, 19세기말)의 〈초부가 오절(樵夫歌 五絶)〉(2-02-01-19)은 7언 절구 5수로 이루어진 연작시란 점이 그 예이다. 땔나무를 하면서 부른 민요와 관련된 것으로 보이는 김재홍(金在洪, 1867~1939)의 〈채초음(採樵吟)〉(2-01-03-03)·민병직(閔丙稷, 1874~1938)의 〈채신행(採薪行)〉(2-01-03-04) 등의 자료들이 각각 5언 44구와 7언 18구의 장편으로 이 시기에 처음 확인되고 7언 절구 8수로 된 이학규(李學逵, 1770~1834)의 〈상동초가(上東樵歌)〉(2-04-02-27)와 7언 절구 9수로 된 신용태(申龍泰, 1862~1898)의 〈도양초가 구장(道陽樵歌 九章)〉(2-04-02-09)이 확인된다.

나물 캐는 노래의 민요자료는 17세기에 1제 1각편, 18세기에도 1제 1각편이 확인되었다. 19세기에는 5제 5각편이 확인된다. 이러한 각편 수에서 뿐만 아니라 자료의 특성에서도 주목된다. 김영락(金榮洛, 1831~1906)의 〈채채사(採菜詞)〉(4-04-04-06)에서는 화자가 나물 캐는 여인이고 그녀의 고생스런 삶이 드러난다.[41] 다음에 제시하는

---

40) 5언 12구로 된 이주면(李周冕, 1795~1875)의 〈초부사(樵夫詞)〉, 7언 16구로 된 백회순(白晦純, 1828~1888)의 〈초부가(樵夫歌)〉(2-02-01-13), 5언 38구로 된 배성호(裵聖鎬, 1851~1929)의 〈초부음(樵夫吟)〉(2-02-01-15).
41) "採菜城南婦 採菜不盈筥 回首歌一曲 落花寂寂 青山暮山 路多石角 纖纖弱手 空

것은 김윤식(金允植, 1835~1922)의 〈귀천기속시 이십수(歸川紀俗詩 二十首)〉 가운데 제2수 춘일여자채청행가(春日女子采靑行歌)로 현 채록 민요와 유사함을 확인할 수 있다.

> 서쪽 산골에서 미나리를 캐어도 치마에 채우지 못하고
> 풀싹의 향기가 손끝에 물들었네.
> 누이는 시집살이의 고통을 아는가
> 시아버지가 산초나무와 같네.
> 采芹西澗不盈襜 烏觜香芽入指尖
> 阿妹應知新嫁苦 棘椒爭似舅家嚴

이 작품의 아래에는 "향속(鄕俗)에 채근요(采芹謠)가 있는데 아래에 있는 두 구는 그 노래의 노랫말이다"[42]라는 구절이 부기(附記)되어 있다. 두 구는 민요 시집살이 노래에서 며느리가 시아버지를 산초나무에 비유한 대목과 유사하다. 이학규(李學逵, 1770~1834)의 〈전하산가(前下山歌)〉(4-04-04-03)·〈후하산가(後下山歌)〉(4-04-04-04)는 소녀들이 산나물을 캐면서 부르는 민요를 작가가 듣고 지은 것이란 부대기록이 있고 소녀들이 산을 내려오면서 먼저 부르면 그에 화답하는 형식이므로 민요에 근접한 것이다.[43] 나물캐는 노래 민요자료에 나물

辛苦 春日遲遲兮 腰帶減一圍 子規一聲腸欲斷 怊悵獨何歸 江郵斜日雨霏霏 溪畔裊裊垂楊裏 堪把長條惱欲眠 採菜婦採菜婦情 可憐爲汝歌一曲 山蒼蒼 水涓涓" 김영락(金榮洛, 1831~1906), 〈채채사(採菜詞)〉.
42) "鄕俗有採芹謠 下二句卽其歌中之辭" 김윤식(金允植, 1835~1922), 〈귀천기속시 이십수(歸川紀俗詩 二十首)〉 제2수 춘일여자채청행가(春日女子采靑行歌)(『雲養集』 권1).
43) 백원철, 「낙하생 이학규의 시 연구」(성균관대학교 한문학과 박사학위논문, 1991), 105면.

캐는 여인의 체험이 드러나고, 현 채록 민요와 유사한 것이 확인되므로 이 시기에 나물 캐는 노래가 왕성하게 불렸을 것으로 보인다.

셋째, 이 시기 문인들은 민요의 분류체계를 의도하지는 않더라도 어느 정도 분류를 의식하면서 민요를 수용·채록한 것으로 보인다. 민요자료 가운데 농가·초가·어가 등의 분류가 보이는 것은 다음과 같다.

> 장사경(張思敬, 1756~1817), 〈연저어창(蓮渚漁唱)〉(3-05-01-13)·〈송파농담(松坡農談)〉(1-05-02-31)
> 정약용(丁若鏞, 1762~1836), 〈탐진농가(耽津農歌)〉(1-05-02-33)·〈탐진어가(耽津漁歌)〉(3-05-01-04)·〈탐진촌요(耽津村謠)〉(6-05-01-06)
> 이학규(李學逵, 1770~1834), 〈강창농가(江滄農歌)〉(1-05-02-35)·〈남호어가(南湖漁歌)〉(3-05-01-15)·〈상동초가(上東樵歌)〉(2-04-02-27)
> 김제학(金濟學, 19세기), 〈초가(樵歌)〉(2-02-02-11)·〈어가(漁歌)〉(3-04-01-06)
> 양진영(梁進永, 1788~1860), 〈초가(樵歌)〉(2-02-02-04)·〈농가(農歌)〉(1-04-02-05)·〈용가(舂歌)〉(4-02-01-06)·〈어가(漁歌)〉(3-04-01-03)·〈현가(絃歌)〉
> 정태항(鄭泰桓, 1805~1877), 〈청계어가(淸溪漁歌)〉(3-05-01-16)·〈연당농가(蓮塘農歌)〉(1-05-02-39)
> 김붕해(金鵬海, 1827~1916), 〈청농가(聽農歌)〉·〈어가(漁歌)〉(3-04-01-04)·〈초가(樵歌)〉(2-02-02-06)
> 백락원(白樂元, 1847~1916), 〈학평농구(鶴坪農謳)〉(1-05-02-52)·〈응봉초가(鷹峯樵歌)〉(2-04-02-45)

18세기에는 1각편의 민요자료에서 분류 인식이 보인다. 장사경(張思敬, 1756~1817)의 〈도남서사 팔경(道南書社 八景)〉에서 제5수인 〈연저어창(蓮渚漁唱)〉(3-05-01-13)과 제7수인 〈송파농담(松坡農談)〉(1-05-02-31)의 구분이 그것이다. 그런데 그 시제가 어가·농가가 아닌 어창·농담으로 되어 있으며 초가가 빠져 있고, 분류를 보인 민요자료가 1각편이란 점에서 분류를 구체적으로 인식하였다고는 볼 수 없다. 19세기 이후에는 분류 인식이 보인 민요자료가 7명의 작자들의 작품들에서 확인된다. 이것을 보아 분류가 구체화된 것을 알 수 있다. 분류의 양상은 농가·어가인 경우, 농가·어가·초가인 경우, 초가·어가인 경우, 농가·초가인 경우 등이 있으나 농가·어가·초가로 분류한 민요자료가 가장 많은 수를 차지한다. 이러한 사실로 보아 18세기에 분류에 대한 인식이 싹트기 시작하여 19세기에는 분류에 대한 인식이 어느 정도 확립된 것으로 보인다.

넷째, 19세기 민요 산유화는 농업노동요·모내기 노래·나무꾼 노래·나물 캐는 노래로 불렸다. 다음은 19세기 민요 산유화 관련 자료이다.

강준흠(姜浚欽, 1768~1833), 〈조산농가(造山農歌)〉(1-02-02-06)
이학규(李學逵, 1770~1834), 〈산유화가(山有花歌)〉·〈산유화(山有花)〉(2-03-01-18)
이주면(李周冕, 1795~1875), 〈초부사(樵夫詞)〉(2-02-01-12)
이제영(李濟永, 1799~1871), 〈산유화 육곡(山有花 六曲)〉(2-03-01-22)
양식영(梁湜永, 1816~1870), 〈산중요(山中謠)〉(2-04-01-01)
김진우(金鎭宇, 1867~?), 〈미전연채(薇田軟茱)〉(4-04-04-07)
배중환(裵重煥, 생몰미상), 〈송포운가(松浦耘歌)〉(1-02-03-17)

농업노동요로〈산유화〉가 불린 것을 확인할 수 있는 자료는 배중환 (裵重煥, 생몰미상)의〈양양 팔경 예천(襄陽 八景 醴泉)〉제3수〈송포 운가(松浦耘歌)〉(1-02-03-17)이다. 이 자료는 예천지방의 팔경 가운데 하나로 농사하는 모습을 읊은 것이다. 이 자료에서는 계곡에서 산유화가 울려 퍼지는데 그 노래는 태평가로 농사꾼들이 강을 사이에 두고 다투어 부른다고 하였다.44) 농업노동요로 산유화가 불린 것을 확인할 수 있다. 모내기 할 때 민요 산유화가 불린 것을 확인할 수 있는 것은 강준흠(姜浚欽, 1768~1833)의〈조산농가(造山農歌)〉이다. 이 자료의 병서45)를 통하여 황해도 조산 지역의 농부들이 농사할 때 산유화를 부른 것을 알 수 있다. 특히〈조산농가〉의 노랫말은 농부들의 모내기 노래를 거의 그대로 한역해 놓은 것이다.46)

나무꾼 노래로 산유화가 불린 것을 확인할 수 있는 자료는 이주면 (李周冕, 1795~1875)의〈초부사(樵夫詞)〉(2-02-01-12)·이제영(李濟永, 1799~1871)의〈산유화 육곡(山有花 六曲)〉(2-03-01-22)이다.〈초부사〉는 5언 12구인데 그 가운데 제3~4구에서는 "산유화 한 곡을 부르며, 계곡에서 벌목(伐木) 하네"라고 하였다.47) 산유화가 나무할

---

44) "口角生風山有花 臨江爭唱太平歌 痛飮城中一椀酒 夕陽斜路舞烟簑" 배중환(裵重煥, 생몰미상),〈송포운가(松浦耘歌)〉.
45) "殷栗縣前有造山坪 農者齊聲唱山有花曲 辭甚俚淺想 古皇華折楊下里巴人汚不至此 彼蚩蚩者豈知有十二國風 而其詞往往自合於比興遺旨 豈詞曲出自性情天機所動 無古今殊歟 余於閑中譯而成文以俟采詩者" 姜浚欽(1768~1833),〈造山農歌〉(『三溟集』).
46)〈조산농가〉가 모내기노래를 거의 그대로 한역해 놓은 것에 대한 구체적인 논의는 최재남, 앞의 논문, 1999, 177~180면 참조.
47) "不獲鉏商麟 不遇蕉隍鹿 山有花一曲 伐木巖之谷 腰下有小鎌 血脂呑聲哭 平生大椀飯 曾不負此腹 此腹胡負汝 手足俱胼胝 却羨甯戚歌 白石擧之牛 口爲君師" 李周冕(1795~1875),〈樵夫詞〉(『至樂窩遺稿』권1).

때 부른 노래임을 알 수 있다. 〈산유화 육곡〉은 7언 절구 6수로 되어 있는데 그 가운데 제1수는 나무꾼의 노래인 어사용으로 알려진 현존 채록 민요인 '구야 구야 지리산 갈가마구야'의 표현과 유사하므로48) 나무꾼이 나무할 때 부른 민요를 채록한 것으로 볼 수 있다.

나물 캐는 노래로 산유화가 불린 것을 확인할 수 있는 자료는 양식영(梁湜永, 1816~1870)의 〈산중요(山中謠)〉(2-04-01-01)·김진우(金鎭宇, 1867~?)의 〈미전연채(薇田軟菜)〉(4-04-04-07)이다. 〈산중요〉에서는 젊은 여아들이 산에 나물을 캐러 왔다가 산화(山花)를 다 부르자 돌아가는데 숲의 새들도 놀라지 않는다고 하였다.49) 〈미전연채〉에서는 고비 밭에 나물 캐러 온 채녀(採女)들이 다투어 산유화를 부른다고 하였다.50) 이 자료를 보아 19세기 산유화가 채녀들이 나물 캘 때 부른 것임을 알 수 있다. 이학규(李學逵, 1770~1835)의 〈산유화가(山有花歌)〉·〈산유화(山有花)〉(2-03-01-18) 병서에서는 산유화가 영남지방에서는 매년 봄에 나물 캐기를 하거나 모내기를 할 때 부른다고 하였다.51) 산유화가 나물을 캘 때와 모내기 할 때 모두 불렸음을 확인할 수도 있다.

---

48) 〈산유화 육곡〉이 '어사용'을 채록한 것이란 논의는 최재남, 앞의 논문, 1999, 195~196면에서 이루어진 바 있다.
49) "青春兒女愛芳菲 三五提籠踊翠微 唱盡山花歸去晚 慣人林鳥不驚飛" 梁湜永 (1816~1870), 〈山中謠〉(『竹坡遺集副聽溪遺集』 권1).
50) "春雨濛濛濕 薇蕨細生茅 採女携筐去 爭唱山有花" 김진우(金鎭宇, 1867~?), 〈미전연채(薇田軟菜)〉.
51) 〈산유화가(山有花歌)〉의 병서에는 "山有花 本洛東里娘爲江上棄婦作······每春時 采山及種秧 聞其曼聲 嗚咽纏緜悽惻······"(『洛下生全集』 상 「因樹屋集」)이라는 기록이, 〈산유화(山有花)〉의 병서에는 "山有花 本一善里嬬香娘怨歌······作山有花曲······今其詞已失 聲調猶傳 嶺外每春時采山及插秧 聞其曼聲 嗚咽纏緜悽惻······"(『洛下生全集』 상 「嶺南樂府」)라는 기록이 있다.

4. 맺음말

본고에서는 문집소재 조선후기 민요자료를 통하여 조선후기 민요의 통시적 양상을 살펴보았다. 그 결과를 요약하면 다음과 같다.

첫째, 조선후기 민요 종류의 통시적 양상이다.

17세기에 농가(農歌)에서는 보리베기・보리타작 등의 민요와 방아 찧기 노래 등의 민요가 있었고, 모내기・논매기 노래는 그 가창이 미약하였다. 초가(樵歌)에서는 나무꾼 노래가 있었다. 18세기에 농가에서는 보리베기・보리타작 노래 등의 민요가 있었고, 논농사와 관련된 벼 베기・벼 타작・모내기・논매기 노래가 적극적으로 불렸다. 초가에서는 나무꾼 노래가 있었다. 19세기에 농가에서는 보리타작・벼타작・모내기・논매기 노래와 방아찧기 노래가 있었다. 모내기・논매기 민요는 민요자료의 각편 수를 보아 전국적인 가창이 이루어진 것으로 추정된다. 이에 비하여 보리베기・벼 베기 노래가 이 시기에 가창이 미약해졌다. 초가에서는 나무꾼 노래가 있었고 나물 캐는 노래가 이 시기에 부각되기 시작하였다.

둘째, 민요에 대한 수용 태도의 통시적 양상이다.

17세기에는 보리타작・보리베기・나무꾼 노래 등에서 '화자를 농가 생활자로 설정'하는 정도로 민요를 수용하는 소극적 태도를 보인다. 18세기에는 '화자를 농가(農家) 생활자로 설정하는 것'・'농사현장에서 민요의 연행 상황'・'연작시 또는 장편의 형태로 농부들의 농사현장을 종합적이고 구체적으로 제시'하는 것으로 적극적인 수용태도를 보인다. 19세기에는 18세기에서 보였던 수용의 태도에 민요의 분류에 대한 인식이 이루어져 18세기에 단초를 보였던 민요에 대한 적극적인 태도가 더욱 확대된다.

　셋째, 민요 산유화의 통시적 양상이다.

　17세기에는 민요 산유화가 농업노동요로 불렸다. 18세기에는 농업노동요·모내기·나무꾼 노래·나물 캐는 노래·비기능요로 불려 기능이 확대되었다. 19세기에는 농업노동요·모내기·나무꾼 노래·나물 캐는 노래로 불려 18세기에 확립된 기능이 고정되어 간 것으로 파악된다.

❖ 참고문헌

1. 자료

姜浚欽, 『三溟集』(탐구당, 1991)
姜必恭, 『寡諧詩集』(국립중앙도서관 소장본).
姜必愼, 『慕軒集』(국립중앙도서관 소장본).
權克中, 『靑霞集』, 『한국역대문집총서』 549(경인문화사, 1990).
權思潤, 『信天齋集』, 『한국역대문집총서』 588(경인문화사, 1990).
權　攄, 『震溟集』(국립중앙도서관 소장본).
金綸栢, 『琴隱集』(국립중앙도서관 소장본).
金履萬, 『鶴臯先生文集』(국립중앙도서관 소장본).
金鵬海, 『韻堂集』(국립중앙도서관 소장본).
金榮洛, 『龜溪遺稿』(국립중앙도서관 소장본).
金允植, 『雲養集』(국립중앙도서관 소장본).
金在洪, 『遂吾齋集』(국립중앙도서관 소장본).
金濟學, 『龜菴集』(국립중앙도서관 소장본).
金鎭宇, 『素窩集』(국립중앙도서관 소장본).

金昌翕,『三淵集遺稿』(국립중앙도서관 소장본).
金景濴,『聞韶世稿』(국립중앙도서관 소장본).
金榮祖,『忘窩集』(국립중앙도서관 소장본).
柳後玉,『壯巖世稿』권3「蘭溪遺稿」(국립중앙도서관 소장본).
閔丙稷,『悟堂集』(국립중앙도서관 소장본).
朴泰淳,『東溪集』(서울대학교 규장각 소장본).
裵聖鎬,『錦石文集』(국립중앙도서관 소장본).
裵重煥,『荷汀詩稿』(국립중앙도서관 소장본).
白樂元,『晚悔堂遺稿』(국립중앙도서관 소장본).
白晦純,『藍山先生文集』(국립중앙도서관 소장본).
卞榮圭,『曉山集』(경상대학교 문천각 소장본).
宋英耆,『瓢翁先生遺稿』(국립중앙도서관 소장본).
申龍泰,『道陽集』(국립중앙도서관 소장본).
梁湜永,『竹坡遺集副聽溪遺集』(국립중앙도서관 소장본).
梁進永,『晚羲集』(국립중앙도서관 소장본).
吳仁兌,『海隱遺稿』(국립중앙도서관 소장본).
吳喜昌,『栗里笑方』(국립중앙도서관 소장본).
柳莘老,『春圃遺稿』(국립중앙도서관 소장본).
尹東野,『弦窩集』(서울대학교 규장각 소장본)
李 達,『東詩雋』(국립중앙도서관 소장본).
李 達,『蓀谷詩集』(국립중앙도서관 소장본).
李敏九,『東州先生集』(국립중앙도서관 소장본).
李 簹,『景玉先生遺集』(국립중앙도서관 소장본).
李思質,『翕齋集』,『한국역대문집총서』566~567(경인문화사, 1990).
李錫熙,『一軒集』(국립중앙도서관 소장본).
李晬光,『半槎錄』(국립중앙도서관 소장본).
李肇源,『玉壺集』(국립중앙도서관 소장본).
李周冕,『至樂窩遺稿』(국립중앙도서관 소장본).
李學逵,『洛下生全集』(아세아 문화사, 1985).
張思敬,『耳溪先生文集』(국립중앙도서관 소장본).
丁若鏞,『與猶堂全書』(계명문화사, 1990).
鄭泳鎬,『小坡集』(국립중앙도서관 소장본).

鄭昌冑, 『晚洲集』(보고사, 1994).
鄭泰桓, 『蒙養齋遺稿』(국립중앙도서관 소장본).
陳景文, 『剡湖先生文集』, 『한국역대문집총서』294~299(경인문화사, 1989).
崔昇羽, 『睟窩集』(국립중앙도서관 소장본).
洪錫箕, 『晚洲遺集』(국립중앙도서관 소장본).
洪良浩, 『耳溪集』(서울대학교 규장각 소장본)
黃　暹, 『息庵先生文集』(국립중앙도서관 소장본).
『扶餘郡誌』(국립중앙도서관 소장본).
『風謠三選』(국립중앙도서관 소장본).

2. 참고논저

고정옥, 『조선민요연구』(수선사, 1949)
김영숙, 「산유화가의 양상과 변모」, 『민족문화논총』 2·3호 합집(영남대학교 민족문화연구소, 1982)
백원철, 「낙하생 이학규의 시 연구」(성균관대학교 한문학과 박사학위논문, 1991)
정한기, 「가사 〈기음노래〉의 작자와 창작 배경」, 『고전문학연구』 30집(한국고전문학회, 2006)
조동일, 「민요의 형식을 통해 본 시가사」, 『한국시가의 전통과 율격』(한길사, 1982)
진재교, 「이계 홍양호 문학 연구」(성균관대학교 대동문화연구원, 1999)
진정효, 『구야구야지리산갈가마구야』(참, 1992)
최재남, 「조선후기 민요의 실상과 한시의 민풍 수용」, 『장르교섭과 고전시가』(월인, 1999)
최재남, 「윤동야의 〈용가〉와 며느리형상의 해석 방향」, 『조선후기 시가와 여성』(월인, 2005)
최재남, 「이민성의 삶과 시세계」, 『한국한시작가연구』 9(한국한시학회, 2005)
최재남, 「문집 소재 조선후기 민요자료 정리 및 분류」, 『배달말』 38(배달말학회, 2006)

조선후기 민요자료를 통해 본
민요의 가창방식

※

성기각

1. 서론[1])

본고는 조선 후기(17세기~19세기) 구연 현장의 자료를 포함하여 각종 문집에 수록된 '민요 관련 자료'[2])를 바탕으로 민요의 연행 상황과 관련된 민요의 가창방식을 규명하는 것을 목표로 한다. 이 작업은 한시에 민요가 수용된 것에 초점을 맞추기보다는 민요의 가창방식이 지닌 실상을 파악하는 데에 무게를 둔다.

지금까지 민요와 관련된 논의들은 한시의 입장에서 민요를 어떻게 수용하고 있었던가를 고찰하는 것이 주류였고, 민요 연구에 있어서도 현전하는 민요를 중심으로 구비문학의 입장에서 바라보았다. 조선후기 민요가 지닌 실상의 전체적 윤곽은 최재남[3])에서 논의된 바 있다.

---

1) 이 글은 『배달말』40(2007. 6)에 발표한 논문 「문집 소재 민요 관련 한시를 통해 본 조선후기 민요의 가창 방식」을 바탕으로 본 자료집의 수록 작품과 작품 체재에 맞게 수정한 것이다.
2) '민요 관련 자료'는 이하 '민요자료'로 약칭한다.

이 논문에서는 조선후기 민요의 실상을 구체적인 민요자료를 통하여 파악하고 한시의 민풍 수용이라는 점에서 한시와의 관련 및 정서변화를 면밀하게 고찰하였다. 그리하여 조선후기 민요의 구체적인 자료로 가창 현장을 확인할 수 없었던 이전 연구의 한계를 극복할 수 있는 계기를 마련하였다. 이 선행연구를 바탕으로 이 글에서는 가창방식과 관련된 문집소재 조선후기 민요자료의 조사를 통하여 가창방식에 대해 고찰하고자 한다.

민요 자체에 대한 연구를 포함하여 가창방식을 해명하기 위하여 민요자료를 확보하는 일은 매우 중요한 일이다. 문집에 수록된 조선후기 민요자료를 통해 확인할 수 있었던 것은 지금까지 구비 전승된 민요의 채록 자료를 중심으로 논의한 민요의 가창방식과는 차이를 보이고 있다는 점이다. 이는 연행 당시의 민요 형태가 현전하는 민요와는 상당한 차이를 보인다는 것을 말해주는 것으로, 민요 연구에서 새로운 접근을 요구하는 것이라 하겠다.

그런 점에서 현전 민요와 밀접한 관련을 가지는 조선후기 문집 소재 민요자료를 통한 조선후기 민요의 가창방식에 대한 실상을 규명하는 일은 매우 소중한 과제라 할 수 있다. 이에 본고에서는 문집 소재 조선후기 민요자료를 토대로 민요의 가창방식을 농가(農歌)와 초가(樵歌)로 크게 구분하여 논의하고자 한다.

---

3) 최재남, 「조선후기 민요의 실상과 한시의 민풍 수용」, 『장르교섭과 고전시가』(월인, 1999), 165~237면.

2. 민요의 가창방식

민요는 가창에 의해 구현되므로 그 사설의 구성을 파악하기 위해서는 가창방식에 관심을 두지 않을 수 없다. 민요에 있어서 가창방식은 그 기능과 관련되며, 또한 그 가창방식이 민요의 가형(歌型)과 밀접한 관련을 지닌다는 것이 이 논문의 전제가 된다.

연행되는 민요의 사설은 지역마다 다르게 나타난다. 사람들이 그 지역 특유의 방언을 사용하는 것처럼, 민요도 지역에 따라, 경토리·심심가토리·육자백이토리·메나리토리로 노래한다. 각 토리의 음계 역시 지역에 따라 다르게 연행되었을 것이고 그에 따른 정서도 달랐을 것으로 보인다. 이것을 규명하는 일 또한 중요한 것으로 보이나 그 논의가 주로 음악적 특성과 관련된 것이므로 본고에서는 다루지 않는다.

민요의 가창방식에 관한 논의는 대부분 현전하는 채록 민요를 대상으로 이루어졌다는 점에서 한계를 지니고 있다. 고정옥, 조동일, 임동권, 정동화, 김무헌, 류종목, 서영숙 등이 민요의 가창방식을 논의하였으나, 조선후기 연행 당시의 실상을 드러내지는 못한 것으로 보인다. 그에 비해 최근 최재남의 논의[4]는 조선후기의 민요가 지닌 가창방식 실상을 밝히는 데에 시사하는 바가 크다. 민요의 가창방식에 대한 논의를 일별하면 다음과 같다.

고정옥은 민요를 가창주체에 따라 남요(男謠)와 부요(婦謠)로 분류하고 남요에서 중분류한 '동남동녀문답체요(童男童女問答體謠)'로 〈연밥따는 처녀노래〉 등 일곱 가지 노래를 들고 있다.[5] 그는 여기서 가창

---

[4] 최재남, 「문집 소재 조선후기 민요자료 정리 및 분류」, 『배달말』 제38호(배달말학회, 2006), 221면.
[5] 고정옥, 『조선민요연구』(수선사, 1949), 97면.

방식의 하나인 문답체요에 주목하고 있음을 알 수 있다. 그러나 이는 가창방식에 무게를 둔 것이 아니라 분류상 편의에 따라 언급한 정도라 하겠다.

민요의 가창방식에 관한 본격적인 논의는 조동일6)에서 이루어진 것으로 보인다. 그는 민요의 가창방식을 선후창(先後唱)·교환창(交換唱)·독창(獨唱) 또는 제창(齊唱)으로 나누었고, 후렴이 없는 독창 민요는 노래한다기보다도 음영(吟詠)한다는 점에서 음영민요라고 규정한 바 있다.

임동권은 민요를 분류하면서 정련요(情戀謠)를 중분류한 남녀간의 '문답요(問答謠)'에 〈목화따는 처녀노래〉 등 아홉 가지 노래를 들었다.7) 이것은 고정옥의 논의와 크게 다르지 않다. 정동화는 민요를 분류하는 기준의 하나로 가창을 설정하여 민요를 가창민요와 송서(誦書)를 포함한 음영민요로 구분하였으며8), 김무헌은 민요를 분류하면서 '문학 연구에는 문제가 따른다'는 전제 하에 민요를 음악상으로 창자별·창곡별·가창방식별(선후창·교환창·독창·제창)로 분류할 것을 주장하였다.9) 그리고 류종목은 가창방식을 되받기식, 메기고받기식, 주고받기식, 내리부르기식 등으로 나누고 이것들이 민요를 부르는 복합적 여건들에 의해 하나가 선택된다고 보았다.10)

---

6) 조동일, 「민요의 형식을 통해 본 시가사」, 『한국시가의 전통과 율격』(한길사, 1982).
7) 임동권, 『한국민요연구』(삼우출판사, 1980), 40면.
8) 정동화, 『한국민요의 사적연구』(일조각, 1981), 141면.
9) 김무헌, 『한국 노동 민요론』(집문당, 1990), 57면.
10) 류종목, 「민요의 구연방식과 기능의 상관 -노동요를 중심으로」, 『민요와 민중의 삶』(우석출판사, 1994), 38~63면.

이들의 논의에 비해 서영숙11)에서는 비록 모심기노래에 한정한 논의이지만 가창방식을 비교적 상세하게 다루고 있다. 서영숙은 모심기노래의 가창방식을 선후창·교환창·반복창·돌림창 등 네 가지로 나누고 가창의 실상을 가창의 주체에 따라 분석하기도 하였다.

민요의 가창방식은 음악적 성격과도 관련되는 것인데 선후창(先後唱)·교환창(交換唱)·독창(獨唱 또는 齊唱) 등으로 분류하는 것이 일반적이다.12) 민요의 가창방식과 관련한 이와 같은 논의들은 현전 채록 민요를 통해서 이루어진 것들이다. 따라서 조선후기의 가창방식을 규명하는 데는 한계를 지닐 수밖에 없다. 그에 비해 연행 현장에서 구현된 가창방식을 문집 소재 조선후기 민요자료를 통해 확인하여 기존의 교환창(交換唱)이라는 개념에서 나아가 호응창(呼應唱)이라는 개념을 새로 설정한 최재남의 논의13)는 조선후기 민요가 지닌 가창방식의 실상을 확인할 수 있는 중요한 단서가 된다는 점에서 주목된다.

민요의 가창방식과 관련한 지금까지의 논의를 종합해보면, 최재남의 논의를 제외한 논의들은 모두 현전하는 채록 민요에 기대고 있음을 알 수 있다. 주지하는 바대로 민요는 구비문학이 갖는 일반적인 속성으로 볼 때, 연행되는 시기와 지역에 따라 그 차이를 드러낼 수밖에 없다. 그런 점에서 당대의 연행현장 기록이라 할 수 있는 민요와 관련된 자료들은 본고가 다루고자 하는 가창방식뿐만 아니라 민요 전반에 대한 새로운 해석의 요구에 부응할 수 있는 것이라 생각한다.

---

11) 서영숙, 「모심는 소리의 가창방식과 사설구조 -충청북도를 중심으로」, 『우리 민요의 세계』(역락, 2002), 351~384면.
12) 장덕순·조동일·서대석·조희웅 공저, 『구비문학개설』(일조각, 1971), 89~92면.
13) 호응창 개념과 그 설정 가능성에 대하여 최재남, 「조선후기 민요의 실상과 한시의 민풍 수용」, 『장르교섭과 고전시가』(월인, 1999), 179면 주) 7 참조.

지금까지 진행된 민요의 가창방식에 대한 연구는 현전하는 민요를 채록하여 분석한 결과로 얻어진 것이어서 조선후기 민요가 지닌 가창방식의 실상과는 상당한 거리가 있는 것으로 보인다. 즉 모내기 노래・논매기 노래・어사용은 부르는 방식이 다르다고 전제하고, 어사용은 모내기 노래나 논매기 노래와는 달리 혼자서 부르기 때문에 전승을 따르든 창작을 하든 재량껏 한다는 조동일의 주장14)이 바로 이러한 경우에 해당한다.

3. 농가와 초가의 가창방식

민요의 가창방식을 결정하는 요인으로는 가창 공간・창자의 수・일의 질・일에서의 기능상・창자의 일에 대한 참여성・조사(措辭)의 결구(結句)방식 등이 있다.15) 그렇다고 해서 이러한 조건들이 그대로 가창방식에 접목할 수 있는 성질은 아닌 것으로 보인다. 왜냐하면 그것이 창자의 성격에 따라, 혹은 지역에 따라 달리 구연될 수 있기 때문이다. 따라서 본고에서 다루는 자료 역시 이러한 조건들이 반영된 것으로 볼 수 있겠으나, 창작 당시의 구연 현장을 구체적으로 묘사한 것은 아닌 까닭에 그 실상을 파악하는 데에는 한계가 있을 수밖에 없다.

선후창은 창자 한 사람이 앞소리를 메기고 여러 사람이 의미가 없는 후렴을 받는 방식이다. 여기에서는 앞소리꾼이 소리를 주도적으로 이끌고 뒷소리꾼은 신명을 돋우는 역할을 하게 된다. 따라서 앞소리꾼은

---

14) 조동일, 「농민시의 세 층위: 한시, 시조, 민요」, 『한국시가의 역사의식』(문예출판사, 1993), 162면.
15) 여기에 관한 자세한 내용은 류종목, 앞의 논문, 42~46면 참조.

고정된 사설에 얽매이지 않고 자유로운 변형이 가능하여 즉흥적인 사설을 구사할 수 있다.

그에 비해 교환창은 두 사람 또는 두 패가 소리의 앞뒤를 주고받는 방식이다. 이는 선후창이 앞소리꾼 한 사람이 주도적으로 사설을 메기는 것과 달라서 사설을 즉흥적으로 변형할 수 없기에 널리 알려진 공식적인 사설이 주류를 이룬다. 또한 안소리꾼과 바깥소리꾼이 서로 짝을 이루어야 하기에 두 소리꾼 모두 사설을 인지해야 하는 정형성을 띤다.

반복창은 선후창과 교환창이 혼합된 방식으로 볼 수 있다. 이는 앞소리꾼이 사설을 주도하고 뒷소리꾼은 여기에 종속되어 소리를 메긴다는 점에서는 선후창 성격이 강하고, 앞뒤 소리꾼 모두 의미 있는 사설로 소리를 메긴다는 점에서는 교환창과 그 성격이 유사하다.[16]

이에 비해 호응창은 앞소리꾼이 하나의 사설을 내면 뒷소리꾼이 거기에 맞게 응수한다는 점에서 교환창이나 반복창과는 다르다. 교환창은 결과적 개념이요, 호응창은 연행의 현장 및 노래의 성격을 규정하고 있기 때문이다. 이는 문답방식이나 교환창과 선후창 사이의 명확한 구분과 그 역할에 대한 검토가 실제 민요를 바탕으로 규명해하는 전제가 깔려 있다.[17]

조선후기 문집에 수록된 민요 관련 한시 자료에는 실제 구연되었을 민요의 가창방식 실상을 보여주는 것뿐만 아니라 민요의 가창방식에 대한 기록을 보여주는 것도 있다. 이들 자료를 토대로 하여 기존의 민요 연구에서 언급한 선후창(先後唱)과 교환창(交換唱)뿐만 아니라 호

---

16) 선후창·교환창·반복창에 관한 자세한 내용은 서영숙의 「모심는 소리의 가창방식과 사설구조 -충청북도를 중심으로」, 357~381면을 참고하기 바람.
17) 최재남, 「조선후기 민요의 실상과 한시의 민풍 수용」, 앞의 책, 179면 참조.

응창(呼應唱)·독창(獨唱 또는 齊唱)이라는 개념과는 다른 이론을 제기할 수 있다.

실제 가창되는 민요를 문집에 수록된 작품을 통해서 보면 농가와 초가는 '문창(問唱)-답창(答唱)'의 방식, '초창(初唱)-답창(答唱)'의 방식, '창·수(唱酬)-언(言)'의 방식, '전호(前呼)-후답(後答)'의 방식, '전호(前呼)-후응(後應)'(또는 前歌後應)의 방식, '전창(前唱)-후창(後唱)'의 방식, '남반가(男伴歌)-여반연(女伴連)'의 방식 등이 있어 기존의 민요 연구에서 언급한 가창방식에 비하여 훨씬 다양하게 나타난다. 이러한 점에 초점을 맞추면 가창 현장과 가창방식에 대한 논의를 심화할 수 있을 것이다.

민요의 가창방식과 관련한 조선후기 한시 자료들에는, 농가(農歌)는 모내기노래인 앙가(秧歌)를 비롯하여 보리타작노래[打麥歌]와 벼타작노래[打稻歌]가 확인되었다. 이 중에서 모내기노래가 주를 이루고 있었으며 초가(樵歌)는 비교적 이른 시기라 할 수 있는 17세기 노래부터 19세기 후반에 걸친 것으로 그 시기가 비교적 고른 분포를 보였다. 따라서 본고에서는 이 자료들을 농가와 초가로 나누어서 그 실상을 제시하고자 한다.

또한 가창방식과 관련한 이 민요자료들은 민요 자체를 수용했다기보다는 연행현장의 모습을 통하여 가창방식을 추정할 수 있는 단서를 읽을 수 있는 것들이기에 작품에 관한 분석은 미루어 두기로 한다.

문집 소재 조선후기 민요의 가창방식과 관련한 한시 자료로 농가는 이앙법이 보편화된 19세기 이후에 앙가(秧歌)가 집중적으로 확인된다는 점에서도 흥미롭다. 그리고 초가는 그 편 수로 볼 때 비교적 많이 확인되고, 수용된 시기 또한 17세기와 18에 걸쳐 많이 확인된다는 점에서 주목된다.

3-1. 농가(農歌)

조선후기 문집에 수용된 농가의 가창방식은 다양하게 나타난다. 이는 현재까지 구전되어 노래하는 농업노동요들과는 상당한 차이가 있는 것으로 보인다. 모내기노래인 앙가(秧歌)의 경우만 보더라도 전호후응(前呼後應), 초창(初唱)-답창(答唱), 남수여창(男隨女唱), 남반가-여반연(男伴歌-女伴連), 장가호답(長歌互答), 전가후응(前歌後應), 상응복상호(相應復相呼) 방식 등과 같이 다양하게 나타난다. 따라서 연행 당시인 조선후기 가창방식의 실상은 현전하는 교환창(交換唱)이나 선후창(先後唱) 또는 독창(獨唱또는 齊唱)이라는 개념만으로는 온전하게 규명하기 어려울 것으로 보인다.

다음에 제시하는 작품은 연행 현장의 모습과 가창방식을 채록한 것으로 조선후기 농가(農歌)의 가창방식을 이해하는 데에 매우 소중한 자료들이다.

> 도리깨 높여 나란히 서 '방방' 소리 나게 타작하며
> 한번 '이영차'를 부르자 무리들이 소리에 응하네.
> 소리가 끝나자 가을 산에 석양이 거의 되고
> 누른 닭과 백주(白酒)로 인정(人情)을 나누네.
> 枷上列立打彭彭 <u>一唱呼邪衆應聲</u>
> 聲落秋山山近夕 黃鷄白酒作人情[18]
>
> 채우석(蔡愚錫, 20세기초),
> 〈타도가(打稻歌)〉(1-02-06-05)

---

18) 밑줄은 필자가 한 것으로 이하 같음.

남쪽 들판에 보리가 영글어도 드딤을 고통스러워 하니
즐거움이 전가(田家)의 보리타작 때에 있음이네.
땅을 침에 갑자기 바람이 급해지고
하늘을 뒤집음은 흡사 번개 빛이 옮기는 것 같네.
세 잔의 막걸리에 호기(豪氣)가 생기고
한 곡조의 장가에 답창(答唱)이 따르네.
다만 해마다 태평을 만나기 원하니
황운(黃雲)에 들의 색이 양 갈래에 드리우네
南郊麥熟苦遲遲 樂在田家打麥時
撲地忽然風力急 飜天恰似電光移
三盃濁酒麤豪發 一曲長歌唱答隨
但願年年逢快活 黃雲野色兩岐垂

우규환(禹圭煥, 20세기초),
〈타맥(打麥)〉(1-01-04-38)

인간 대본에 농사 같은 것이 없으니
곳곳마다 노랫소리 태평시대를 점치네.
남자의 따름과 여자의 노래는 태평의 모습이니
요임금의 태평세월이 무르익었네.
大本人間莫若農 歌聲處處占時雍
男隨女唱昇平象 烟月堯衢一色濃

송규필(宋奎弼, 1780~1847),
〈평교농창(平郊農唱)〉(1-05-02-37)

두루 들판에 화락하여 격양가이고
좋은 바람은 흔들흔들 뫼와 언덕에 드네.
남자의 따름과 여자의 노래가 동남의 이랑에 있으니

모두 태평에서 나와 태평의 기상(氣像)이 많네.
遍野熙熙擊壤歌 隨風嫋嫋入山阿
男隨女唱東南畝 盡出昇平氣像多

안영노(安英老, 1797~1846),
〈황야농가(黃野農歌)〉(1-05-02-38)

긴 여름에 앞마을은 일일마다 알아서
빨리 모내기하여 모름지기 더디지 아니 하네.
수고로운 노래에 서로 답함으로 땅을 옮기고
푸른색이 가운데를 나눔으로 심고 떠날 때이네.
비낀 바람과 가랑비가 함께 춤추고
남쪽 두렁과 동쪽 두렁이 기일(期日)에 모이는 것 같네.
연(蓮)으로 만든 갑옷에 소를 탄 태평연월 속에
강구의 남은 흥을 또한 겸하네.
長夏前村事事知 速治秧役不須遲
勞歌相答移來地 靑色中分揷去時
斜風細雨同蹈舞 南陌東阡似會期
荷鉀騎牛烟月裏 康衢餘興又兼之

정석진(鄭錫珍, 1851~1896),
〈이앙(移秧)〉(1-02-02-30)

대본(大本)에 힘써 식량으로 근본을 삼으니
초록 삿갓에 푸른 도롱이로 무논에 가네.
진행은 게걸음 같아 빠름과 더딤을 함께 하고
서는 것은 기러기 행렬 같아 선후를 다투지 않네.
서쪽 들판에 파종을 마치자 남쪽 들판에서 또 하고
남자 짝이 노래를 마치자 여자 짝이 이어지네.

때 맞춰 내린 비가 백성의 바람에 따른 것임을 알고
모내기 하러 오는 것으로 즐거운 해를 점칠 수 있네.
務玆大本食爲天 綠笠靑蓑往水田
行如蟹步同遲速 立似鵝行不後先
西郊種歇南郊又 男伴歌終女伴連
知時秧雨從民願 占得來秧快活年

배상우(裵相禹, 1847~1921),
〈이앙(移秧)〉(1-02-02-27)

곧 봄이 옴을 좇아 새벽부터 농사하러 나가
물에 나온 푸른 모를 손에 가득 쥐네.
서쪽에서부터 심어 동쪽으로 옮겨 넓은 들을 열며
앞에서 부르자 뒤에 호응함에 사방에서 반기네.
불 땐 연기 오르자 광주리가 다투어 나오고
해가 뉘엿뉘엿하자 손길이 더욱 가볍네.
흰머리 노인은 임금의 은혜를 노래하고
변화(變化)의 절로 이루어짐을 다 아네.
即從春到戴星耕 出水靑秧已把盈
西揷東移千野闢 前呼後應四隣迎
炊烟乍起筐爭出 山日將斜手愈輕
頭白老人歌帝力 儘知化裏自生成

김윤백(金綸栢, 1836~1911),
〈이앙(移秧)〉(1-02-02-21)

모내기 노래 곡조마다 호산(湖山)을 흔들고
삿갓과 도롱이 들판으로 나오네.
앞에서 부르자 뒤에서 응함이 소리마다 장하고

흰 것을 고르고 푸른 것을 옮김을 걸음마다 번갈아 하네.
삼시(三時)에 주는 밥은 종내 게으름이 없고
일자(一字)로 진행함은 잠시도 한가하지 않네.
은혜로운 비로 옷이 젖음을 어찌 애석해 하리
농부는 근심 푼 얼굴을 절로 좇네.
秧歌曲曲動湖山 雨笠烟簑出野關
<u>前呼後應</u>聲聲壯 耕白移靑步步間
三時供饋終無倦 一字行來暫不閒
惠霈衣沾何足惜 農人自比破愁顏

노정훈(盧正勳, 생몰미상),
〈이앙(移秧)〉(1-02-02-89)

삼곡(三曲)의 모내기 노래 정히 좋으니
앞에 부르고 뒤에 응함에 한결 같이 즐거워하네.
삿갓과 도롱이로 곳에 따라 쉬니
이로부터 농부의 본 모습이라 하겠네.
三曲秧歌歌正好 <u>前呼後應</u>一般欣
雨笠烟簑隨處憩 自是農人本態云

정영호(鄭泳鎬, 1867～1954),
〈이앙가 사절(移秧歌 四絶)〉(1-02-02-44)

모의 잎이 채워져 무논이 푸르고
앞에서 부르고 뒤에서 응함에 서로 멈추지 않네.
이어사(李御使) 원래 노래에 마음 졸이니
여항의 귀가 지금에 오히려 감동하게 하네.
극중 〈춘향가〉 사설을 사용하였다.
秧葉貼田田水靑 <u>前歌後應</u>不相停

李郞御使歎原曲 俚耳至今猶動聽
用劇戲中春香歌說

김연태(金然泰, 20세기초),
〈이앙(移秧)〉(1-02-02-75)

위에서 제시한 자료에 나타나는 농가의 가창방식은 기존에 논의된 선후창(先後唱)과 교환창(交換唱)이라는 개념으로 설명하기에는 어려운 점이 많다는 것을 확인할 수 있다. 즉 채우석의 〈타도가〉(1-02-06-05)는 벼 타작을 할 때 노래 부르는 실상을 "일창호야중응성(一唱呼邪衆應聲)"이라 하였는데, 이는 하나의 사설에 많은 사람들이 거기에 응하여[衆應] 이영차[呼邪]로 응한다 하였으니 이는 선후창이라는 개념으로 설명할 수 있겠으나 그렇다고 해서 선후창으로 단정하기도 어렵다. 앞소리꾼의 사설에 대해서 다수의 뒷소리꾼이 부르는 사설의 내용을 명확하게 규명하기 어렵다. 즉 앞소리꾼인 선창자가 메기는 소리에 후창자인 뒷소리꾼이 의미 없는 후렴을 부르는 것인지 아니면 의미를 가진 사설을 부르는지 단정하기 어렵다. 우규환의 〈타맥〉(1-01-04-38) 역시 보리타작 노래가 "일곡장가창답수(一曲長歌唱答隨)"라 하였는데, 이를 단순히 교환창의 방식으로 이해하기 어려운 점이 있다. 그 이유는 앞뒤 소리꾼들이 단순히 사설을 주고받는 결과적 개념으로 보기 어렵기 때문이다. 즉 '장가(長歌)-답수(答隨)'에서 '답수'를 앞에서 메긴 소리(사설)에 따라 이에 맞게 응한 것으로 본다면 오히려 호응창으로 보는 것이 타당할 것이다.

이러한 문제는 송규필의 〈평교농창〉(1-05-02-37)이나 안영노의 〈황야농가〉(1-05-02-38)에서 말하는 '남수여창(男隨女唱)'의 방식이나 정석진의 〈이앙〉(1-02-02-30)과 배상우의 〈이앙〉(1-02-02-27)

에 나타나는 '노가상답(勞歌相答)' 또는 '남반가(男伴歌)-여반연(女伴連)'의 방식도 똑같은 해석을 요구한다. 그러나 '남수여창(男隨女唱), 남반가-여반연(男伴歌-女伴連)'과 같은 경우에는 노래 현장에 대한 묘사적 진술로 볼 수도 있다는 점에서 면밀하게 재고할 필요는 있을 것이다.

또한 모내기노래의 가창실상을 보여주는 김윤백과 노정훈, 정영호의 〈이앙〉은 '전호후응(前呼後應)', 김연태의 〈이앙〉(1-02-02-75)은 '전가후응(前歌後應)'의 형태로 되어 있는데, 그것들이 기존의 선후창이나 교환창으로 단정하기에는 무리가 따른다. '초창(初唱)-답창(答唱)', '전호(前呼)-후답(後答)', '전호(前呼)-후응(後應)', '전창(前唱)-후창(後唱)' 등의 방식은 소리꾼들이 단순히 사설을 서로 주고 받는다는 의미로 보기 어렵기 때문이다.

이밖에도 강준흠(姜浚欽, 1768-1833)의 〈조산농가(造山農歌)〉(1-02-02-06)[19]와 나윤후(羅允煦, 1853-1913)의 〈초평양가(草坪秧歌)〉[20], 김남집(金南輯, 1876-?)의 〈앙가(移秧)〉[21], 이후(李垕, 20세기 초), 〈이야앙가(梨野秧歌)〉(1-05-02-79) 등과 같은 작품에서도 조선후기 농가의 가창 실상을 확인할 수 있다.

이러한 사실들을 미루어 볼 때, 조선후기에 있어 농가의 가창방식은 연행현장의 실상을 보다 면밀하게 파악하여 음악적 요소나 노동현장이 갖는 특성 등을 총체적으로 이해한 바탕 위에서 개념을 설정해야 한다는 과제를 안고 있는 셈이다.

---

19) 〈조산농가〉의 가창방식과 관련한 내용은 최재남, 앞의 논문, 177~179면 참조.
20) 나윤후(羅允煦, 1853-1913), 『錦坡遺稿』권1.
21) 김남집(金南輯, 1876-?), 『豊南詩社詩集』.

3-2. 초가(樵歌)

 조선후기 문집에서 확인된 초가(樵歌)의 가창방식 또한 다양하게 나타난다. 현재까지 구전되어 가창하는 나무꾼 노래인 〈어사용〉이 대부분 혼자 부르는 독창 방식이라는 것과는 현저한 차이가 드러난다. 그것을 살펴보면, '문(問)-답(答)'에 의한 것과 '전호후응(前呼後應)' 그리고 '창(唱) 또는 수(酬)-언(言)', '전창후창(前唱後唱)', '상호상환(相呼相換)', '호자무궁답자다(呼者無窮答者多)' 등과 같이 그 가창방식이 다양하다. 그러나 일반적으로 알려진 초가의 가창방식이 혼자 부르는 독창(獨唱)이라는 주장은 설득력을 얻기 어렵다. 문집을 통해 확인할 수 있는 독창은 없었다. 따라서 초가는 여러 창자가 어울려 부르는 집단 노동요가 그 실상이었다는 사실이 밝혀진 셈이다.

 다음에 제시하는 8각편의 민요자료는 연행 현장의 모습과 가창방식을 부여주는 것으로 초가의 가창방식을 이해하는 데에 매우 소중한 자료들이다.

> '정정' 깊은 골짜기에 울리고
> 나무하기에 사람들은 구름 같네.
> 앞에서의 노래와 뒤에서의 노래
> 석양이 남은 곳에 들리네.
> 丁丁響深谷 伐木人如雲
> <u>前唱與後唱 夕陽殘處聞</u>
>
> 이민관(李民觀, 1705~1772),
> 적동초가(笛洞樵歌)〉(2-04-02-20)

> 서로 부르고 서로 부름이 산 동쪽에 모이고
> 나무하기 소리마다 웃음 말 속에 있네.

한 곡조의 초가는 어느 길에 처하나?
둘 셋 석양의 바람을 짝 하네.
相呼相喚會山東 伐木聲聲笑語中
一曲樵歌何處路 兩三作伴夕陽風

박균진(朴均鎭, 1895~1942),
〈초동(樵童)〉(2-02-01-18)

해는 산 입구에서 기울어 저물녘 연기 푸르고
가시나무 지고 산을 나서 노래 소리 여럿이네.
앞에서 부르고 뒤에서 응함은 어느 곳으로 향하나?
앞마을 누른 잎과 맑은 시냇물이네.
日斜山口暮烟靑 負楚出山歌數聲
前呼後應向何處 黃葉村前溪水靑

정즙(鄭楫, 1645~1727),
〈차초가운(次樵歌韻)〉(2-02-02-02)

가을 되어 갈대 억새 강가에 가득하고
날이 저물어 노래 소리 땔나무하기에 있네.
앞에서 부르고 뒤에서 응함은 어느 곳으로 향하나?
수촌(水村)에 남북 이웃에 흩어드네.
秋來蘆荻滿江濱 暮日歌聲是採薪
前呼後應向何處 散入水村南北隣

정즙(鄭楫, 1645~1727),
〈노령초가(蘆岭樵歌)〉(2-04-02-09)

날 저물어 땔나무하니
서로의 노래 소리 산그늘로 내려 오네.
어찌 저 나무꾼을 알리요

본래 무심한 것은 아니네.
日暮採採薪 互歌下山陰
安知彼樵者 不是本無心

> 정치귀(鄭致貴, 1824~1901),
> 〈후산초가(後山樵歌)〉(2-04-02-36)

초옹에게 묻다.
날은 차고 해는 진 산골짜기에
어찌하여 허둥지둥 갈 길이 끝나지 않느냐?
서리가 많이 내려 나무는 돌처럼 미끄럽고
눈이 깊어 바람은 칼처럼 날카로운데
배 고프고 살갗 부르트고 짊어진 어깨는 붉은데
어찌하여 스스로 괴롭게 이 지경에 이르렀느냐?
초옹이 답하다.
일생의 생사 다만 한 섬지기 항아리요
나는 촌사람이라 본래 힘으로 사는데
나는 아침이면 나가서 땔나무를 베고
나는 저녁이면 돌아가 곡식을 익히네.
오히려 풍진 세상에 명리를 찾는 나그네보다 낫네.
명리를 찾는 나그네여
비록 글이 좋아 몸을 영광되게 하고
금석이 그 빛을 아름답게 하고
황도에 비추어도
마음을 쓰고 힘을 쓰는 것이 어지러움에 지나지 않으니
어두운 밤에 슬피 구걸하는 사람이
어찌 일찍이 지게 진 나와 견주리요?
내 비록 지게는 져도 마음은 편안하니

고관의 길을 빨리 달리기를 바라지 않네.
고관의 길은 우스운 것인가
고관은 귀한 것이나
고관을 능히 천히 여길 수 있으니
어찌하여 근심도 없고 즐거움도 없이
나무하고 고기 잡으러 물고기와 새와 벗할꼬?
問樵翁
天寒日暮山谷裡 胡爲遑遑行赤已
霜濃水石滑 雪甚風刀利
腹飢膚折擔肩頹 何乃自苦至於此
樵翁答
一生生事只甑石 我是野人本勞力
我朝出伐薪 我夕歸煮粟
我雖勞力不勞心 猶勝風塵名利客 名利客
雖有文繡榮其軀 金石美其輝 照耀乎皇都
不過勞心勞力紛紛然 昏夜乞哀者
何曾比於擔負吾 吾雖擔負心則安
不願奔走朱門途 朱門途笑矣乎
朱門之所貴 朱門能賤之
何如無憂無樂 採山釣水而魚鳥爲友于

　　　　　　　　　　　정창주(鄭昌冑, 1608~1664),
　　　　　　　　　〈초옹문답(樵翁答問)〉(2-02-01-02)

초동이 노래하네.
이 산에는 재목이 있는가 없는가?
사람이 말하네.
이 산에는 재목이 없네.

가시나무가 창창하여 산에 해가 지네.
땔나무를 하고 하여 아궁이를 따뜻하게 하네.
초동이 노래하네.
이 산에는 재목이 있는가 없는가?
사람이 말하네
이 산에는 재목이 역시 있네.
지난 밤 큰 나무가 땅에서 나와, 삼백척이 되었네.
땔나무를 하고 하여 아궁이를 따뜻하게 하네.
樵童唱
此山有材否
人言
此山材不有
刑棘蒼蒼山日暮 采得薪薪溫突口
樵童酬
此山有材否
人言
此山材亦有
昨夜梗楠出地 三百尺何如
采得薪薪溫突口

　　　　　　　　　　　　　유후옥(柳後玉, 1702~1776),
　　　　　　　　　　〈초동창수(樵童唱酬)〉(2-02-01-08)

하나의 나무꾼 노래 팔공산에 울리니
부르는 자 무궁하고 답하는 자도 많네.
곡조 속에 진행은 가지런하지 않은 길에 다하고
골짜기에 울린 소리 시냇물의 물결과 같이 하네.
八公山動一樵歌 呼者無窮答者多

曲中行盡衆差路 鳴谷聲齊石澗波

김두석(金斗錫, 20세기),
〈팔공초가(八公樵歌)〉(2-04-02-53)

　위에서 제시한 이들 작품에 드러나는 초가의 가창방식은 농가가 지닌 속성과 크게 다르지 않다. 이것 또한 민요의 가창방식으로 굳어져 있다시피 한 선후창(先後唱)과 교환창(交換唱) 그리고 독창(獨唱)이라는 개념으로는 설명하기 어려운 점이 많다.

　황해도 조산(造山) 지방 민요의 구연 실상이 비교적 그대로 드러나 있는 강준흠(姜浚欽, 1768~1833)의 〈조산농가(造山農歌)〉(1-02-02-06)는 '초창(初唱)-답창(答唱)'이라는 표기가 있어 당시 가창방식의 실상을 확인할 수 있는 작품이다. 이와 유사한 것으로 정창주의 〈초옹문답(樵翁問答)〉(2-02-01-02)을 들 수 있다. 비록 그 내용이 현재 채록된 나무꾼의 노래인 〈어사용〉과는 차이가 있지만 나무꾼인 초옹에게 묻는 말[問樵翁]과 초옹이 답하는 방식[樵翁答] 즉 문답식이란 점이 작품에 표기되어 있어 조선 후기로는 비교적 이른 시기라 할 수 있는 17세기 초가의 가창방식 실상을 짐작할 수 있다. 즉 '문초옹(問樵翁)-초옹답(樵翁答)'은 유후옥의 〈초동창수〉(2-02-01-08)에 나타나는 '초동창(樵童唱), 초동수(樵童酬)-인언(人言)'이나 김두석의 〈팔공초가〉(2-04-02-53)에서 볼 수 있는 '호자무궁답자다(呼者無窮答者多)'는 교환창에 가까운 방식이다. 이 경우 '초옹답문(樵翁問答)'은 마치 이백의 〈산중문답〉과도 같이 '초옹의 답'을 이끌어내기 위한 한시 창작의 한 장치로 볼 수도 있을 것이기에 보다 면밀한 분석이 필요하다.

　이민관의 〈적동초가〉(2-04-02-20)에 나타나는 '전창여후창(前唱與後唱)'은 선후창으로 짐작할 수 있으며, 박균진의 〈초동〉(2-02-01-

18)에서 '상호상환(相呼相喚)'은 교환창 성격이 짙다. 그리고 정즙의 〈차초가운〉(2-02-02-02)와 〈노령초가〉(2-04-02-09)에서의 '전호후응(前呼後應)'과 정치귀의 〈후산초가〉(2-04-02-36)에서의 '호가(互歌)'는 한 사람이 하나의 사설을 메기면 거기에 맞게 응한다고 해석할 수 있어 호응창에 가깝다고 하겠다. 그러나 이 또한 구연현장의 실상을 명확하게 밝히기기 어려운 현실에서 그 가창방식을 명확하게 규정하기는 어렵다.

이밖에도 17세기 후반의 어가(漁歌)가 지닌 가창방식을 확인할 수 있는 작품으로는 노응호(盧應祜, 1852-1913)의 〈야문어가(夜聞漁歌)〉(3-04-01-05)를 들 수 있다. 이 시에 나타난 '전호후응(前呼後答)'은 초가의 가창방식과 크게 다르지 않는 것으로 보아야 할 것이다.

조선후기 민요의 가창방식이 지닌 실상을 확인하기 위해서는 이 가창방식이 전국적인 것인가 아니면 특정 지역의 것인가 하는 문제를 밝히는 것이 중요하다. 정즙(鄭楫, 1645~1729)의 〈노령초가(蘆岭樵歌)〉(2-04-02-09)에 나타난 '전호후응(前呼後應)'이라는 가창방식은 정즙(鄭楫)의 행적에 대한 조사로 그가 진주(晋州)에 세거하였다는 점을 밝힐 수 있으며 이러한 사실을 보아 이 민요자료에 나타난 가창방식이 진주(晋州)의 실상임을 알 수 있다. 유후옥(柳後玉, 1702~1776)의 '창・수(唱・酬)-언(言)'이라는 가창방식도 그의 행적에 대한 조사로 그가 영천(榮川) 난곡리에 세거하였다는 사실을 알 수 있고 그 사실을 근거로 이 민요 역시 경북 영주의 실상임을 알 수 있다. 김윤백(金綸栢, 1836~1911)의 작품에 나타난 모내기 노래의 '전호후응(前呼後應)'이란 가창방식도 김윤백(金綸栢)의 행적에 대한 조사로 그가 순창(淳昌)에 세거하였다는 사실을 통하여, 이 노래의 가창방식은 전라남도 순창 지역 민요의 실상임을 알 수 있다. 비록 몇 편의 민요자료에 대한 예이지만 이는 시대만 밝혀진 민요자료가 그 지역적 성격이 밝혀짐으로써 실상에 근접할 수 있다는 것을 알 수 있다.

4. 결론

지금까지 문집 소재 조선후기 민요관련 한시 자료 중에서 가창방식을 확인할 수 있는 자료를 정리해 보면 기존의 민요 연구에서는 확인할 수 없는 몇 가지 사실이 드러났다. 앞서 예시한 작품에 나타난 가창방식을 통하여 현재의 가창방식에 이르게 된 역사성을 살펴볼 수 있다.

그 중에서 특히 관심을 끄는 것은 모내기 노래이다. 19세기 초 모내기 노래는 '초창(初唱)-답창(答唱)'의 방식으로 불려졌다. 19세기말부터 20세기 초에 이르러 모내기 노래는 '전호(前呼)-후응(後應)'의 방식, '남반가(男伴歌)-여반연(女伴連)'의 방식으로 불려졌다. 현재 모내기 노래 교환창과 가장 유사한 것이 '남반가(男伴歌)-여반연(女伴連)'의 방식이라 할 수 있다. 이 방식이 이루어진 것은 19세기말부터 20세기 초이다. 이러한 사실을 보면 현재의 교환창이 이루어진 것은 바로 이 시기이며, 당시 '호응(呼應)'이라는 가창방식과 경쟁관계에 있었다는 것을 확인할 수 있다. 이러한 '호응(呼應)'방식을 통한 모내기 노래 가창은 18세기 이래로 전승되어 오던 〈초가(樵歌)〉의 가창방식인 '문창(問唱)-답창(答唱)'의 방식이나 '전호(前呼)-후응(後應)'의 방식과 관련이 있을 것이라는 이론을 세울 수 있다.

또한 민요의 가창방식과 관련하여 기존의 민요연구와는 다른 이론을 마련할 수 있다. 문집에 수록된 조선후기 민요의 가창 방식은 앞서 제시한 자료에서 보듯이 '문창(問唱)-답창(答唱)'의 방식, '초창(初唱)-답창(答唱)'의 방식, '창·수(唱·酬)-언(言)'의 방식, '전호(前呼)-후답(後答)'의 방식, '전호(前呼)-후응(後應)(또는 前歌後應)'의 방식, '전창(前唱)-후창(後唱)'의 방식, '남반가(男伴歌)-여반연(女伴連)'의 방식 등으로 다양하다. 이것을 분류하면, 묻고 답하는 '문창(問唱)-답창(答唱)'의 방식, 부르고 응하는 '전호(前呼)-후응(後應)'의 방식, 남자의 짝과 여자의 짝이 번갈아 노래하는 '남반가(男伴歌)-여반연(女伴連)'의 방식 등 세 가지 가창방식으로 묶을 수 있다. 이 방식은 기존연구와는 다른 새로운 이론이다.

  가창방식의 실상을 보다 엄격하게 규명한다고 할 때, '남반가(男伴歌)-여반연(女伴連)', '남수여창(男隨女唱)', '초옹답문(樵翁問答)' 등은 보다 정밀한 해석을 요한다. 여기에 대한 섬세한 해석은 다음 과제로 미룬다.

  지금까지 진행된 민요의 가창방식에 대한 연구는 현전하는 채록 민요를 분석한 결과로 얻어진 것이어서 조선후기 민요가 지닌 실제 가창방식과는 상당한 거리가 있는 것으로 보인다. 이제 조선후기 민요가 지닌 구연현장의 실상을 바탕으로 가창방식의 구체적 모습을 재구해야 하는 과제가 제기된 셈이다.

❖ 참고문헌

『고서목록』(국립중앙도서관) 1~6
『규장각도서한국본종합목록』(서울대 규장각 소장)
『한국구비문학대계』(한국정신문화연구원, 1981~1988)
『한국문집총간』(민족문화추진회, 1988~2004) 1~340책
『한국역대문집총서』(경인문화사) 3,000책

고정옥, 『조선민요연구』(수선사, 1949)
김무헌, 『한국 노동 민요론』(집문당, 1990)
류종목, 『민요와 민중의 삶』(우석출판사, 1994)
서영숙, 『우리 민요의 세계』(도서출판 역락, 2002)
임동권, 『한국민요집』 1~7(집문당, 1961~1992)
장덕순·조동일·서대석·조희웅 공저, 『구비문학개설』(일조각, 1971)
정동화, 『한국민요의 사적연구』(일조각, 1981)
조동일, 「민요의 형식을 통해 본 시가사」, 『한국시가의 전통과 율격』(한길사, 1982)
조동일, 『한국시가의 역사의식』(문예출판사, 1993)
최재남, 「조선후기 민요의 실상과 한시의 민풍 수용」, 『장르교섭과 고전시가』(월인, 1999)
최재남, 「문집 소재 조선후기 민요자료 정리 및 분류」, 배달말학회, 『배달말』 제38호(배달말학회, 2006)

민요자료

1. 農歌 : 농사꾼의 노래
2. 樵歌 : 나무꾼의 노래
3. 漁歌 : 어부의 노래
4. 婦謠 : 부녀자의 노래
5. 童謠 : 아이들 노래
6. 기타

농가 차례

1. 農歌 : 농사꾼의 노래 ……93
1-01 밭농사 …………………………93
1-01 밭농사 …………………………93
1-01-01 보리갈이 노래 …………93
1-01-01-01 種麥 ………………93
1-01-01-02 播麥 ………………93
1-01-01-03 播麥 ………………93
1-01-01-04 播麥詞 三絶 ………94
1-01-01-05 播麥歌 五絶 ………94
1-01-02 보리밟기 노래 …………95
1-01-02-01 踏田 ………………95
1-01-03 보리베기 노래 …………95
1-01-03-01 刈麥謠 ……………95
1-01-03-02 刈麥 ………………96
1-01-03-03 刈麥謠 ……………96
1-01-03-04 刈麥四章 …………96
1-01-03-05 雨中刈麥 二首 ……97
1-01-03-06 刈新麥 ……………97
1-01-03-07 刈麥詞 ……………98
1-01-03-08 刈麥行 ……………98
1-01-03-09 刈麥 ………………98
1-01-03-010 刈麥謠 …………99
1-01-03-011 刈麥 ……………99
1-01-03-012 刈麥 ……………99

1-01-04 보리타작 노래 …………99
1-01-04-01 打麥詞 ……………99
1-01-04-02 打麥詞 ……………100
1-01-04-03 五月聞打麥 ………101
1-01-04-04 打麥 ………………101
1-01-04-05 前郊打麥 …………101
1-01-04-06 打麥詞 ……………101
1-01-04-07 打麥 ………………102
1-01-04-08 打麥 ………………102
1-01-04-09 打麥日會吟 ………103
1-01-04-10 打麥行 ……………103
1-01-04-11 打麥行 ……………103
1-01-04-12　打麥二絶寄北青明府便面 二首 …………104
1-01-04-13 打小麥 ……………104
1-01-04-14 和打麥 ……………104
1-01-04-15 打麥 ………………105
1-01-04-16 炎場打麥 …………105
1-01-04-17 打麥 ………………106
1-01-04-18 打麥 ………………106
1-01-04-19 打麥八絶 …………106
1-01-04-20 打麥 ………………108
1-01-04-21 打麥 ………………108
1-01-04-22 打麥 ………………108

1-01-04-23 打麥行 ……………108
1-01-04-24 打麥 ………………109
1-01-04-25 打麥 ………………109
1-01-04-26 打麥 ………………109
1-01-04-27 打麥 ………………110
1-01-04-28 打麥 ………………110
1-01-04-29 打麥 ………………110
1-01-04-30 打麥 ………………111
1-01-04-31 打麥 ………………111
1-01-04-32 打麥 ………………111
1-01-04-33 打麥 ………………111
1-01-04-34 打麥 ………………112
1-01-04-35 打麥 ………………112
1-01-04-36 打麥 ………………112
1-01-04-37 打麥歌 ……………113
1-01-04-38 打麥 ………………114
1-01-04-39 打麥 ………………114
1-01-04-40 打麥歌 ……………114
1-01-05 밭갈이 노래 …………115
1-01-05-01 春耕 ………………115
1-01-05-02 莘野春耕 …………115
1-01-05-03 叱牛 ………………115
1-01-05-04 叱牛吟 ……………115
1-01-05-05 耕麥 ………………116
1-01-05-06 叱牛耕田 …………116
1-01-06 밭매기 노래 …………116
1-01-06-01 除草 ………………116
1-01-06-02 耘草 ………………117
1-01-06-03 耘畝 ………………117
1-01-07 조 심기 노래 …………117
1-01-07-01 種粟 ………………117
1-01-08 담배 심는 노래 ………117

1-01-08-01 種菸謠 南草 ………117
1-01-09 채소 심는 노래 ………118
1-01-09-01 種蔬 ………………118
1-01-10 부추 베는 노래 ………119
1-01-10-01 刈韭 ………………119
1-01-11 콩 타작 노래 …………120
1-01-11-01 打大豆 用前韻 ……120

1-02 논농사 ……………………121
1-02-01 논갈이 노래 …………121
1-02-01-01 莘野曲 ……………121
1-02-02 모내기 노래 …………121
1-02-02-01 移秧 ………………121
1-02-02-02 移秧 ………………121
1-02-02-03 移秧 ………………121
1-02-02-04 秧歌 九絶 …………122
1-02-02-05 六月移秧 …………123
1-02-02-06 造山農歌(5) ………123
1-02-02-07 挿秧 ………………124
1-02-02-08 種秧詞(4) …………126
1-02-02-09 種秧詞(8) …………126
1-02-02-10 秧歌 五章 …………127
1-02-02-11 移秧 ………………130
1-02-02-12 移秧 ………………130
1-02-02-13 移秧 ………………130
1-02-02-14 移秧 ………………131
1-02-02-15 移秧 ………………131
1-02-02-16 移秧 二首 …………131
1-02-02-17 移秧詞三絶 ………132
1-02-02-18 移秧 ………………132
1-02-02-19 秧歌十五絶 ………132
1-02-02-20 移秧 ………………134

1-02-02-21 移秧 ……………135	1-02-02-52 移秧 ……………145
1-02-02-22 蒔秧 ……………135	1-02-02-53 移秧 ……………145
1-02-02-23 秧歌 ……………135	1-02-02-54 移秧 ……………145
1-02-02-24 移秧 ……………135	1-02-02-55 移秧 ……………146
1-02-02-25 移秧 ……………136	1-02-02-56 移秧 ……………146
1-02-02-26 移秧 ……………136	1-02-02-57 移秧 ……………146
1-02-02-27 移秧 ……………136	1-02-02-58 移秧 此詩大邱吟社出題
1-02-02-28 移秧 ……………137	而參於二等也 ……146
1-02-02-29 移秧 ……………137	1-02-02-59 移秧 ……………147
1-02-02-30 移秧 ……………137	1-02-02-60 嫁秧 ……………147
1-02-02-31 移秧 ……………137	1-02-02-61 移秧 ……………147
1-02-02-32 移秧 ……………138	1-02-02-62 移秧 ……………147
1-02-02-33 移秧 ……………138	1-02-02-63 移秧 ……………148
1-02-02-34 草坪秧歌 …………138	1-02-02-64 移秧 ……………148
1-02-02-35 移秧 ……………138	1-02-02-65 移秧 ……………148
1-02-02-36 移秧 ……………139	1-02-02-66 移秧 ……………148
1-02-02-37 移秧 六(6) ………139	1-02-02-67 移秧 ……………149
1-02-02-38 移秧 ……………140	1-02-02-68 移秧 ……………149
1-02-02-39 晩秧詞 …………141	1-02-02-69 移秧 ……………149
1-02-02-40 移秧 ……………141	1-02-02-70 秧歌 ……………149
1-02-02-41 移秧 ……………141	1-02-02-71 移秧 ……………150
1-02-02-42 移秧 ……………141	1-02-02-72 移秧 ……………150
1-02-02-43 移秧 ……………142	1-02-02-73 移秧 ……………150
1-02-02-44 移秧歌 四絶 並小序	1-02-02-74 新秧 ……………151
……………142	1-02-02-75 移秧 ……………151
1-02-02-45 秧 ………………143	1-02-02-76 移秧 ……………151
1-02-02-46 移秧 ……………143	1-02-02-77 移秧 ……………151
1-02-02-47 移秧 ……………143	1-02-02-78 移秧 ……………152
1-02-02-48 稚秧 ……………144	1-02-02-79 移秧 ……………152
1-02-02-49 挿秧(3) …………144	1-02-02-80 移秧 ……………152
1-02-02-50 移秧 ……………144	1-02-02-81 移秧 ……………152
1-02-02-51 移秧 ……………145	1-02-02-82 移秧 ……………153

1-02-02-83 移秧婦 ……………153
1-02-02-84 移秧 ………………153
1-02-02-85 挿秧 ………………153
1-02-02-86 移秧 ………………154
1-02-02-87 挿秧 ………………154
1-02-02-88 移秧 ………………154
1-02-02-89 移秧 ………………155
1-02-02-90 移秧 ………………155
1-02-02-91 水田移秧 …………155
1-02-03 논매기 노래 ……………155
1-02-03-01 隴頭耘歌 …………155
1-02-03-02 浦口耘歌 …………156
1-02-03-03 夏畦鋤禾 …………156
1-02-03-04 栗島耘歌 …………156
1-02-03-05 隴頭耘歌 …………156
1-02-03-06 洗鋤飮 ……………157
1-02-03-07 月下荷鋤 …………157
1-02-03-08 爾我謠 村俗什伍結伴輪
　　　　　 回相爾我 卽南楚謠曲
　　　　　 ……………………157
1-02-03-09 演耘歌 ……………157
1-02-03-10 鋤禾 ………………160
1-02-03-11 洗鋤宴 ……………160
1-02-03-12 鋤禾 ………………161
1-02-03-13 洗鋤宴 ……………161
1-02-03-14 鋤禾 ………………161
1-02-03-15 洗鋤宴 ……………161
1-02-03-16 耘稻 ………………162
1-02-03-17 松浦耘歌 …………162
1-02-03-18 洗鋤歌 ……………162
1-02-03-19 鋤禾 ………………163
1-02-04 새 쫓는 노래 ……………163

1-02-04-01 秧田守鳥 …………163
1-02-04-02 稻田敺雀 …………163
1-02-05 벼 베기 노래 ……………164
1-02-05-01 前郊刈稻 …………164
1-02-05-02 刈早稻 ……………164
1-02-05-03 刈稻用前韻 ………164
1-02-05-04 刈禾詞 庚寅 ………165
1-02-05-05 刈稻 ………………165
1-02-05-06 穫稻 ………………165
1-02-05-07 刈稻 七月二十九日 東田
　　　　　 早稻熟 領夫晨往刈之 有
　　　　　 感 ………………166
1-02-05-08 穫稻 ………………166
1-02-05-09 刈稻 ………………166
1-02-05-10 刈稻 ………………167
1-02-06 벼 타작 노래 ……………167
1-02-06-01 打稻十韻 …………167
1-02-06-02 打稻詞 ……………168
1-02-06-03 打稻 ………………168
1-02-06-04 打稻 ………………168
1-02-06-05 打稻歌 ……………169

1-03 잡농사 노래 …………………170
1-03-01 밤심기 노래 ……………170
1-03-01-01 種栗 ………………170
1-03-02 이삭줍기 노래 …………170
1-03-02-01 拾穗謠 ……………170
1-03-02-02 拾穗謠 ……………170
1-03-03 소 치는 노래 ……………170
1-03-03-01 牧童詞 ……………170
1-03-03-02 牧童詞 ……………171
1-03-03-03 牧童詞 六首 ………171

1-03-03-04 牽牛牧童 次明律 ·172
1-03-03-05 牧牛詞 ·················173
1-03-03-06 放屯 ···················173
1-03-03-07 牧童詞 ·················173
1-03-03-08 戒牧童詞 ···············174
1-03-03-09 戒牧童詞 ···············174
1-03-03-10 牧童吟 ·················174
1-03-04 울 치는 노래 ············175
1-03-04-01 築墻 ···················175

1-04 농사꾼의 노래 ···············176
1-04-01 농부 노래 ················176
1-04-01-01 農夫歌 ·················176
1-04-01-02 農夫詞 四絶 ···········177
1-04-02 농사 노래 ················178
1-04-02-01 農家謠 ·················178
1-04-02-02 農歌 ···················179
1-04-02-03 農謳十四章 ···········179
1-04-02-04 農歌 ···················182
1-04-02-05 農歌 ···················182
1-04-02-06 農歌 ···················183
1-04-02-07 農謳 ···················183
1-04-02-08 農歌 庚辰 ·············183
1-04-02-09 農歌 ···················183
1-04-02-10 戊午農歌 ···············184
1-04-02-11 農謠 九首 ·············184
1-04-02-12 農謠(6) ·················186
1-04-02-13 農謠(4) ·················187
1-04-03 머슴 노래 ················187
1-04-03-01 傭夫歌 六首 ··········187
1-04-04 농가 노래 ················188
1-04-04-01 田家謠 ·················188

1-04-04-02 田家雜謠(13) ········189
1-04-04-03 田家樂 ·················190
1-04-04-04 田家謠(4) ··············191
1-04-04-05 田家夏日雜謠 三首 191
1-04-04-06 百五田歌 ··············192
1-04-04-07 田家雜謠(5) ··········192
1-04-04-08 田家 ···················193
1-04-04-09 田家詞 十二首 ···193
1-04-04-10 田家三絶(3) ··········196
1-04-04-11 田家 ···················196
1-04-04-12 田歌 ···················196
1-04-04-13 田舍雜咏(30) ········197
1-04-04-14 田家吟 ·················201

1-05 기타 ·····························202
1-05-01 풍년가 ·····················202
1-05-01-01 豊年歌 ·················202
1-05-02 각 지역 농가 ············202
1-05-02-01 後野農歌 ···············202
1-05-02-02 後野農歌 ···············202
1-05-02-03 浦口農歌 ···············203
1-05-02-04 酒坪農歌 ···············203
1-05-02-05 月坪農謠 ···············203
1-05-02-06 麻谷農歌 ···············203
1-05-02-07 綠野農歌 ···············203
1-05-02-08 籠巖農歌 ···············204
1-05-02-09 籠巖農歌 ···············204
1-05-02-10 南畝農歌 ···············204
1-05-02-11 午橋農唱 ···············204
1-05-02-12 後野農歌 ···············205
1-05-02-13 西郊農唱 ···············205
1-05-02-14 南畝農謳 ···············205

1-05-02-15 午橋農唱 …………205	1-05-02-45 西疇農談 …………216
1-05-02-16 平村農謳 …………205	1-05-02-46 馬坪農歌 …………216
1-05-02-17 潁野農歌 爲賚予作 206	1-05-02-47 兎階農歌 …………216
1-05-02-18 道坪農唱 …………206	1-05-02-48 柳坪秧歌 …………216
1-05-02-19 平郊農唱 …………206	1-05-02-49 霍溪農歌 …………217
1-05-02-20 大坪農唱 …………206	1-05-02-50 石坪農謳 …………217
1-05-02-21 吐坪農歌 …………206	1-05-02-51 杏坪農歌 …………217
1-05-02-22 廣野農唱 …………207	1-05-02-52 前坪農歌 …………217
1-05-02-23 後坪農歌 …………207	1-05-02-53 鸛坪農謳 …………218
1-05-02-24 大坪農歌 …………207	1-05-02-54 荏坪農歌 …………218
1-05-02-25 前郊農謳 …………207	1-05-02-55 德坪農歌 …………218
1-05-02-26 前郊農謳 …………207	1-05-02-56 柳坪秧歌 …………218
1-05-02-27 夏坪農歌 …………208	1-05-02-57 平郊農謳 …………218
1-05-02-28 雨浦農歌 …………208	1-05-02-58 永坪農歌 …………219
1-05-02-29 梨亭農歌 …………208	1-05-02-59 四野農歌 …………219
1-05-02-30 吐坪農歌 丹溪東有吐坪郊 …………208	1-05-02-60 剡坪秧歌 …………219
1-05-02-31 松坡農談 …………208	1-05-02-61 棗亭農歌 …………219
1-05-02-32 長鬚農歌 十章 ……209	1-05-02-62 棗亭農歌 …………219
1-05-02-33 耽津農歌十章 ……210	1-05-02-63 棗亭農歌 …………220
1-05-02-34 屹坪農歌 …………212	1-05-02-64 塔郊秧歌 …………220
1-05-02-35 江滄農歌(10) 並小序 …………212	1-05-02-65 谷口農歌 …………220
	1-05-02-66 松梁農歌 …………220
1-05-02-36 屹坪農歌 …………214	1-05-02-67 棗亭秧歌 …………220
1-05-02-37 平郊農唱 …………214	1-05-02-68 棗亭農歌 …………221
1-05-02-38 廣野農歌 …………214	1-05-02-69 棗亭農歌 …………221
1-05-02-39 蓮塘農歌 …………214	1-05-02-70 寶村農歌 …………221
1-05-02-40 宮坪農謳 …………215	1-05-02-71 棗亭農歌 …………221
1-05-02-41 秧畔農歌 早夏 ……215	1-05-02-72 棗亭農歌 …………221
1-05-02-42 西郊農唱 …………215	1-05-02-73 棗亭農歌 …………222
1-05-02-43 下坪農謳 …………215	1-05-02-74 棗亭農歌 …………222
	1-05-02-75 愚野農歌 …………222
1-05-02-44 獐坪農歌 …………216	1-05-02-76 棗亭農歌 …………222

1-05-02-77 枣亭農歌 …………222
1-05-02-78 草坪農歌 …………223
1-05-02-79 店谷農歌 …………223
1-05-02-80 梨野秧歌 夏 ………223
1-05-02-81 鹿埜農歌 …………223
1-05-02-82 夏日農歌 …………223

1. 農歌 : 농사꾼의 노래

1-01 밭농사

1-01-01 보리갈이 노래

1-01-01-01 種麥

種麥原田上下平　　　農歌雜遝聽民聲
仁天雨露生生澤　　　三月春風綠浪成

　　　　　　　　　權冑煥(1645~1713),『琴棲遺集』권1

1-01-01-02 播麥

淸晨喚雇踏村衢　　　疇事公忽豈曰無
節候占冬隨不失　　　資糧慮夏豫先圖
種因土理三分作　　　耕賴牛功太半俱
午餫歸來兼送酒　　　老妻識性在家廚

　　　　　　　　金承霆(1920년대),『墨樵詩稿』권1

1-01-01-03 播麥

素霜看曉末　　　黃葉逐風頭
早種麥苗出　　　野中無倦牛

　　　　　　　李錫熙(20세기 초),『一軒集』권2

1-01-01-04 播麥詞 三絕

1-01-01-04-01
各言多播及霜天　　野燥塵生水落川
計口荒租難抵麥　　村家度夏似經年

1-01-01-04-02
黃冠視畝雨稀天　　野菊花邊饁渡川
壤硬深埋須用力　　新鴻啄稻倍前年

1-01-01-04-03
遙怕織芽凍雪天　　近溝先決落長川
擲鋤甘作熙熙夢　　打麥聲中又一年

李錫熙(20세기 초), 『一軒集』권2

1-01-01-05 播麥歌 五絕

1-01-01-05-01
傴僂埋牟發漫歌　　一生辛苦老農何
賴醉君家新稻酒　　垂楊雙肘力頗多

1-01-01-05-02
老姥深屋婦談多　　袴薄吾卿一見嗟
牟種已春山白盡　　賤沽新穀向高家

1-01-01-05-03
獲在西疇種牟晚　　曉寒天雨叱蒼頭
貧人地少無耕具　　一日傭求半日牛

1-01-01-05-04

去年秋雨違耕播　　　來麥晚生多凍枯
今日勤勞明夏飽　　　白鴉亂起暮鴻呼

1-01-01-05-05

隴陰耕迄卜來辰　　　瑞雪隆冬瑞雨春
一穗兩岐金顆顆　　　萬方鼓腹太平人

　　　　　　　　　李錫熙(20세기 초), 『一軒集』 권2

1-01-02 보리밟기 노래

1-01-02-01 踏田

磽确開方圭　　　土性奈虛燥
播種若不踏　　　出苗曾無好
無乃古人風　　　自來偃如草
視屯知貧富　　　隨序衣裘布
少旱方期稔　　　最怕趂時雨

　　　李然竹(1776~185?), 『然竹集』 권1, 〈敬次耽羅十謠〉 제2수

1-01-03 보리베기 노래

1-01-03-01 刈麥謠

田家少婦無夜食　　　雨中刈麥林中歸
生薪帶濕烟不起　　　入門兒女啼牽衣

　　　　　　　　　李達(1539~1612), 『東詩雋』 제7책

1-01-03-02 刈麥

大雨如繩天正黑	老牛觳觫僵不立
餠囊俱倒可奈何	穉子凄凉老妻慽
隣家稱貸不可數	敎奴往刈前田麥
肩頻擔來迸半日	欲黃未黃三四束
菌屋蛙竈煙不起	亦脚揮泣生薪濕
君不見	
江南道上橫白骨	餘生獨及食新日

金允安(1562~1620),『東籬先生文集』권2

1-01-03-03 刈麥謠

田家少婦無朝食	雨中刈麥林中歸
生薪帶濕煙不起	入門兒女見啼衣

柳莘老(1581~1648),『春圃遺稿』권1

1-01-03-04 刈麥四章

1-01-03-04-01

刈麥復刈麥	朝朝在南陌
靑靑不待黃	泣把三五束

1-01-03-04-02

刈麥復刈麥	舂之不盈斗
何以償隣糶	何以供南畝

1-01-03-04-03

刈麥復刈麥	有吏來催租

入門苦索飯　　　　　　猛怒嚴於虎

1-01-03-04-04
刈麥復刈麥　　　　　　作飯不得食
不得食奈何　　　　　　兒飢其可惜
　　　　　　　　　　　陳景文(임란전후), 『剡湖先生文集』 권上

1-01-03-05 雨中刈麥 二首

1-01-03-05-01
斜谷方當木運時　　　　天中年月半江陂
郊原雨積黃雲沒　　　　草樹風狂綠葉欹
流水束來雙手濕　　　　浮沈咸取一鎌遲
諸君獲盡無餘地　　　　山日猶高陌上枝

1-01-03-05-02
事半西疇日午時　　　　短筇聊倚最長陂
雙肩襏襫衝風捲　　　　一頂蒲茅灑雨欹
屐滑靑泥顚沛數　　　　徑迷黃霧去來遲
芒芒歸意憑無地　　　　謾枕桐陰碧一枝
　　　　　　　　　　　吳喜昌(1656~?, 1690년 진사), 『栗里笑方』 권2

1-01-03-06 刈新麥

家南家北摠牟田　　　　隨熟刈來我獨先
成飯苦辛何盡道　　　　只安貧富在於天
　　　　　　　　　　　曺錫基(1667~1724), 『茅溪逸稿』 권上

1-01-03-07 刈麥詞

田家五月交	黃雲被原壟
男婦盡腰鎌	百秉前後擁
丁丁日中打	揮霍戰士勇
回看滿畦綠	豈無黍菽種
西成尙覺遙	惟麥此時重
先王懋稼穡	邦本斯焉鞏
但使民不飢	九重可垂拱

金履萬(1683~1753), 『鶴皐先生文集』권2

1-01-03-08 刈麥行

四月五月天氣燠	黃雲遍地麥初熟
北郊延袤十里餘	高下萬畦森如束
富家爛熟刈自遲	貧家半熟刈何速
富家舊麥猶在囷	貧家新麥不盈斛
貧家一春恆若飢	富家之犬猶飽肉
忍死待麥秋	幾何入余腹
官倉有積逋	太半償不足
噫嗟嗟	
安得井田人百畞	人無貧富有餘穀

金履萬(1683~1753), 『鶴皐先生文集』권3

1-01-03-09 刈麥

病農懶於耕	種麥纔數畞
四月麥未黃	刈來焦爲糗

明朝麥將盡　　　　　　何以糊爾口
靑山蕨如拳　　　　　　采之有健婦
婦向病農語　　　　　　胡不斫松負

　　　　　　　　　　　元景夏(1698~1761), 『蒼霞集』 권2

1-01-03-010 刈麥謠

山南五月麥麨黃　　　　男女攜鎌谷谷盈
今歲蝗多專不實　　　　咸言無路答公倉

　　　　　　　柳後玉(1702~1776), 『壯巖世稿』 권3, 「蘭溪遺稿」

1-01-03-011 刈麥

宿麥農爲重　　　　　　祈年古有程
紓民資夏日　　　　　　與稻易生成
蜎磔黃鬢澁　　　　　　舂治碧米精
南風勤政殿　　　　　　新獻氎兼甞

　　　　　　　　　　李羲師(18세기), 『醉松詩稿』 권2

1-01-03-012 刈麥

刈彼田中麥　　　　　　悠然見明月
旣無炎熱苦　　　　　　又得淸興發

　李垕(20세기 초), 『朗山先生文集』 권1, 〈村居雜詠十一首贈李聖行學魯〉 제3수

1-01-04 보리타작 노래

1-01-04-01 打麥詞[1]

高田多稂莠　　　　　　窊田易魯莽

田家豈不苦　　　　　　六月少在戶
麥老南疇收正急　　　　傭徒飯腹腰鎌去
鎌如初月翻霜鍔　　　　割盡黃雲應幾許
短秉長束積如堵　　　　滯穗更利貧家女
編條橫貫白木柄　　　　晴日空中霹靂怒
伊邪聲促響山精　　　　鶉鳩啼黑前峯雨
心忙不暇戀飢渴　　　　橐底壺飡半成土
十分精簸送官倉　　　　卒歲且有贏餘數
田家雖苦有樂時　　　　飽臥終年帶鬆肚
但願官家不奪時　　　　歲歲年年長此苦

李民宬(1570~1629), 『敬亭先生文集』 권2

1-01-04-02 打麥詞

高田多稂莠　　　　　　窊田易魯莽
田家豈不苦　　　　　　六月少在戶
麥老南疇收正急　　　　傭徒飯腹腰鎌去
鎌如初月翻霜鍔　　　　割盡黃雲應幾許
短秉長束積如堵　　　　滯穗更利貧家女
編條橫貫白木柄　　　　晴日空中霹靂怒
伊邪聲促響山精　　　　鶉鳩啼黑前峯雨
心忙不暇戀飢渴　　　　橐底壺飡半成土
十分精簸送官倉　　　　卒歲且有贏餘數
田家雖苦有樂時　　　　飽臥終年帶鬆肚

---

1) 朴應衡(1605~1658)의 『南皐集』 권4에도 〈打麥詞〉가 수록되어 있는데, 내용이 동일하다. 생몰년대로 보아 李民宬의 작품이 朴應衡의 작품에 영향을 준 것으로 보이나, 두 작품이 동일한 것에 대한 이후의 연구가 필요하다.

但願官家不奪時　　　　　歲歲年年長此苦

　　　　　　　　　　　　　　　朴應衡(1605~1658), 『南皐集』 권4

1-01-04-03 五月間打麥

彭彭䰟䰟是何聲　　　　　日午書牕夢忽驚
聞說郊原皆打麥　　　　　從今民庶可謀生
王孫尙喫濞沱飯　　　　　賤子那望大谷情
莫道盤湌無別味　　　　　雨餘葵藿更宜烹

　　　　　　　　　　　　　　　柳頲(1609~1687), 『五無堂遺稿』 권1

1-01-04-04 打麥

腰鎌初割半田黃　　　　　梅雨晴時喜上場
打罷纖芒盡成穀　　　　　一盂新飯已聞香
田家節序近梅黃　　　　　打麥聲高已動場
滑飯流匙還飽腹　　　　　全勝菰米更炊香

　　　　　　　　　　　　　　　柳廣善(1676~1744), 『梅墩遺稿』 권1

1-01-04-05 前郊打麥

倚杖看壠曲　　　　　　　黃雲散入秋
前村打麥叟　　　　　　　今日解窮憂

　　　　　　宋時雍(17세기), 『冶城世稿』 권7 「孤松軒逸稿」, 〈好古齋八詠〉 제3수

1-01-04-06 打麥詞

積雨初晴秧事息　　　　　村南村北爭打麥
健夫列立頭簇簇　　　　　攫拳奮鞭橫縱擊

一時齊發聲魄魄　　忽作霹靂場欲坏
醉呼許許高擧足　　勢若項羽破鉅鹿
赤芒起立何磔磔　　及遇一着如齒落
亂莖紛披散復積　　或掛鞭末空中躍
主人來告午飯熟　　爲煮郭索烹葵藿
巨腹彭亨蹲赤脚　　喫呑大椀如塡壑
日暮唱籌凡幾斛　　所得恐不償其力
田家以苦乃爲樂　　終歲勤勞足堪惜
君看洛陽閒遊客　　十指不動飯如玉

　　　　　李文輔(1698~?, 1719년 생원), 『伊山世稿』 권7

1-01-04-07 打麥

野老村翁好與俱　　農歌盡日亂相呼
繽前或後羅連陣　　共力同心若合符
搏地輕揚飛舞足　　浮空超出變通軀
高聲大膽披來處　　恰似羣鷄啄指雛

　　　　　李玄升(1725~1805), 『琴溪文集』 권1

1-01-04-08 打麥

魚河晚曲日咸池　　揮汗沾衣兩脚垂
醉裡豪風非渠興　　盤中飡味有誰知
力勞假樂忘憂事　　體用旁通變化時
手自高低服進退　　萬端身態汝能宜

　　　　　李玄升(1725~1805), 『琴溪文集』 권1

1-01-04-09 打麥日會吟

逢處吾儕各起樓	緣於無事自生愁
琴絃莫測分情路	鶯語如何盡日流
壺鳥三巡豪士醉	魚河一曲地仙遊
從知聚散非常理	忖度人心噫不周

李玄升(1725~1805), 『琴溪文集』 권1

1-01-04-10 打麥行

新篘濁酒加渾白	大碗麥飯高一尺
飯罷取耞登場立	雙肩漆澤飜日赤
呼邪作聲擧趾齊	須叟麥穗都狼藉
雜歌互答聲轉高	但見屋角紛飛麥
觀其氣色樂莫樂	了不以心爲形役
樂園樂郊不遠有	何苦去作風塵客

丁若鏞(1762~1836), 『與猶堂全書』 제1책 권4

1-01-04-11 打麥行

打麥打麥	彭彭魄魄
高原饒風	而無卉石
連耞上暘	一夫當百
山南之墟	聲應山北
西林瀑流	苑朕深幽
緜緜水草	嚶嚶栗留
聽爾來止	我麥旣秋
雙魚斗酒	會爾林陬

李學逵(1770~1834), 『洛下生全集』 上

1-01-04-12 打麥二絕寄北青明府便面 二首

1-01-04-12-01

福星十九社中光	大麥坌黃四野香
近日官家無外事	婆娑樹下午眠長

1-01-04-12-02

大好新晴碌碡場	兩歧何似去年長
空中不斷連耞響	天上人間麥飯香

金正喜(1786~1856),『阮堂先生全集』 권10

1-01-04-13 打小麥

近田刈小麥	丁夫盡日打
打已又簁之	村女聚籬下
麥塵滿目來	蒲扇不暫捨
照場燃榾柮	夜熱汗如瀉
食力敢言苦	本分爲農者
僕曰豊前歲	主人猶嫌寡
要把供釀資	應不走隣假
客至誇吾農	分付且大斝

朴宗永(1804~1881),『松塢集』 권3

1-01-04-14 和打麥

重重萬束急鞭回	着力薰天不惜盃
滿地黃雲破邠野	登空白日響瑤臺
惟將撲滅金芒去	畢竟團圓玉粒來

願使村丁休猛打	爛傷種子恐難開

辛鶴祚(1807~1876), 『東岡集』 권1

1-01-04-15 打麥

田家無舊穀	四野麥已熟
村村奄銍刈	黃雲堆白屋
連枷聲相廳	打之如鞭扑
梅雨今才歇	榴熱何其曝
園丁喘如牛	雨汗全身沐
主人見之悶	濁酒盈樽漉
大白灌渴喉	直下如急瀑
請君少炊麥	準備明年麯
去年租稅重	家家空杼軸
春日如年長	那堪饘與粥
老妻慣食貧	奈兒索飯哭
今年麥稍登	可以充枵腹
若復官租重	恐難有餘蓄
願作兩岐謠	謝我賢宰收
復贊瑞麥頌	祝我聖日肅

宋明會(1812~1893), 『小波詩文選稿』 권1

1-01-04-16 炎場打麥

櫛櫛黃雲擁四圍	伽頭高出澗邊扉
疎籬鷄犬春如畵	祇是劉安不肯歸

反反田家樂十首 並小序

李春沼棄官歸來 不樂城市 常有邱園之志 戊寅春 得大瘇 臥病 數朔 雖宛轉苦楚之中 聞人道鄕居勝事 則病如脫體 乃作田家樂 十截 以示意 比隣洪秋居和之 尹玉居爲作反田家樂 盖爲惜別變 去 勉爾遁思 亦友朋之至情也 余本生長江鄕 偶落塵網僑 居城 北已數年所矣 鬱悒棲遑 常有代馬池魚之想 而恨無所於歸 逡巡 至此 往日酬友人詩有云 浮沉政坐買山錢 卽謂此也 今春沼乃能 決意入峽 如白鷗之沒浩蕩 顧余 尙低迴塵途 把筆作送人詩 辜 負素心 澗愧林慚 秖自望塵而歎而已 於是 倣古人反反招隱詩 爲作反反田家樂十首 依題和之 盖所以自嘲 亦所以自傷也

　　　　　　金允植(1835~1922),『雲養集』권2,「北山集」〈反反田家樂十首〉제4수

1-01-04-17 打麥

蹴地麾天兩兩聲　　　蛟龍相鬪鬼神驚
黃雲散滿靑蚨貴　　　鼓腹家家築麥城

　　　　　　崔鏞翰(1843~1923),『艮窩文集』권1

1-01-04-18 打麥

打麥田家酒滿甕　　　前呼後應勢彭彭
連枷起處汗成雨　　　腰下短褌猶覺長

　　　　　　余健相(1846~1915),『湖亭遺稿』권1

1-01-04-19 打麥八絕

1-01-04-19-01

大野天低日影垂　　　磨鎌如雪去刈之
東家旣打西家又　　　枷末揮揮出短籬

1-01-04-19-02
回首頻看樹影移　　　　　雙聲動地不容遲
黃雲場上亂離無　　　　　此樂田家卽一奇

1-01-04-19-03
先後高低不共違　　　　　老人坐看兒童圍
窄窄場中枷木閃　　　　　簷頭燕子到來遲

1-01-04-19-04
麥秉積來高過廬　　　　　豊年聲鎭一村虛
麈芒盡日無停息　　　　　故下風簾兒讀書

1-01-04-19-05
大椀濁醪無爾吾　　　　　烘天炎日烈於爐
白首隣翁來得飮　　　　　醉眠陰下百憂無

1-01-04-19-06
蛙穗分明見不迷　　　　　一層聲更出前溪
種種來窺不得掠　　　　　櫻桃籬下唱新鷄

1-01-04-19-07
二人橫立一人排　　　　　聲不調時誤打階
忽地藁飛嗟眊甚　　　　　黑雲含雨過山崖

1-01-04-19-08
東隣多粟待乾摧　　　　　吾舍無粮打自催
且又相仍田務急　　　　　以移秧事都監來

　　　　　　　　朴泰獻(1848~1915), 『悔初集』 권5

1-01-04-20 打麥

綠樹陰濃上下村	家家麥熟聽禽言
翁肩釋負黃雲散	郞手揮枷大浪翻
兩兩呼邪足蹈地	時時揮汗酒傾樽
欣欣婦子笑相語	十斛優爲數月飱

李準九(1851～1911), 『信庵集』 권1

1-01-04-21 打麥

上枷一打衆無差	箇箇黃金散子瓜
碎破刺芒頻擧箒	簸抄精穀更揚沙
繼君乏際苞猶實	受厥明時穗不花
自此田家豊酒飯	笑他粱肉富豪華

羅允煦(1853～1913), 『錦坡遺稿』 권1

1-01-04-22 打麥

一打東頭再打西	飛芒躍粒漲空迷
聯鱗亂穗左而右	齊手衆竿高復低
紅飯留期柴蒲竈	黃雲如夢草連畦
因風長席簸揚盡	痛飮白醪身濯溪

李鍾臨(1857～1925), 『樗田集』 권1

1-01-04-23 打麥行

南阡北陌蕲蕲穗	一夜徑熟解慍風
已見朱旂行夏節	更敎黃粱占秋豊
從此可繼甁罍罄	刈盡數頃委積崇

鱗鱗鋪溢場圍界　　　曝來晴朝暾日紅
昨宵天梏芒彗彼　　　青丙無私惟至公
手拂䎉鞭聲劃劃　　　主人倂諸健兒僮
屬金粒子期充廩　　　熱火亭午忘勞躬
從橫打去無遺隙　　　塵塵漲似微雨濛
隣家老人見之歎　　　打草穀虜將毋同
天子及時嘗新麥　　　賤氓敢辭塡腹中
淅之蒸之葱與下　　　正味淡甘亞稑穜
打麥聲高山谷應　　　還恐擧家升碧空
張公詞後誰復續　　　道是山人李崆峒

　　　　　　　　　李漢龍(1862~1926),『唐川集』권1

1-01-04-24 打麥

芒塵忽起杳無涯　　　壯士風流亦復佳
揮汗成霖如戰卒　　　盈樽有酒近城街
奪得秦皇鞭石手　　　碎來箕子過墟懷
春時可作滹沱飯　　　厚誼于今孰與偕

　　　　　　　　　李鍾垕(1871~1952),『希齋集』권1

1-01-04-25 打麥

南村北里黃雲色　　　隨手收藏粒粒金
四月薰風何處始　　　家家含飽富人心

　　　　　　　　　金泰錫(1872~1933),『蘭溪遺稿』권1

1-01-04-26 打麥

穫來先熟向陽田　　　亂打炎風最少年

魍魎嘯歸昭日下　　　神仙聲聞白雲巓
衆丁誇力巾烏落　　　半午休勞酒兕牽
了罷一場論秕粟　　　徘徊庭畔綠陰邊

　　　　　　　　　閔丙稷(1874~1938), 『悟堂集』 권2

1-01-04-27 打麥

黃雲拂地起　　　白屋卽金宮
聲竝風初下　　　汗流日正中
古歌傳野俗　　　新釀集鄰翁
還憶鴻門會　　　一場釖舞同

　　　　　　　　　千翔胤(1876~1925), 『芝村遺稿』 권1

1-01-04-28 打麥

打麥歌聲動碧山　　　昇平氣像在其間
雙跟進退能挑力　　　二手高低尙蔽顏
滿場粒粒黃金積　　　獲野忙忙白日還
此穀亦爲秋一節　　　家家收取暫無閒

　　　　　　　　　李承國(1878~1956), 『韶山文集』 권1

1-01-04-29 打麥

布穀朝朝促　　　連雲麥穗長
齊零聲動地　　　亂散粒堆場
可免瓶罍恥　　　從看匕筯香
人情不知足　　　野稻綠茫茫

　　　　　　　　　洪鈺(1883~1969), 『幾宇集』 권1

1-01-04-30 打麥

大麥經霖色似灰	打聲朝日隔窓來
漂泊箕風明月夜	紛紜桴影碧山臺
雲心釀雨飜空散	金氣成波滿地開
從此田家生業遂	豊歌不絶又携盃

申天錫(1889~1968), 『竹澗集』 권1

1-01-04-31 打麥

綠樹陰濃上下村	家家麥熟聽禽言
翁肩釋負黃雲散	郞手揮枷大浪翻
兩兩呼邪足踏地	時時揮汗酒傾樽
欣欣婦子笑相語	十斛優爲數月飱

申明均(1889~1941), 『信菴先生文集』 권1

1-01-04-32 打麥

溪村近午火雲紅	磔磔連耞響入空
牟戲牟爭一時作	相呼相勸四隣同
枯莖怒轉猶翻浪	亂粒驚跳自挾風
聞說山鄕秀未實	往饑可忘奈來窮

朴文鎬(19세기 말), 『壺山集』 권9

1-01-04-33 打麥

黃雲打起滿場中	可識山家廩不空
日暖衫邊零汗雨	聲高村畔動雷風
庭梧近屋凝窓碧	樽酒流霞上面紅

積麥斜陽豐可占　　　　　田頭收盡石叢叢

　　　　　　　　　　　　　　朴景培(1900~1984), 『雲坡遺稿』 권1

1-01-04-34 打麥

南風噓盡麥秋今　　　　　滿圃黃雲快活心
面滴汗泠凝轉玉　　　　　柵生風嘯急搗砧
不雨雷聲鳴白地　　　　　負金人跡下靑岑
農家暖酒酣情發　　　　　打打斜陽一曲哈

　　　　　　　　　　　　　　朴景培(1900~1984), 『雲坡遺稿』 권1

1-01-04-35 打麥

黃雲打起麥場秋　　　　　揮手紛紛汗玉流
歌聲成曲千家起　　　　　歲色如金四野浮
窮力勤稼農作本　　　　　隨陰避暑樹爲樓
先王赤子能無飢　　　　　我欲開倉賑不收

　　　　　　　　　　　　　　朴景培(1900~1984), 『雲坡遺稿』 권1

1-01-04-36 打麥

秋成五月喜田翁　　　　　輪麥全坪路四通
豐歲休徵輕雪白　　　　　隨時新味煮桃紅
煩嫌客雨漂場外　　　　　忽聽仙籾響碧空
銀粒金稭都展後　　　　　家家有廩石叢叢

　　　　　　　　　　　　　　張在九(생몰미상), 『可汕詩稿』

1-01-04-37 打麥歌

健奴負麥何巚岸　　贔屭入門門欲裂
諸客見駭主人歎　　大樽漉濁救喉喝
芒刺垂髮汗流肩　　不作片態示厭劣
樓前日照黃雲鋪　　故令踏午赤脚熱
凌凌棓桴鬪空中　　金顆上落硯邊蓺
白面書生怯飛塵　　坐甘餐鑿忌麰屑
學古尚知天降嘉　　那由惡食對捲舌
不論精粗更粥饘　　但願塡腸續無絶
南阡北陌號膏腴　　向來春雨來牟悅
撒菽收秾土皆宜　　多播長食計非拙
隣娘夫病小兒啼　　靑穗未黃手口折
辛苦傭織見米難　　行行拾薪此自爇
縱今塞得眼前空　　深夏其何竈烟滅
思得漁陽兩岐秋　　父母官無肌肉切
比歲徵租夜犬喧　　升粮斗粟猶時竭
不忍殺獸君恩偏　　封豕恣行野苗齧
春廟未薦靑玉粲　　苑林飽臥皆飫饛
庶望賑詔下山東　　老幼無死好提挈
悠悠暮四朝三兒　　嗟汝豈識我嘆說
君不見
萬古傷心麥秀墟　　玄鳥茫茫白馬子
聖王藜藿天下肥　　焉用瓊杯方丈列
爾若化
白日騰空打麥仙　　爲扣天扃訴倲倲
特憐王孫抱杞憂　　先佑宗祀證瓜瓞

藝穀敷敎壽吾民　　　故賚東朝滿稷契
陰陽燮理歲穰穰　　　昆弟妻子生無別
我歌移在擊壤天　　　聽者誰人復嗚咽

　　　　　　　　　　李錫熙(20세기 초), 『一軒集』 권2

1-01-04-38 打麥

南郊麥熟苦遲遲　　　樂在田家打麥時
撲地忽然風力急　　　飜天恰似電光移
三盃濁酒龘豪發　　　一曲長歌唱答隨
但願年年逢快活　　　黃雲野色兩岐垂

　　　　　　　　　　禹圭煥(20세기 초), 『丹嶺峯集』 권4

1-01-04-39 打麥

南風四月曝陽乾　　　始免田家越嶺難
簁揚珠玉如藏寶　　　手把樋枷似伐汗
築場何羨黃金富　　　積庫無憂白屋貧
野老不勝豊作興　　　放歌蹈舞盡情安

　　　　　　　　　　魏在鎭(생몰미상), 『石汀詩稿』 全

1-01-04-40 打麥歌

爾響吾枷共壯年　　　黃雲直欲上靑天
大白茅柴方丈飯　　　夕陽風腋却成仙

　　　　　　　　　　宋炳濂(생몰미상), 『吟弄齋遺稿』 권1

1-01-05 밭갈이 노래

1-01-05-01 春耕

戴勝初鳴民在田　　　　扶犁荷蕢播爭先
年前饑饉何須歎　　　　今歲人皆曰有年

權紀(1546~1624), 『龍巒先生文集』 권1

1-01-05-02 莘野春耕

維楊閔文仲師德芧屋 破籬不蔽風雨 而猶自以所謂八景者作 爲丹靑可大笑也 爾雖然 彼高軒廣廈者 爲高軒廣廈所纏縛 雖有畫壁雕甍不能爲片時樂 奚論墻壁外事耶 大仲縮身於蝸屋之中 置之無可 奈何 而安之 故曠然 有八荒庭衢之意 於是 爲八景者 常獻奇于大仲之目矣 此可與知者道 難爲俗人言也

天下何思慮　　　　　　舒卷自朝野
囂囂伊尹耕　　　　　　終是任之者

李英輔(1687~1747), 『東溪遺稿』 권2

1-01-05-03 叱牛

叱牛上山去　　　　　　山高逕仄牛喘急
把犁將墢土　　　　　　土硬人汗犁不入
牛兮努力莫退惻　　　　爾喘我汗亦奈何
今也不畊時不及

洪良浩(1724~1802), 『耳溪集』 권1, 「北塞雜謠」

1-01-05-04 叱牛吟

山阪田确确　　　　　　鞭起叱臥牛

牛兮今不耕　　　　　　秋穀那得收

　　　　　　　　　　　　洪錫謨(1781~1850), 『陶厓詩集』 제10책

1-01-05-05 耕麥

前秋麥畝變爲萁　　　　村巷家家倚碓臍
驅犢歸來赴午爨　　　　遙將不托勸兒啼

　　　　　　　　　　　　金宗烋(1783~1866), 『書巢先生文集』 권1

1-01-05-06 叱牛耕田

秀葽四月詠豳風　　　　賴爾耕田惟願豊
八家同力隨先後　　　　百畝分疆定上中
推能遲速如車子　　　　行自屈伸看蠖虫
安得桑林千里雨　　　　萬人洽意樂無窮

　　　　　　　　　　　　張在九(생몰미상), 『可汕詩稿』

1-01-06 밭매기 노래

1-01-06-01 除草

上上中中下　　　　　　土價不以鏺
稂莠及時除　　　　　　穀禾漸看長
易耨揮汗雨　　　　　　嚴礴闢如掌
鎡鋤曲如鉤　　　　　　去草苗無傷
較諸沃野民　　　　　　功力不尋常

　　　　　　　李然竹(1776~185?), 『然竹集』 권1, 〈敬次耽羅十謠〉 제3수

1-01-06-02 耘草

七八月間苗勃興	西疇耘盡又東陵
烟簑着出前溪雨	犢鼻栽成昨夜燈
自北自南來次次	或先或後伏層層
及時耕耨無相失	爭道今年歲大登

吳仁兌(1818~1898),『海隱遺稿』권3

1-01-06-03 耘畝

勤耘幸免老農嗔	揮盡輕鋤任屈伸
四郊穡事無閑暇	八口生涯做苦辛
雨晩空呼鵲夫婦	日長相過蟻君臣
午鼓一聲來饁畝	槐陰深處話申申

張在九(생몰미상),『可汕詩稿』

1-01-07 조 심기 노래

1-01-07-01 種粟

麥田間種豆兼粟	遍野驅牛嘖嘖聲
萬事少緩無實獲	農家尤急趁時耕

權紀(1546~1624),『龍巒先生文集』권1

1-01-08 담배 심는 노래

1-01-08-01 種菸謠 南草

大雨一夜川流洪	灑霢三日因濛濛

秧務如焚村無傭　　何人狶向山雲中
雉驚格格叢莽翻　　蓬虆万朶眞珠紅
一擔就安松根上　　猫耳㲲㲲靑筠籠
石崖坡陀不辨畝　　瓦礨千疊迷溝縱
無袖布襦半膝褌　　嗚嗚狶自歌相舂
心忙手嫺不用鋤　　指夾拳築何精工
過時寧揀根苗脆　　善生不怕沙土鬆
一根一手田如海　　始起杳然如難終
半生蓄我爪甲利　　頃刻見此籃子空
蝦蟆吞月輪蝕八　　郭索奔泥旁行窮
地黑葉靑靑漸多　　蝶翅万片粘春叢
百歲枯樹山鵲噪　　午日微綻來霽風
風便細喉悄欲斷　　農謳遠近無南東
我亦十年爲佃客　　秧秧麥麥人之同
秋熟要盡公私稅　　罄室依舊豊非豊
自種菸艸田於山　　柴門犬老氋氃茸
但得年年菸價翔　　肯羨三百囷廛崇
痴氓免餓眞好命　　水田莫笑山田農

黃玹(1855~1910), 『梅泉詩集』 권2

1-01-09 채소 심는 노래

1-01-09-01 種蔬

林園幽事足　　瀟灑隔塵紛
桑柘千家雨　　松蘿一壑雲

課蔬分品類	蒔藥雜芳芬
穉子傳新語	瓜藤已上垣

金景溎(1680～1722), 『聞韶世稿』 권20

1-01-10 부추 베는 노래

1-01-10-01 刈韭

二月播我稻	三月種我韭
七月始獲稻	八月復刈韭
民天曷足小	我生托爲口
大人理我者	小人勞力久
萬古一溫飽	賴渠耒耟手
平時賦斂輕	糠粃爲爾有
時危宛鞭扑	姦猾還紫綬
上古神農氏	粒民我父母
秦用商鞅策	大變公私畝
聖者骨已朽	典則亦塵垢
說利口津津	致身王左右
豐財見伊呂	才榦孰爲偶
曾聖敍挈矩	論財九章後
哲王悶聚斂	盜臣寧吾取
願聞富庶敎	得闡風化首
王政自有源	吾生何太苟
抱瓮從野老	鉏荣逐隣叟
放歌葛天庭	馳神柴桑柳

但是太平世　　　　　優遊安獨守
惻此小民悰　　　　　問爾平安否
慰心喫社酒　　　　　不用限數斗

　　　　　　　　　權攄(1713～1770), 『震溟集』 권1

1-01-11 콩 타작 노래

1-01-11-01 打大荳 用前韻

三條一梃自縱橫　　　　短殼長萁相薄鳴
箒下成堆虛塚大　　　　箕端去穢假風輕
晴天降雹心先怪　　　　平地登珠眼忽驚
浸可宜蔬磨合餠　　　　山盤滋味洽人情

　　　　　　　　　李鍾臨(1857～1925), 『松塢集』 권5

1-02 논농사

1-02-01 논갈이 노래

1-02-01-01 莘野曲

朝耕有莘田	暮耕有莘田
春耕釋釋春草綠	時看天末浮雲煙
唐虞何世今何世	付予天民覺有先

柳後玉(1702~1776), 『壯巖世稿』 권3

1-02-02 모내기 노래

1-02-02-01 移秧

田家雨足揷秧時	四野靑靑一日爲
凡事做來須有本	世人何許妄推移

裵幼章(1618~1687), 『楡巖集』 권1

1-02-02-02 移秧

小麥靑靑大麥黃	綠陂疎雨看移秧
田功竟暮知多少	天爲農人夏日長

金履萬(1683~1758), 『鶴皐先生文集』 권4

1-02-02-03 移秧

太牟空郊綠片時	小亭觀覽箇中宜
奇功倍得夸娥手	霽色偸來造化兒
遇旱可沾西澗水	至秋應瑞北山芝

農人樂有豊登象　　　雨灑歌聲白日移

吳喜昌(1656~?, 1690년 진사), 『栗里笑方』 권2

1-02-02-04 秧歌 九絶

1-02-02-04-01
人道秧時苦　　　我愛秧時好
此日不爲此　　　麥盡那復稻

1-02-02-04-02
君不歌采蓮　　　儂不知折柳
古今諸樂府　　　此曲當爲首

1-02-02-04-03
甲婦能古調　　　小娃善時聲
農書誰復採　　　邠頌自然成

1-02-02-04-04
花房白苧娘　　　高髻鳴環佩
靑春不動指　　　老來方自悔

1-02-02-04-05
羣傭如鴈序　　　主翁似鷗行
春光與水色　　　隨手畵太平

1-02-02-04-06
田畯自郡府　　　揚揚登隴呼
官家祈雨返　　　明當給倉租

1-02-02-04-07
饁婦趁午至　　　　　　塊飯餉田神
有餘請加進　　　　　　待傭如待賓

1-02-02-04-08
祭祀爲吾祖　　　　　　租稅爲吾主
此心良已好　　　　　　天必錫穰穰

1-02-02-04-09
君秧欲何日　　　　　　我秧明將插
隣農不相妨　　　　　　此事頗有法

　　　　　　　　　　　尹東野(1757〜1827),『弦窩集』권1

1-02-02-05 六月移秧

金坪燥濕不相齊　　　　雨澤今年僅一犁
六月農家時已晚　　　　秧車催發趁晨鷄

　　　　　　　　　　　韓文健(1765〜1850),『石山文集』권2

1-02-02-06 造山農歌(5)

殷栗縣前有造山坪 農者齊聲唱山有花曲 辭甚俚淺想 古皇華折楊下里巴人汚不至此 彼蚩蚩者豈知有十二國風 而其詞往往自合於比興遺旨 豈詞曲出自性情天機所動 無古今殊歟 余於閑中譯而成文以俟采詩者

1-02-02-06-01
蝶汝西山共我之　　　　雙飛虎蝶汝宜隨　*初唱

同行若也山光暮　　　　花裡應多可宿枝 *答唱
○比也 ○右食前歌 農者相招之辭

1-02-02-06-02
朝飧汲水一盆兒　　　　水是淸溪是玉溪 *初唱
二水元來淸濁別　　　　湏君一歃自能知 *答唱
○比也 ○右食後歌 傭耕者以主家勤靜相問也

1-02-02-06-03
筐似晨星戴饁娘　　　　依然半月下西方 *初唱
看渠已是中年後　　　　爭及初生半月光 *答唱
○賦也 ○右午前歌 此耘者見饁婦說之自相贊譽也

1-02-02-06-04
喫了方休休了耔　　　　長田一頃若鋤遲 *初唱
紡車鐵串安排晚　　　　輪得絲來未羊規 *答唱
○賦而興也 右午後歌 此夏日晚耘遲唱而女和也

1-02-02-06-05
天際斜陽欲下山　　　　前程千里杳茫間 *初唱
靑騾倦矣行難盡　　　　任汝徐行莫着鞭 *答唱
○比也 ○右夕陽歌 此悶向暮力罷也

姜浚欽(1768～1833), 『三溟集』 권8

1-02-02-07 揷秧

蔀屋豊盈屨　　　　菑田節序占
江梅初濺齒　　　　壟麥復掀髽
擶朽連冰解　　　　秧生剌水尖

耙畦經溘滑　　犁雨值霢霂
踏歇車聲悄　　馱聯馬豆苦
晨炊趁健婦　　宵賃叫窮閭
汨㶟羣跟響　　淋灕衆體霑
並愁高日炙　　同畏弱泥黏
敏把蜻蜓點　　徐行鸛鸛瞻
忍塗兒婉婉　　憐浣女摻摻
及嫩成輕按　　偏枯每側覘
水渾疎戢戢　　風細偭纖纖
碁罫平塡塞　　僧衣遠補添
綠鋪槃薦餤　　靑暎鏡開匳
忽笑嘲嗤併　　旁窺妒媚兼
董功搥畫皷　　勸事唱烏鹽
暫憩宜零暍　　恆勞自旭暹
橫眠煙草合　　會餡露蔬醃
拄杖觀遊竟　　停驂問訊僉
無時身燥晳　　多日面焦黔
詎愛凌波步　　生憎鬭草拈
播灰從自愼　　去莠繼當嚴
澡頭搴箆䇲　　洗脚放裙襜
動出蚨銀鷺　　旋歸趁玉蟾
漸喜香聞遠　　終矜味偪馦
方秋教刈熟　　此去俟磨鎌

李學逵(1770~1834),『洛下生全集』권上

1-02-02-08 種秧詞(4)

1-02-02-08-01
綾城湖裏小江南　　　一一風櫺面蔚藍
紅稻千畦藕萬柄　　　遊人須是駐行驂

1-02-02-08-02
上田白壤下紅泥　　　一泒秧鍼刺水低
行到煙山*城南山名 雨又歇　踏歌槌皷兩邊齊

1-02-02-08-03
霽日煙山有好風　　　鋤秧亂入水雲中
江天半黑海天碧　　　欹笠平田看蟛蜞

1-02-02-08-04
插秧纔了去乘風　　　碧沼楓亭四處空
眞有江南好風景　　　銀鷺飛滿夕陽中

　　　　　　　　李學逵(1770~1834),『洛下生全集』권上

1-02-02-09 種秧詞(8)

1-02-02-09-01
江城新雨過　　　江沚聞女歌
溋陽水交會　　　水田如滄波

1-02-02-09-02
大兒手舞伎　　　活活牛行水
小妹强扠罱　　　力弱懷自跱

1-02-02-09-03
高秧寢相扶　　　　　低秧亦已蘇
出門好天氣　　　　　岡頭一雲無

1-02-02-09-04
生憎馬蜞血　　　　　洗兒綷絺潔
常憐抱卵慈　　　　　忍俯秧鷄穴

1-02-02-09-05
所思卽有私　　　　　謦謦誰復知
時時一大笑　　　　　似欲相聞之

1-02-02-09-06
阿姊好夫婿　　　　　京城信迢遞
常居不蹋門　　　　　所事卽箕箒

1-02-02-09-07
近聞復當壚　　　　　被腹羅紈襦
遊人萬萬輩　　　　　出入迷閭閻

1-02-02-09-08
前季寄書至　　　　　道我數相値
秧事且當前　　　　　何由必此意

李學逵(1770～1834),『洛下生全集』권上

1-02-02-10 秧歌 五章

1-02-02-10-01
今日晴復陰　　　　　雨脚來輕颸

新秧罵罵稞	駄向前陂時
娟娟新嫁娘	姊妹相携持
插秧亦有法	男前而女隨
男歌徒亂耳	女歌多新詞
新詞四五関	次第請聞之
稍揚若風絮	轉細如煙絲
若是乎怨思	怨思將爲誰
儂家雒東里	三男美須髭
儂生三男後	父母之所慈
千錢買長髢	百錢裝匲資
一棹便斷送	送嫁江南兒
兼是暮春日	回頭何限思
愔愔白茅屋	歷歷青楓枝
江南異江北	事在鯗魚鰤
三月送郎行	九月迎郎期
江潮日兩回	燕子春深知
潮回復燕去	敎人長別離
鮮鮮菝子花	蔓絶花亦萎
阿姑自老大	言語太差池
出門試長望	涕泗霑兩腮
隔江父母家	烟波正無涯
哀哀乎父母	生儂太不奇
當日不生儂	今日無儂悲

1-02-02-10-02

今日不易暮	努力請插秧
秔秧十萬稞	穲秧千稞强

秔熟不須問	稬熟須穰穰
炊稬作糗餈	入口黏且香
雄犬磔爲腒	嫩鷄生縛裝
持以去歸寧	時維七月凉
儂是預嫁女	總角卽家郞
儂騎曲角犉	郞衣白苧光
遲遲乎七月	歸寧亦云忙
但願七月後	霖雨九旬長

1-02-02-10-03

纖纖雙鑲環	摩挲五指於
在遠人是月	至近云是渠
家兄好口輔	言語太輕踈
謂言儂寢所	鼾息雙吹如
儂實黃花子	生小愼與居
昨夜南風惡	紙窓鳴噓噓

1-02-02-10-04

曾聞主紇嶺	上峰天西陬
雲亦一半休	風亦一半休
豪鷹海靑鳥	仰視應復愁
儂是弱脚女	步履只甌窶
聞知所歡在	峻嶺卽平疇
千步不一喙	飛越上上頭

1-02-02-10-05

請將馬州秤	秤汝憐儂意

請將海倉斛　　　量儂之恩義
不然並打團　　　十襲裹衣帔
縈之復結之　　　裝作一擔簀
擔在兩肩頭　　　千步百顚躓
寧被擔磕死　　　此心無汝媿

　　　　　　　　李學逵(1770~1834), 『洛下生全集』 권上

1-02-02-11 移秧

一朝水滿四郊田　　移種何遲六月天
箇箇村犁黃犢後　　雙雙野笠白鴎邊
老農出洞多朝雨　　饁婦登疇散午煙
能秀能苗又能實　　民功從此占豊年

　　　　　　　　明鼎鎭(1787~1847), 『雲圃遺稿』 권1

1-02-02-12 移秧

春渠瀲灎決山前　　十耦村娘種水田
高抱日中稻米飯　　爭詑今歲又登年

　　　　　　　　金重喜(1804~1875), 『遯齋詩稿』 권2

1-02-02-13 移秧

營生何事可全安　　百務皆然晩稻難
犁稅牛歸堤上草　　溝懸蛇折筧中瀾
隨跟白散泥文劈　　逐手靑生野色團
饁罷全家同去種　　歸筐滿載月星寒

　　　　　　　　高聖謙(1810~1886), 『㐷里先生文集』 권5

1-02-02-14 移秧

一夕黃梅雨	田家視似金
綠秧三四寸	移種太忙心
百夫無一懶	鉦鼓鬧相催
中有翩翩舞	搖頭去復廻
少婦淡靑裙	親供午饁至
家貧農事忙	自爾忘羞愧

李喜豊(1814~1886), 『松坡遺稿』 권1

1-02-02-15 移秧

風簑雨笠不嫌寒	東作農功日欲闌
天序有聲鳴布穀	人時無驗問星官
待晴出野雲猶濕	乘暮歸家露未乾
事事田家苦如是	食貧生計正堪難

吳仁兌(1818~1898), 『海隱遺稿』 권3

1-02-02-16 移秧 二首

1-02-02-16-01

水田連四澤	秧雨又其時
我昨君今日	役夫各自期

1-02-02-16-02

五月東家麥	靑靑尙未秋
老姑空自歎	饁畝獨無謀

安基遠(1823~1896), 『方山集』 권1

1-02-02-17 移秧詞三絕

1-02-02-17-01
棗花已落莞花靑　　　節物風光流不停
陂水每每*平聲 一樣綠　　布裙秧唱隔溪聽

1-02-02-17-02
前秋我屋績燈靑　　　未了麻枲架上停
待得林杈微月上　　　鳴梭軋軋更堪聽

1-02-02-17-03
歡歸期在柳梢靑　　　單袷衣猶篋裏停
含桃中食麥登圃　　　來不來兮憑鏡聽

朴致馥(1824~1894), 『晩醒集』 권1

1-02-02-18 移秧

爲便栽種預耕深　　　處處秧歌最好音
不密不疎兼直揷　　　此時齊一衆人心

安規遠(1825~1895), 『芙岡遺稿』 권1

1-02-02-19 秧歌十五絕

1-02-02-19-01
所重人間事　　　移秧第一好
及時不努力　　　那有食夫稻

1-02-02-19-02
在昔鴻荒世　　　徒能就食木
不有神農氏　　　誰知藝五穀

1-02-02-19-03
儂冠維荻葉　　　　　儂着卽茅簑
暑雨都便捷　　　　　胸中卽太和

1-02-02-19-04
新婦餉田去　　　　　老翁抱乳孫
感君何以報　　　　　粒我莫非恩

1-02-02-19-05
在昔西都敎　　　　　如何先種柳
有虞重穀意　　　　　命稷最居首

1-02-02-19-06
聽儂天下調　　　　　謂我善詩聲
邠雅誰和送　　　　　自然不學成

1-02-02-19-07
倚市誰家婦　　　　　琮璘響雜佩
秋如穀未賤　　　　　能不爾夫悔

1-02-02-19-08
長柄荷鋤叟　　　　　敎人一字行
不先不後去　　　　　前地任均平

1-02-02-19-09
恩恩手段忙　　　　　西日下前山
不趂夕炊去　　　　　小姑已習閒

1-02-02-19-10
微雨絲絲過   田中有烏好
莫催新裕着   輪與去年租

1-02-02-19-11
殖農元有本   早晚賽田神
豚酒中元夕   自祈不筮賓

1-02-02-19-12
樂土伊誰賜   情田有聖王
油油秧已好   秋必熟穰穰

1-02-02-19-13
彭澤是何意   公田但種秫
明知春酒法   妙理此從出

1-02-02-19-14
青青上下田   盡是歌中插
此曲誰先製   聖人教有法

1-02-02-19-15
勸君且學步   蟹步不勞腰
太史如能採   土風可補謠

卞榮圭(1826~1902), 『曉山集』

1-02-02-20 移秧

秧事南疇雨過林   萬人歌樂太平吟
載歸葉色登蓑綠   分送春心逐手深

饁飯尙遲烟火積　　　巾車來早野天陰
斜陽遍地蜻蜓舞　　　點水歸踪忙不禁
　　　　　　　　　　　　沈珣模(1833~?),『草史集』권2

1-02-02-21 移秧

卽從春到戴星耕　　　出水靑秧已把盈
西插東移千野闢　　　前呼後應四隣迎
炊烟乍起筐爭出　　　山日將斜手愈輕
頭白老人歌帝力　　　儘知化裏自生成
　　　　　　　　　　　　金綸栢(1836~1911),『琴隱集』

1-02-02-22 蒔秧

農家要務在於秔　　　蒔得其時穫有成
田翁帶犢推挽去　　　村女褰裳左右橫
乍集柔莖投數數　　　細分春色落輕輕
人工勝似神工妙　　　黃壤一朝便戴靑
　　　　　　　　　　　　李錫熙(1841~1913),『鶴臯集』권1

1-02-02-23 秧歌

絲竹華堂客　　　　　不知聽此歌
曲中好消息　　　　　舍此更無他
　　　　　　　　　　　　李鐸憲(1842~1914),『南坡遺稿』권1

1-02-02-24 移秧

麥浪收墟水國因　　　猶魚有衆樂豊新

長歌短曲聲如訴　　　　　強半前冬出債人
　　　　　　　　　　　　　　崔鏞翰(1843~1923), 『艮窩文集』 권1

1-02-02-25 移秧

南風日氣雨餘凉　　　　　稼事忙忙起四方
分手春光隨處散　　　　　將樽野味此中長
稚根入土如將仆　　　　　弱葉經霖已秀蒼
第待西風新熟日　　　　　先輸精實供吾皇
　　　　　　　　　　　　　　余健相(1846~1915), 『湖亭遺稿』 권1

1-02-02-26 移秧

秧田綠漲日如年　　　　　女伴招招野店邊
手學蜻蜓頻點水　　　　　脚隨鸂鶒半沉烟
歌停岸側褰裳出　　　　　餕罷亭陰借笠眠
正待西成場圃築　　　　　誰家魚夢占豊先
　　　　　　　　　　　　　　李壽瓚(1846~1915), 『海亞詩集』 권1

1-02-02-27 移秧

務玆大本食爲天　　　　　綠笠青簑往水田
行如蟹步同遲速　　　　　立似鴈行不後先
西郊種歇南郊又　　　　　男伴歌終女伴連
知時秧雨從民願　　　　　占得來秧快活年
　　　　　　　　　　　　　　裵相禹(1847~1921), 『素窩文集』 권1

1-02-02-28 移秧

强健村翁飮麥樽　　雨餘喧聒溪邊奔
蟹行爲隊齊低首　　鼎足成叢錯粘根
兩手分春靑散點　　一田埋水白無痕
豪流那識農家樂　　謾作觀遊坐午原

　　　　　　　朴泰獻(1848~1915),『悔初集』권1

1-02-02-29 移秧

城南沃野潤無邊　　稼澤諸人勤且賢
雙手春光來忽地　　一坪水色若平筵
揷疇可釀廬山酒　　多稌將歌周頌篇
秧馬爭飛田畯喜　　前宵喜雨降蒼天

　　　　　　　金暢鉉(1849~1921),『淸軒遺稿』권1

1-02-02-30 移秧

長夏前村事事知　　速治秧役不須遲
勞歌相答移來地　　靑色中分揷去時
斜風細雨同蹈舞　　南陌東阡似會期
荷揷騎牛烟月裏　　康衢餘興又兼之

　　　　　　　鄭錫珍(1851~1896),『蘭坡遺稿』권1

1-02-02-31 移秧

秧不失時農不違　　平郊處處綠微微
芽根早托春風暖　　莖葉初長夏日暉
村狵隨饁緣溪出　　野老忘勞灌水歸

秀實皆從移插得　　　　　東城朝雨浥蓑衣

　　　　　　　　　　　　　　　金淇郁(1852~1927),『蘭史遺稿』권1

1-02-02-32 移秧

前宵甘霈正知時　　　　　秧事家家不失期
細白田中牛步急　　　　　挿靑水面鴈行齊
條條有限如張網　　　　　點點無差似列棋
皤腹主翁催午饁　　　　　黃鷄低唱石榴枝

　　　　　　　　　　　　　　　徐丙斗(1852~1932),『秋溪遺稿』권1

1-02-02-33 移秧

鱣鯊互雜叱牛聲　　　　　滿目春光趁手生
少婦苧裳褰至膝　　　　　水田斜日學鶩行

　　　　　　　　　　　　　　　徐丙斗(1852~1932),『秋溪遺稿』권1

1-02-02-34 草坪秧歌

初唱秧歌上雁頭　　　　　昇平氣像破塵愁
七月豳圖登帝殿　　　　　三農野調和詩樓
淸音芳草夕陽暮　　　　　亂曰梧桐秋月流
土鼓鳴前鼇似抃　　　　　移分春色手中浮

　　　　　　　　　　　　　　　羅允煦(1853~1913),『錦坡遺稿』권1

1-02-02-35 移秧

秧針剌水翠盈堤　　　　　剩說休徵雨及犁
左執右分身俯仰　　　　　前靑後白野東西

步習退流奔衆蟹　　　　　手求勤耦起初雞
時惟不失移能畢　　　　　桑畝閒庄好共攜

李顥林(1854~1937),『德樵藁』권1

1-02-02-36 移秧

移秧一曲放歌高　　　　　羲中餘風如復遭
耕節無違先見杏　　　　　時豊有象旣題棌
攜來點點靑盈匊　　　　　挿去叢叢綠漲濤
億兆生靈皆食力　　　　　愧吾平日讀書曹

金來容(1855~1901),『石南遺稿』권2

1-02-02-37 移秧 六(6)

1-02-02-37-01
筍芽初長柹花稀　　　　　秧務力時及不違
手着生春靑滿野　　　　　汗揮成雨赤霑衣
男貪睡渴朝慵起　　　　　婦問炊遲暮憲歸
辛苦田家今日象　　　　　有誰圖畫獻彤闈

1-02-02-37-02
秧事緣何後先爭　　　　　一年生活係非輕
郊原遠帶煙簑綠　　　　　畎澮中分雨笠晴
乳犢啼飢從母舐　　　　　健鷄催餡向人鳴
我農莫道身勞苦　　　　　供奉君親享太平

1-02-02-37-03
老夫無事獨憑軒　　　　　婦餡男耕曠一村
鷄啄庭中晴曝麥　　　　　狵眠樹下晝關門

罇收野色添新綠　　詩采農歌刪舊繁
閒裏誰知忙在此　　菑畬經訓課兒孫

1-02-02-37-04
脚苦肩痛不勝憊　　幾日鄰家去賣傭
冒雨負薪昏乞火　　披雲刈麥曉催舂
羸牛解駕眠芳草　　稚子候門點暮鐘
寄語行人休責懶　　今朝纔畢去年供

1-02-02-37-05
主人晨起雇奴呼　　募得三鄰幾健夫
羹筍湯蔥供午饁　　兼魚雜菽飲晡壺
雨澤及時催隴畝　　農歌唱晚起汀鳬
不知鐘鼓樓臺下　　也有田家此樂無

1-02-02-37-06
勸君莫羡逸平生　　請把移秧試說明
縱得天時同早晚　　那期地道異枯榮
若爲勤力其中積　　第見豐功以後成
自笑痴儂頭已白　　尙思賢達起躬耕

文聲駿(1858~1930),『經巖私稿』권1

1-02-02-38 移秧
于耜于秧是及辰　　田家農業在於春
男丁齊力其千耦　　里胥催耕聚四隣
腹鼓哺含皆聖德　　雨調風順惠斯民

嗟吾婦子饁南畝　　　　　帶月露霑無暮晨
　　　　　　　　　　　　　　李洙夏(1861~1932),『金溪集』권2

1-02-02-39 晚秧詞

六月中旬雨　　　　　　　一犁早秧差
晚晚秧宜家　　　　　　　家斜笠相呼
　　　　　　　　　　　　　　李中均(1861~1933),『東田潰士遺稿』권1

1-02-02-40 移秧

后稷遺規世競遵　　　　　移秧全繫粒吾民
雨中體掩靑簑笠　　　　　日下頭遮白布巾
落處手如魚子躍　　　　　休時身若蠖虫伸
老農佇待南風起　　　　　野舍年年赴此辰
　　　　　　　　　　　　　　黃良鉉(1863~1931),『瓾月遺稿』全

1-02-02-41 移秧

秧時不失可占年　　　　　冒雨相招一秬邊
拳底微根成有日　　　　　眼前綠葉弱棲煙
家家野饁携筐急　　　　　岸岸農旗結社圓
田舍種移俱苦樂　　　　　民生元是食爲天
　　　　　　　　　　　　　　吳正館(1865~1948),『晚松遺稿』권1

1-02-02-42 移秧

播種時過移種及　　　　　三農事事迭無邊
交錯玄繩蛛網釋　　　　　傴僂赤脚蟹行旋

寸分挿去條條直　　　　尺畵栽來幅幅連
須臾墢得四郊碧　　　　自是田家占有年

金曾弘(1865~1909), 『紹塘遺稿』 권1

1-02-02-43 移秧

雨笠相招出野廬　　　　臨田莫問手無鋤
擧斯措彼分疎密　　　　向後辭前異實虛
治土曾聞糞用鹿　　　　占年誰說夢維魚
綠蕪十里夕陽外　　　　處處秧歌樂有餘

朴洵行(1866~1916), 『肫菴集』 권3

1-02-02-44 移秧歌 四絕 並小序

夫歌者 樂者聽之則喜 憂者聽之則慽 今夫移秧歌 無憂樂者 喜慽之感 而均歸一致之 聽康衢之擊壤 發以爲鼓腹之歌 關雅之吹土 賦以爲勸農之詩 移秧之歌 肇本於此 而樂歲謠豊年頌 無乃秧歌中做出耶 山齋涔寂 獨坐無聊 聽此秧歌 賦以四絕 以爲閒中消慮之資云爾

1-02-02-44-01
一曲秧歌歌始發　　　　農家滋況樂相同
炊烟饁婦園蔬折　　　　漏鼓聲中報午童

1-02-02-44-02
二曲秧歌歌正暢　　　　長郊散作手中春
重重蟹步多勞力　　　　誰識農功粒粒辛

1-02-02-44-03
三曲秧歌歌正好　　　　　前呼後應一船欣
雨笠烟簑隨處憩　　　　　自是農人本態云

1-02-02-44-04
四曲秧歌歌自鬱　　　　　何時更得向陽田
先終國稅其餘穀　　　　　供養萱堂父母前
　　　　　　　　　　　鄭泳鎬(1867~1954), 『小坡文集』 권1

1-02-02-45 秧
乳養新秧惠霈沾　　　　　農談處處有年占
旣非播晚天時失　　　　　又是耕深地力添
漸碩將如蘆笋大　　　　　初生僅若麥芒尖
寸心欲報神農德　　　　　看作春暉不怕炎
　　　　　　　　　　　申應休(1868~?), 『石蕉遺稿』 권1

1-02-02-46 移秧
隨時甘雨近來稀　　　　　日夕農談不掩扉
長夏田家多有事　　　　　村丁無暇脫簑衣
　　　　　　　　　　　蘇鎭德(1869~1943), 『遲山遺稿』 권1

1-02-02-47 移秧
其耦相從日十千　　　　　西疇有事渾忘年
魚游曲裡靑山暮　　　　　蟹步退來白水漣
少婦作羹先送饁　　　　　老翁携耟利耕田

每逢佳節供春酒 和樂且遊賓主筵
裵鍾農(1870~1948), 『竹庵遺稿』 권1

1-02-02-48 稚秧

出水尖針曰稚秧　　　一田從看萬千方
種不相敧通界限　　　苗宜頻灌近池塘
短莖易沒盈堤雨　　　密葉僅藏照坂陽
移時雖遠長如許　　　因此豫占此歲穫
李鍾埰(1871~1952), 『希齋集』 권1

1-02-02-49 揷秧(3)

1-02-02-49-01
倦僕頑童十數餘　　　水田終日揷靑疎
一年勞力農家事　　　豫望來秋萬顆儲

1-02-02-49-02
赤脚靑裙共出閈　　　水中奇技學游魚
退步沈潛無別態　　　春田漠漠一連如

1-02-02-49-03
三三五五踏歌徐　　　忘却靑裳濕水潴
歸家恐有郎君責　　　掛暴斜陽獨赵趄
金秉厚(1871~1922), 『錦石遺稿』 권1

1-02-02-50 移秧

野色蒼茫一眼開　　　雙雙分手揷秧來
新沾甘雨田間畝　　　高建朱旗隴上臺

爭唱豐年歌數曲　　　　　更加豪氣酒三盃
滿郊斜日無邊景　　　　　蟹步縱橫鴈陣回
金永錫(1871~1930), 『白樵遺稿』

1-02-02-51 移秧

左手執秧右手移　　　　　滿田春色襲人衣
秋後豐功從此得　　　　　前宵沛雨適天時
金泰錫(1872~1933), 『蘭溪遺稿』 권1

1-02-02-52 移秧

群丁太半老殘年　　　　　倒著蓑衣雨一邊
移稻今朝蛟吐霧　　　　　雕樑暮日燕戱烟
斜徑林下虫聲近　　　　　耕水波頭鷺夢圓
春去秋來黃滿野　　　　　黎民從古食爲天
金進源(1872~?), 『石我文集』 권1

1-02-02-53 移秧

石榴花發雨晴初　　　　　趁候分秧亦不徐
水杷碾地催雙犢　　　　　牛龆傾家載一車
濟時篏立根休曝　　　　　插處平均苗欲疎
主伯大呼山日暮　　　　　自涯相促決如渠
吳時洙(1873~1952), 『艮山遺稿』 권1

1-02-02-54 移秧

一雨秧田綠正肥　　　　　村農奔走四隣扉

條分信手鱗塡補　　　　東陌須臾西陌歸
　　　　　　　　　　　　安圭容(1873~1959), 『晦峯遺稿別集』 권1

1-02-02-55 移秧

天晴布穀向人飛　　　　催種秧田水自肥
想得今年年大有　　　　官租倘免出殘機
　　　　　　　　　　　　宋運會(1874~?), 『雪舟遺稿』 권1

1-02-02-56 移秧

家家侯主一郊渾　　　　衆子齊來鶴與豚
乘暖蟹群遊海渚　　　　驚寒雁陣下江村
俄然水色連天漠　　　　旣已春光滿地存
一曲歌聲當午歇　　　　紛紛饁婦度山門
　　　　　　　　　　　　閔丙穉(1874~1938), 『悟堂集』 권1

1-02-02-57 移秧

旣耒旣耟一之冬　　　　五月農家賽皷鏒
日出同人雲四野　　　　年占大有雨千峰
影如海上羣飛鴈　　　　勢若江東亂起蜂
漠漠水田全面白　　　　須臾渾碧得春逢
　　　　　　　　　　　　閔丙穉(1874~1938), 『悟堂集』 권1

1-02-02-58 移秧　此詩大邱吟社出題而參於二等也

夏畦長日正如年　　　　人在縈靑繚白邊
野色平鋪黃沃壤　　　　波紋刺繡碧紗煙

泥行不妨裁褌短　　　　雨種無愁戴笠圓
唱送江南歌一曲　　　　夕陽浮動畫中天
　　　　　　　　　　　鄭坤鉉(1875~1962),『翰山遺集』 권1

1-02-02-59 移秧

有翁欹笠度前阡　　　　四野秧歌次第圓
濁酒餉農鳴土鼓　　　　風流彷彿太平年
　　　　　　　　　　　黃壚(1875~1972),『錦州文集』 권1

1-02-02-60 嫁秧

及時春色來　　　　　　布穀謾啼哀
日師占節候　　　　　　田畯使輿臺
饁飯行儀席　　　　　　農醪作조盃
歸托纔三月　　　　　　孕穰見秀材
　　　　　　　　　　　千翔胤(1876~1925),『芝村遺稿』 권1

1-02-02-61 移秧

春光散在水中央　　　　擧趾翻成一字行
蘆渚斜陽遊郭索　　　　烟波明月泛鴛鴦
揷如石遥扶孩子　　　　俯似萱堂拜老孃
農功可得千斯廩　　　　也識無人臥翳桑
　　　　　　　　　　　黃致宰(1878~1932),『石溪遺稿』 권1

1-02-02-62 移秧

時雨一犁南北村　　　　蕭蕭秧馬出城門

列行一字輕飛手　　　邊式井調深托根
自古成風恒出饁　　　比來循俗又盈樽
一心併力爭先後　　　不起異論語不喧
　　　　　　　　　李鍾雅(1885~1962),『來山遺稿』 권1

1-02-02-63 移秧

前宵甘雨迄今朝　　　秧務多忙各自招
列立軍丁如有法　　　縱橫尺寸不違條
節雖差晚皆移植　　　天若順調庶望饒
數月旱愁全掃洗　　　農歌高唱夕陽遙
　　　　　　　　　宋震祥(1886~1971),『好溪集』 권1

1-02-02-64 移秧

隨時甘雨近來稀　　　日夕農談不掩扉
長夏田家多有事　　　村丁無暇脫蓑衣
　　　　　　　　　蘇華永(1895~?),『遲山遺稿』 권1

1-02-02-65 移秧

牛農在苗稼斯時　　　灌水深耕整面移
午天饁筐浮猶早　　　南畝秧機挿不遲
根底施肥謀粒實　　　葉頭撒藥防蝗垂
田家趣味須何在　　　牧叟隣翁共擧卮
　　　　　　　　　鄭仁源(1895~1977),『瑞霞齋遺稿』 권1

1-02-02-66 移秧

挿來着着啓明天　　　可信吾生快活年

井植縱橫碁列勢　　　　　一行偃仰雁飛緣
參差人影長沙岸　　　　　轉逗歌聲細柳川
郊北郊南終了後　　　　　揚揚歸路暮烟邊
　　　　　　　　　申彥繩(1899~1975),『石峰遺稿』권1

1-02-02-67 移秧

攜饟褰褐放牛坡　　　　　散植衆根自濯波
牛分看彼來村饁　　　　　汗轉欲休短笛歌
一行鴈隊烟邊起　　　　　數斗禾田水上過
今若吾人勤未種　　　　　欲收秋實可如何
　　　　　　　　　朴景培(1900~1984),『雲坡遺稿』권1

1-02-02-68 移秧

攜饟褰褐放牛坡　　　　　散植衆根自濯波
牛分看彼來村饁　　　　　汗轉欲休短笝歌
一行鴈隊烟邊起　　　　　數斗禾田水上過
今若吾人勤未種　　　　　欲收秋實可如何
　　　　　　　　　朴景培(1900~1984),『雲坡遺稿』권1

1-02-02-69 移秧

朝雨榴花一兩開　　　　　牛車溪壑滑蒼苔
隣兒報道禾苗插　　　　　麥酒携持大椀來
　　　　　　　　　金柄璘(19세기),『龍溪雅言』권1

1-02-02-70 秧歌

歌是秧歌最好歌　　　　　田男田婦一行斜

軟喉齊出山將暮　　　纖手忙劉水欲波
遠客休節泥逕立　　　孤僧擔鉢野橋過
老農閒坐平原上　　　第見年豐黍稌多
　　　　　　　　　　金振斗(20세기 초), 『石南詩集』 권1

1-02-02-71 移秧

移秧時及雨還陽　　　健婦痴男出野忙
缶鼓儺鉦多佚宕　　　頭尻手足數低昂
饁餘困睡蓑爲座　　　渴後衢樽椀作觴
莫惜如今勤力苦　　　秋來惟有稻穰穰
　　　　　　　　　　李鶴洙(20세기 초), 『雲蓑詩稿』 권1

1-02-02-72 移秧

石榴花發節尤新　　　處處移秧是四隣
一鼓頻催成樂隊　　　三盃半醉却愁塵
豳風百世勤農老　　　漢詔千秋警野人
日役將終歸路晚　　　東山初月已成輪
　　　　　　　　　　申春均(20세기), 『橘亭集』 권1

1-02-02-73 移秧

躬耕半世臥南陽　　　白手分青野一光
早稻晚禾元有節　　　先東後北定無方
欲挑漫興歌相樂　　　爲解勞身酒不妨
勿失此時官令急　　　素爲大本倍多忙
　　　　　　　　　　申春均(20세기), 『橘亭集』 권1

1-02-02-74 新秧

秧基水活又生枝　　　留待南風夏至時
細葉凝烟甘雨潤　　　尖頭結露夕陽遲
嫁同之子將涓吉　　　護似嬰兒更見奇
移在西疇新綠長　　　田家幾度望秋思

吳丙煥(20세기 인물로 추정), 『晴川集』권上

1-02-02-75 移秧

秧葉貼田田水靑　　　前歌後應不相停
李郞御史媭原曲　　　俚耳至今猶動聽
* 用劇戲中春香歌說

金然泰(20세기), 『止齋詩集』권1

1-02-02-76 移秧

秧家白酒味淸新　　　金鼓聲闌醉幾人
田事還能起心事　　　相思一曲倍思親
* 余先考每於農時 着青篛笠仗小鋤杖觀移秧役

曺秉候(20세기 초), 『行癭集』권2

1-02-02-77 移秧

躬耕半世臥南陽　　　白手分靑野一光
早稻晚禾元有節　　　先東後北定無方
欲挑漫興歌相樂　　　爲解勞身酒不妨
勿失此時官令急　　　素爲大本倍多忙

申春均(20세기), 『橘亭集』권1

1-02-02-78 移秧

插靑踏白口爲歌	田婦巾鬟夕日斜
春返郊坰裁一色	雨深耒耝散餘波
曳搖川澤魚潛出	瀏亮雲天鴈逗過
牟麥纔牧禾稼畢	老農何有力煩多

黃麟秀(20세기 초), 『集語』 권5

1-02-02-79 移秧

夏至旬間正適時	不違農時古今知
線口守去繩雙列	井橪移來一字隨
手端輕下波聲急	功力多成日影遲
物理生生因地利	民殷國富此由之

邢光旭(20세기), 『樂峰收稿』 권1

1-02-02-80 移秧

一字俯行次弟回	細分春意各相催
長腰偃下橫烟竹	雙手点時却酒盃
影伴雲霞流短壑	歌同風月上高垈
生中大本誰能漫	自此吾民世業開

金台鎭(20세기), 『秧堂詩集』

1-02-02-81 移秧

前插後逡鶩步尋	株間整正列森森
口傳樂世峨峓曲	手學蜻蜓占水音
饁婦適行相喜色	畯官巡視共欣心

無雲白日風惟靜　　　　長使農夫汗滴襟

金台鎭(20세기), 『秧堂詩集』

1-02-02-82 移秧

及時移種各爭先　　　　告厥成工在手邊
笠輕四野聽水田　　　　飯到三時籍草筵
豳詩前夜同爲士　　　　告厥初秋可學仙
蟹步鴈行咸少長　　　　靑裳赤脚計窮年

權寧壽(20세기 초), 『菊村集』

1-02-02-83 移秧婦

侵晨刺手不嫌寒　　　　密密踈踈仔細看
未及半功來午饁　　　　推思餘地覺辛酸
短鋤無暇初田草　　　　獨手難終一杼紃
裙帶生風歸欲急　　　　立門子女對相歡

金承霆(1920년대), 『墨樵詩稿』 권1

1-02-02-84 移秧

移植新秧綠滿堤　　　　豊歌高處夕陽低
牛耕沃野東西畔　　　　水引乾田連近溪
一片農旗風外拂　　　　半輪月笠雨中迷
軍官協力早期畢　　　　民願昇平安息捿

趙永完(생몰미상), 『秋溪私稿』

1-02-02-85 揷秧

大霖三日水涵陂　　　　易耨功全事事宜

作息百年依帝力　　　謳歌數曲頌天慈
種如野鶴閒然啄　　　動似蝶牛奔走移
十里村岷田土貴　　　願農惟恐失其時

具文謨(생몰미상), 『松澗遺稿』

1-02-02-86 移秧

俄晴時雨續時風　　　瑞應夢魚占歲豊
鷄報午鳴忙饁婦　　　牛連子立憨耕童
踏波赤脚無氷爽　　　刺水靑針不線工
四野春光裁一幅　　　秧歙齊唱夕陽紅

黃柄瑾(생몰미상), 『石愚遺稿』

1-02-02-87 挿秧

農者挿秧有節時　　　柿花結子紅櫻垂
饁彼南畦遺俗美　　　歌登上瑞大豊知
投如歸鴈平沙落　　　點似飛蜻淺水隨
乍停土皷飽樽擧　　　舞踏渾忘白日長

金東鎬(생몰미상), 『蘭圃集』 권1

1-02-02-88 移秧

自是元元食以天　　　移秧處處互爭先
羣趨恰似鵁班列　　　却走還疑蟹步連
早稻早期曾播種　　　隨時隨力豫治田
農歌一曲交相和　　　煙月康衢彷彿然

金聖年(생몰미상), 『洛左集』 권1

1-02-02-89 移秧

秧歌曲曲動湖山	雨笠烟簑出野關
前呼後應聲聲壯	耕白移靑步步間
三時供饋終無倦	一字行來暫不閒
惠霈衣沾何足惜	農人自此破愁顏

盧正勳(생몰미상), 『鷹樵集』권1

1-02-02-90 移秧

秧針刺水翠盈堤	剩說休徵雨及犁
左執右分身俯仰	前靑後白野東西
步習退流奔衆蟹	手求勤耦起初雞
時惟不失移能畢	桑畝開庄好共携

李顥林(생몰미상), 『德樵集』권1

1-02-02-91 水田移秧[2]

水田泱泱四野均	秧歌起處立苗新
西疇春事嫌勞苦	秪是陶公不肯親

金允植(1835~1922), 『雲養集』권2,
「北山集」〈反反田家樂十首〉제3수

1-02-03 논매기 노래

1-02-03-01 隴頭耘歌

細雨迷阡陌	嘉禾盡意長

---

[2] 1-01-04-16의 병서 아래 달린 작품.

耘歌無曲譜　　　　　　　　大旨柷豊穰

　　　　　　　　　　　　黃㬜(1544~1616), 『息庵先生文集』 권1,
　　　　　　　　　　　　〈栢巖金參判功希玉東浦別墅十景次韻〉 제10수

1-02-03-02 浦口耘歌

夕陽聲急理新秔　　　　　亂入鉏頭滿意靑
莫言長短皆閑慢　　　　　要待登場納地征

　　　　　　　　　　　　宋英耉(1556~1620), 『瓢翁先生遺稿』 권1, 〈十六景 己亥〉 제10수

1-02-03-03 夏畦鋤禾

林中饁罷上高阡　　　　　却籍簑衣檼着眠
向晚鼓唇齊擊壤　　　　　曲中還奏屢豊年

　　　　　　　　　　　　金榮祖(1577~1644), 『忘窩集』 권2, 〈園亭四絶〉 제2수

1-02-03-04 栗島耘歌

二水開雙島　　　　　　　晴花碧柳陰
村謳不成曲　　　　　　　知是太平音

　　　　　　　　　　　　李敏求(1589~1670), 『東州先生集』 권24, 〈黃綠堂八詠〉 제5수

1-02-03-05 隴頭耘歌

田家初日餉春耕　　　　　麥隴禾畦白水生
野外不知時世事　　　　　唱歌猶作太平聲

　　　　　　　　　　　　李睟光(1653~1628), 『半槎錄』 〈金參判東浦十景〉 제10수

1-02-03-06 洗鋤飮

凉風鳴鵙月	田父洗犂鋤
斗酒同鄰井	農談樂有餘

朴昌元(1683~1753), 『朴澹翁集』 권上

1-02-03-07 月下荷鋤

侵曉理南畝	悠然忘夕曛
徑尋山下路	乘月過溪濆

宋時雍(17세기), 『冶城世稿』 권7「孤松軒逸稿」, 〈好古齋八詠〉 제2수

1-02-03-08 爾我謠 村俗什伍結伴輪回相爾我 卽南楚謠曲

今日鋤爾豆	明日耘我秫
今日烹爾葵	明日摘我苽
今日我且勤	明日爾無慢
爾田蕪宜先	我苗穉差緩
借問紫陌間	何事日酣戰

李淞(1725~?), 『老樵集』 권3

1-02-03-09 演耘歌

我五世祖 止菴公按節關北時 以俚諺撰耘歌一篇 始自于耟以至 納禾田畝 艱難之苦 歲時宴飮之樂 靡不博採而備陳 往往多文字 之所不能形容 而其卒業 乃以告人君察民 隱重致其意 斯可與七 月無逸相表裏矣 顧余不揆荒陋 敢用歌意 演成四言詩 凡六十有 六句

嗟我稧長	聽此耘歌
肇自剖判	人幷生只
天地旣廣	生靈亦衆
賢愚自殊	貴賤焉同
聖人立敎	厥民惟四
砥行讀書	士子之事
造作惟工	貿遷是賈
蚩蚩吾儕	其業云何
粟米布縷	古今一規
服田力穡	是爲大本
終歲勞苦	寧不知焉
仰事俯育	非此莫能
倉庚有鳴	桑葉初靑
谷風自東	靈雨其濛
言稅于田	毋失此時
犧已飼否	人先耕之
子其治糞	吾且分種
鄰有耒耟	先後豈爭
高低其畝	次第彊理
其播也均	片土無餘
芃芃者苗	鋤然後成
昨耘之草	俄頃又長
心切望秋	尙憚三勞
炎炎三庚	汗流如雨
土溽草蒸	上下于玆
彼鋤尙鑠	血肉安支

破笠短裩　　莫遮烈陽
麥醪漸醒　　鼻歠自停
瞻彼候門　　碧欄朱樓
高枕團扇　　宴坐偃臥
稼穡艱難　　有誰知者
雨或霖耶　　暘或旱耶
盲風惡霧　　許多我憂
秋風忽起　　白露爲霜
滿野黃雲　　一色四方
長夏饞腸　　不食自飽
山雀俄集　　野鴈又來
羣飛亂啄　　生憎者此
明將穫稻　　蓐食須早
手操利鎌　　背荷支機
是刈是束　　且戴且負
少打于場　　老者簸揚
織包索綯　　紛紜其狀
爾田幾秉　　我稼如斯
公私債了　　餘者無多
嗟我稧長　　咸聽斯語
終歲勞止　　一日其暇
北里打餠　　前村酒熟
籬後栗圻　　庭際棗落
紫蟹黃鷄　　物物香味
烹龍炮鳳　　豈逾斯美
風憲約正　　延之上座

祂襪襪襪　　　　　　　爰序以齒
挈彼瓦盆　　　　　　　酌以匏樽
或勸或讓　　　　　　　毋有爭先
水缶草琴　　　　　　　腔調孔嘉
酒酣興發　　　　　　　不知蹈舞
何來面任　　　　　　　不速而至
數咥囖喝　　　　　　　半拜何禮
叫囂隳突　　　　　　　難淹晷刻
還牌稅今　　　　　　　自是應役
吏鄕私求　　　　　　　官豈盡識
一門數口　　　　　　　身役難勘
姻族移徵　　　　　　　尤極痛心
隣里幾戶　　　　　　　乘夜盡散
誰畵此狀　　　　　　　獻于重宸

李命宰(1837~1895), 『琴漁遺稿』 권3

1-02-03-10 鋤禾

男錛西疇婦饁隨　　　　蒸天雲影一犁遲
田中汗滴盤中食　　　　粒粒皆辛復孰知

姜時馨(1850~1928), 『聾隱集』 권1

1-02-03-11 洗鋤宴

舊俗七月中旬 自郊外遍干各地 鋤禾已畢酒餠相樂 名之曰호미씨시

紅荳花棚積雨晴　　　　田中襪襪趁凉生
東家濁酒西家餠　　　　醉舞鼕鼕社皷聲

崔永年(1856~1935), 『海東竹枝』「俗樂遊戲」

1-02-03-12 鋤禾

稼從先後穢多層　　昨夜鳴金結耦燈
禾下汗揮疑墮露　　鋤餘凉願戲談氷
堪憐田陌來勞畯　　最妬山家坐食僧
壤覆相鱗生手力　　傍人爭道某眞能

李基斗(1867~1920),『伊溪集』권1

1-02-03-13 洗鋤宴

陰陰社木集春鋤　　終歲豊徵雨似初
百日耕耘今日樂　　十家饁酒我家踈
籠風栗藪多肥犢　　含露稻花上穉魚
至夜松燈歌笑裏　　而生尤快不知書

沈之倫(1872~1952),『松巖逸稿』권1

1-02-03-14 鋤禾

晚夏耘耔也不閒　　離離禾色野容寬
日當半午傾车酒　　炎酷三庚戴竹冠
手中土壤揮根底　　足下波聲出葉間
百畝擾擾歸月下　　未勝悗惱臥松關

閔丙稷(1874~1938),『悟堂集』권1

1-02-03-15 洗鋤宴

爲此春酒戴星盆　　設筵芳草綠槐原
旣挽淸波洗短鋤　　功成百穀了田園
童老擊壤歌醉飽　　熙皥烟月在山門

濟濟衣冠盛儀容	坐以序齒燕毛樽
松餅魚肴雜溢筐	村兒躑躅喜星奔
匏盃先介公眉壽	帝德涵如春日溫
到此忘勞爭樂利	神農爲我肇啓源
筆耕同是三庚苦	洗硯今日宴詞垣
犢褌脫耒滌塵垢	身若化仙靈液吞

閔丙穉(1874~1938), 『悟堂集』 권2

1-02-03-16 耘稻

穰穰嘉穀水中靑	粒粒皆從辛苦生
行人但聽擊壤曲	儂在其間送世情

鄭海達(1893~1946), 『白洛遺稿』附「寡悔堂遺稿」

1-02-03-17 松浦耘歌

口角生風山有花	隔江爭唱太平歌
痛飮城中一椀酒	夕陽歸路舞烟簑

裵重煥(생몰미상), 『荷汀詩稿』, 〈襄陽八景醴泉〉 제3수

1-02-03-18 洗鋤歌

八月穫稻 穡人奏功相與醉飽爲樂名曰洗鋤宴 東隣客子聞而爲之歌

把鋤苦	洗鋤樂
有苦則有樂	苦樂鎭相續
力田乃有秋	惰農胡取禾三百
穤稌旣已熟	場圃旣已築

有酒有肴	越以醱邁
穡事縱云苦	此樂良足快
只願年年歲大有	秔稌充羡跎蛟蟠
事父母育妻孥	歌之舞之相與歡

吳尙濂(생몰미상),『燕超齋遺稿』 권1

1-02-03-19 鋤禾

鋤禾野外動歌群	穡事知應秋有成
列似雁行旗立峙	進如魚貫手翻輕
風前圖笠頭欹着	雨裡短簑腰半橫
汗滴田中日當午	家家耒耡酒樽淸

張在九(생몰미상),『可汕詩稿』

1-02-04 새 쫓는 노래

1-02-04-01 秧田守鳥

人憎鳥	鳥嫌人
相視兩相嗔	所謀同在食
何用不相仁	

崔坤述(1870~1953),『古齊文集』 권1

1-02-04-02 稻田毆雀

西郊秋邑散平堤	偸稻雀叢來不齊
多日慣人筇底出	暫時挾子畝間啼

溪山無暇演樵矣　　　　隣里上還伯叔方
日任兒曺回臥睡　　　　江天日暮捲紅霓

　　　　　　　　　　　　　張在九(생몰미상), 『可汕詩稿』

1-02-05 벼 베기 노래

1-02-05-01 前郊刈稻

取第自有命　　　　　　爲商乏本錢
刈稻無限好　　　　　　飽腹山榮前

　　　　　　　　　　　李英輔(1687~1747), 『東溪遺稿』권2

1-02-05-02 刈早稻

田家何所樂　　　　　　樂在刈稻時
平明腰鎌出　　　　　　逕微草露滋
華實蔽四野　　　　　　靑黃色參差
窮閻舊穀盡　　　　　　逢秋尙苦飢
汚邪幸早熟　　　　　　斂穫不甄遲
豈能盈服箱　　　　　　只可供夕炊
飜思種耘間　　　　　　勤苦安足辭
卽此知趣味　　　　　　何必取千斯

　　　　　　　　　　　李健命(1663~1722), 『寒圃齋集』권1

1-02-05-03 刈稻用前韻

大麥居然盡　　　　　　中廚絶饔炊
決水誅靑稻　　　　　　何須日至時

　　　　　　　　　　　李彦烈(1680~1719), 『愛日庵遺稿』

1-02-05-04 刈禾詞 庚寅

刈禾兒	刈禾莫早時
客鴈如雲萬里來	天寒野清飢何之
比來田家食無麥	盡斫靑禾擣作粥
黃裙老婦抱杵立	惜禾不擣撚禾泣
眼看淸霜隨鴈落	禾頭粒穀如黃玉
人今日日刈禾歸	禾末黃時人已饑
君不見	
江洲十里蘆花徧	鴈啄蘆花還可美

林象德(1683~1719),『老村集』권1

1-02-05-05 刈稻

晨興刈畦稻	日出稻露晞
當午汗欲滴	澗泉水亂飛
秋水淸且寒	沐髮更振衣
丹葉映水中	繡羅滿巖碕
得此秋景新	復免長夏饑
衰病更何求	惟幸獲全歸

姜再恒(1689~1756),『立齋遺稿』권1

1-02-05-06 穫稻

靑女催三務	腰鎌野老忙
揮來半月影	刈盡一秋光
午餔兼魚酒	晨簑犯露霜
翻驚官令下	催糶已開倉

姜世晉(1717~1786),『警弦齋集』권1

1-02-05-07 刈稻 七月二十九日 東田早稻熟 領夫晨往刈之 有感

少時志期遠	食稻不媿稻
施爲多方術	畎畝有所抱
食之五十年	無施此身老
玉粒照匕箸	萬慮中自惱
耕夫尒所作	食不畏彼昊
兵夫爾亦可	荷戈勤征討
天地何至仁	養此一枯槁
白露黃稉熟	穗重半顚倒
數夫往東西	揮鎌秋色掃
仡仡用其力	束立田間道
下銳如竹竿	上豐如羽葆
嗟我無功食	牛馬但吃艸
村杵明月下	願貯珠玉寶
鳳來飯其粒	麟來飼其藁
饋養聖王瑞	致天下熙皞
萬民鼓腹樂	如我餓死好

鄭錄(1729~1790),『松滄鄭先生詩文全集』권1

1-02-05-08 穫稻

萬野千郊上下田	喜看秋事果登年
農民莫曰皆吾力	飢飽豊凶盡是天

崔光參(1741~1817),『晚悔堂遺集』

1-02-05-09 刈稻

春耕夏種稻花香	結子秋來稼穡甘

雨重千莖低俯首　　　風吹萬穗細掀鬐
寒天白露成珠殼　　　滿地黃雲帶月鎌
晚圃經綸生計拙　　　陶鋤龐耒老農談
　　　　　　　　　李之翰(1749~1827), 『杏亭文集』 권2

1-02-05-10 刈稻

農家多穡事　　　南畝晚秋風
携儋來山下　　　持鎌刈水中
後因荒隴出　　　前逐亂雲空
歲功從此訖　　　妻子樂豊同
　　　　　　　　　李鶴儀(1874~1939), 『雲觀詩集』 권1

1-02-06 벼 타작 노래

1-02-06-01 打稻十韻

薄土耕耘早　　　豊年子粒稠
通期同稧會　　　因事作嬉遊
國俗飯崇椀　　　村心酒滿甌
穫殘霜後畝　　　曬趁雨前疇
多少從心束　　　高低儘力投
紅珠跳更轉　　　黃髮擺難收
蒿秸移相續　　　秕穗掃未休
簸箕風力猛　　　量斗夕陰幽
簞較前年出　　　罌留卒歲憂
時平無野盜　　　民樂有春謳
害極猶羞鳥　　　功成不飼牛

人情何厚薄　　　　　　一笑晚山秋

　　　　　　　　　　　　　姜浚欽(1768~1833), 『三溟集』 권7

1-02-06-02 打稻詞

湖南刈稻時　　　　　　高阡草未腓
溢南刈稻時　　　　　　水田流冰凘
湖西打稻時　　　　　　力批全穗揮
霍霍芒刺飛　　　　　　溢南打稻時
鐵夾攛竹枝　　　　　　落顆紛捘捘
南來鵝鴈蔽江水　　　　嗟喋萬斛須臾耳
江上西風動地來　　　　一半落水爲稊子
溢人作事誰得知　　　　何不於今速儲庤
洛東稻穫每蟬鳴　　　　當時不麥萎萎成
溢南處處漫雲水　　　　無限霜風鸛鶴行

　　　　　　　李學逵(1770~1834), 『洛下生全集』 권上, 「因樹屋集」

1-02-06-03 打稻

家家刈稻載農車　　　　亂打斜陽野色虛
却向空中聲似鴈　　　　預量多少數如魚
隣傳白飯情皆厚　　　　盤供黃鷄味不踈
收藁里翁言物理　　　　一年生計始春鉏

　　　　　　　　　　姜復善(1852~1891), 『敬軒遺稿』 권1

1-02-06-04 打稻

打稻復打稻　　　　　　從朝抵夕曛
盂飯撑腸飽　　　　　　盆醪滿面醺

一時荷耞立	用力打紛紛
冲天揚黑塲	特地散黃雲
甕口齊聲喚	長空落鴈群
朔吹雖栗烈	汗珠滴褐裙
舍斗而用秤	一包二百斤
貴金而賤穀	一甌幾十文
雇直先半割	租稅又中分
到頭空手立	自笑終歲勤

金甯漢(1878~1950), 『及愚齋集』 권4

1-02-06-05 打稻歌

耞上列立打彭彭	一唱呼邪衆應聲
聲落秋山山近夕	黃鷄白酒作人情

蔡愚錫(20세기 초), 『愚堂集』 권1

1-03 잡농사 노래

1-03-01 밤심기 노래

1-03-01-01 種栗

五株稚栗鄰家借　　帶雨移栽擇地宜
莫效楚狙朝暮術　　還憂陶宅懶書兒
　　　　　　　　權紀(1546~1624), 『龍巒先生文集』 권1

1-03-02 이삭줍기 노래

1-03-02-01 拾穗謠

田間拾穗村童語　　盡日東西不滿筐
今歲刈禾人亦巧　　盡收遺穗上官倉
　　　　　　　　李達(1539~1612), 『蓀谷詩集』 권6

1-03-02-02 拾穗謠

田間拾穗村童語　　盡日東西不滿筐
今歲刈禾人亦巧　　盡收遺穗上官倉
　　　　　　　　柳莘老(1581~1648), 『春圃遺稿』 권1

1-03-03 소 치는 노래

1-03-03-01 牧童詞

朝牧澗邊塢　　暮牧江上坡
不惜落花少　　但尋芳草多

前溪後溪烟雨橫　　　　　篛笠簑衣風笛淸
騎牛遠遠六七里　　　　　呼犢時時三兩聲

處能(1617~1680),『白谷集』권1

1-03-03-02 牧童詞

微雨夜來過　　　　　　　前郊春草深
驅車任所之　　　　　　　牛自知人心
朝行露濕衣　　　　　　　暮歸風吹襟
霧暗知天雨　　　　　　　雲湧知天陰
大牛行牧草　　　　　　　小牛時隱林
回頭喚小牛　　　　　　　叩角仍謳吟
羣童拍手笑　　　　　　　調斷不成音

李東標(1644~1700),『瀨隱集』권1

1-03-03-03 牧童詞 六首

1-03-03-03-01 牧童
牧童牧童　　　　　　　　牧牛平郊草
牛眠綠莎淨　　　　　　　牛泳淸流好
田陂柳陰濃　　　　　　　牧童方睡倒

1-03-03-03-02 牧牛
放牛放牛　　　　　　　　弘景畫中寫
穿絡非爾願　　　　　　　不羈始閑暇
處處春花發　　　　　　　遍是桃林野

1-03-03-03-03 騎牛
騎牛騎牛　　　　　　　　牛背有佳處

牧童豈必知　　　　　佳處不可語
但喜牛背穩　　　　　跨向溪邊去

1-03-03-03-04 簑笠
簑笠簑笠　　　　　　戴笠披簑歸
日炙頭有覆　　　　　雨濕身有衣
此物猶相關　　　　　不如牛脫鞿

1-03-03-03-05 蘆管
蘆管蘆管　　　　　　折蘆以爲管
不知律呂調　　　　　任爾風來散
爾管爾自吹　　　　　莫問聲長短

1-03-03-03-06 夕歸
夕歸夕歸　　　　　　山遙知多少
下來自知家　　　　　柴門翻夕照
老翁出門看　　　　　牽去飮池沼

南漢紀(1675~1748), 『奇翁集』 권1

1-03-03-04 牽牛牧童 次明律

無事小童牽小牛　　　閑閑相伴碧溪隈
暖風細草輕羈脫　　　和雨長堤晚駕休
朝日揮鞭歸水渚　　　夕陽叩角下山頭
況看禾黍田疇滿　　　一曲長歌興自悠

朴致和(1680~1767), 『選齋集』 권1

1-03-03-05 牧牛詞

莫畜羊　　　　　　　　口吾未始知膏薌
莫畜馬　　　　　　　　足吾猶可行田野
賣庖鬻駱換牛至　　　　悍索在項椿不鼻
朝來老婆忽怒號　　　　吃盡前畦初秀稻
牧兒聞之疾起走　　　　手投瓦礫顚且倒
狂蹄橫突踏田苗　　　　追之不及嘷中道
兒乎莫怠蒭　　　　　　牧且待年爾不復
代牛傭耕隣家田

　　　　　　　南龍萬(1709~1784),『活山先生文集』권1

1-03-03-06 放屯

叱牛與驅馬　　　　　　嘯以短長呼
無非橐駝犎　　　　　　摠是駃騠駒
馬羣知不空　　　　　　牛亦與之俱
野墻經界正　　　　　　騰躍任踐踩
於秣於焉宿　　　　　　最宜審之疇

　　　　李然竹(1776~185?),『然竹集』권1 〈敬次耽羅十謠〉제1수

1-03-03-07 牧童詞

南村牧竪年十三　　　　蘆管橫吹太平曲
昨夜東風雨一犁　　　　茸茸細茸遍山谷
有時携伴入林中　　　　折得新笋滿筐綠
五聞五羖大夫
雖勞不坐乘何似　　　　夕陽山路跨黃犢

　　　　　　　白晦純(1828~1888),『藍山先生文集』권1

1-03-03-08 戒牧童詞

濯彼西山	旣封我孃
哀哀余心	夙夜靡寧
爭植松香	爰曁橡栗
願天雨滋	願地日苴
鳥兮勿侵	獸亦勿觸
矧爾樵牧	何忍剪伐

崔鍾和(1859~1918), 『松菴集』 권1

1-03-03-09 戒牧童詞

濯彼西山	旣封我孃
哀哀余心	夙夜靡寧
手植松香	爰曁橡票
願天雨滋	願地日苴
鳥兮勿侵	獸亦勿觸
矧爾樵牧	何忍剪伐

崔鍾和(1859~1918), 『松菴集』 권1

1-03-03-10 牧童吟

羸羊肥犢放西東	盡日坐看碧壑中
輕輕月笠載微雨	短短烟簑飄晚風
紅塵消息洗牛耳	芳草斜陽弄笛童
巢父洞天何處在	高歌一曲祝年豐

金進源(1872~?), 『石我文集』 권1

1-03-04 울 치는 노래

1-03-04-01 築墻

海山定高下	土石分少多
細推地之勢	無墻莫可何
馬牛長在野	鷄豚各成囮
我疆與爾墇	圍護同其科
築外又有築	前加後亦加

李然竹(1776~185?), 『然竹集』 권1, 〈敬次耽羅十謠〉 제4수

1-04 농사꾼의 노래

1-04-01 농부 노래

1-04-01-01 農夫歌

爺孃產我後　　　愛如掌珠常
呴嚅斬祝不尋常　　他日紆紫與拖朱
奈無骨相奇　　　晚作一農夫
荷鋤出田間　　　頎頎八尺好身軀
癡心妄好樂　　　詎知良士瞿瞿
叱牛昨耕畬　　　遍體皆泥塗
矻矻今耘苗　　　赫炎焚眉鬚
吾妻饁兮邁彼南畝　飢困日正晡
大兒隨筐至　　　小孩在家呱
婦子相笑慰　　　隴頭籍艸列甌盂
白醪濁如乳　　　麥飯極糲麤
于是饞口無揀別　　迅霎如風吹裹榆
腹高兮氣不餒　　逢逢援皷桴
今日田事詎可緩　　大聲亞旅相勸呼
幸又甘霈足　　　禾黍苗不枯
上田先看螟螣去　　下留復使稂莠無
蕃熟庶幾　　　翹足待穰穰
祝邪汚年登　　　適我願兮擊壤歌
嗚嗚九月築場高　　役車咿軋日日輸
穗秉毋滯路　　　儋包支屋隅
男宵絢女上機　　霜籬曾斷壺

嘻嘻料理嗣歲計	室家面光敷
藉得放寬此身在	公侯之貴不易吾
奈我分望蹻	秋後侵索百岐俱
張李計傭雇	急務社錢趍
昨夜分償村里徵	今朝替輸吏卒逋
每見印紙驚眼目	更思箠罰痛肌膚
官人臨門咆哮猛如虎	不耐日求誅
殘罌兮	已罄粟
破甑兮	無餘租
歎息復歎息	一年勤力安在乎
安在乎	
飢餓亦有數	嗟嗟何足吁
但願君聖臣良太守廉	恤我苦矜我愚
曾聞夏后省耕補助兮	黎民樂生無憂虞
又聞漢家脤貸詔兮	山東父老咸願少
須臾奚獨使二代	專美吾王仁政及鰥孤
薄賦且輕徭	瘡痍擧將蘇
回咷兮	
抃雙手	彝性非或殊
十日無食寧敢怨	自在春風樂堯衢
請君奏九重	將此稼穡艱難作畫圖

朴宗永(1804~1881), 『松塢集』 권3

1-04-01-02 農夫詞 四絕

1-04-01-02-01

三春已盡百花飛	時雨岐陽物物肥

理我田園汗沾衣　　　這中有樂却忘歸

1-04-01-02-02
我有短衫不換裘　　　褰裳通涉不由舟
相逢共說農家流　　　勤苦之餘庶免憂

1-04-01-02-03
修人事後聽天翁　　　朝暮耘耕西復東
探景捕風如彼輩　　　悠悠浪度竟何窮

1-04-01-02-04
卬友招招一座圓　　　匏樽相屬酒盃連
造歌慢舞共陶然　　　便是人間八月仙

許秉律(1857~1918), 『潁溪集』 권1

1-04-02 농사 노래

1-04-02-01 農家謠

農人待日出　　　荷鋤呼四鄰
男女歸田疇　　　向夕移手頻
曜靈何赫烈　　　長歌忘苦辛
俯首論禾好　　　仰首語傭人
所以終歲勤　　　有此禾如薪
莫道田厚薄　　　厚薄由我民
耕耘苟以時　　　磽确亦盈囷
人事孰不然　　　聽此書諸紳

姜必恭(1717~1783), 『寡諧詩集』 권1

1-04-02-02 農歌

山光經雨好	溪響得風多
門外環阡陌	時時聽野歌

金三宜堂(1769~?), 『三宜堂稿』 권1

1-04-02-03 農謳十四章

1-04-02-03-01 雨暘若

粒蒸皆后稷	
陰陽和兮	雨暘時以若
雨暘儻不時	恐損我稼穡
條不鳴	塊不破
神功調玉燭	
吁老農	
熙熙忘帝力	但自歌耕鑿

1-04-02-03-02 捲露

俶載南畝荷鋤歸	朝出耕露未晞
惟喜長我苗	何傷厭浥霑我衣

1-04-02-03-03 迎陽

東郊迎初旭	一色稻秧平如掌
揮鋤日日勤耘耔	我稼苗而長

1-04-02-03-04 提鋤

鋤罷進酒酒盈鍾	酒鍾亦自鋤之功
人生饑飽惟在鋤	提鋤莫惰慵

1-04-02-03-05 討草
討草根衆力同　　　　　稂莠害稼愁田翁
嘉穀日長莠莫容　　　　竟使亂苗空

1-04-02-03-06 誇農
我觀夸毗子　　　　　　夸毗年少顏如花
不知稼穡艱　　　　　　追逐競奢華
我今停鋤語此輩　　　　浮榮末利莫相誇
絲身穀腹繄誰力　　　　皆自吾農家

1-04-02-03-07 相勸
農日當可惜　　　　　　終歲無休隙
豈厭勞苦事安逸　　　　安逸食不足
交相勸啼　　　　　　　鳲又耕促

1-04-02-03-08 待饁
老婦朝舂麥　　　　　　少婦午炊廚煙碧
腹空雷鳴日已晚　　　　待饁穿兩目
饁何遲　　　　　　　　恐或鋤不力

1-04-02-03-09 鼓腹
酌瓦樽飯土簋　　　　　羹藜藿滑流匕
饁彼畝咸萃止　　　　　餕有餕旨且美
醉飽喧煙花裏　　　　　歌擊壤鼓腹喜

1-04-02-03-10 望秋
望有秋豊爲祥　　　　　我稼同勞何傷

穰穰滿萬斯箱　　　　　　　躋公堂稱兕觥

1-04-02-03-11 竟長畝
竟長畝　　　　　　　　　　畝正荒
揮汗沾體如流漿　　　　　　鑿井而飮耕田食
日復日　　　　　　　　　　事事忙
竟長畝　　　　　　　　　　爭能大小郞
終歲忘倦食力强
竟長畝　　　　　　　　　　畝正荒

1-04-02-03-12 水雞鳴
水雞鳴　　　　　　　　　　當擧卮
聽雞節爲卮　　　　　　　　釃釃澹忘飢
晩雞亦旣鳴　　　　　　　　進酒且莫遲
水雞鳴　　　　　　　　　　當擧卮

1-04-02-03-13 日啣山
遲遲夏日欲啣山　　　　　　溥溥夕露上葉端
捲鋤荷簣陌上人　　　　　　暝踏郊墟帶月還

1-04-02-03-14 濯足
濯足無隙何時濯　　　　　　日入纔息聽雞喔
聽雞喔　　　　　　　　　　鋤復握
一歲中日日忙手脚
夜苦短無休刻　　　　　　　濯足無隙何時濯

　　　　　　　　　　　崔昇羽(1770~1844),『睟窩集』권3

1-04-02-04 農歌

五月槐川雨初歇	南村北村荷鋤出
野禾靑靑長竟畝	水泥潤潤深沒膝
三三五五相作隊	雨後一聲發長歌
長歌何所思	
古來聖賢豪傑	歷歷眼前過
不願當世文章伯	不願朱門富貴客
蠅營狗苟世所嗤	雕肝琢腎竟何益
孔孟遑遑無所成	不如沮溺耕而耦
土階薰風俱寂寞	至今傳者擊壤叟
世間是非	憂樂都兩忘
耕吾田鑿吾井	日出作日入休
荊扉績火光煜霅	悉隴午餕香蒸浮
往歲大熟前歲熟	一斗眞七八葉
新麴釀出黃麥酒	痛飲一椀紅上顬
露腹鼾鼻松風灑	欠伸一歌太平曲
何似名利刺促塲	沒頭埋身不自足

姜男鎔(1773~1830), 『松西先生文集』 권1

1-04-02-05 農歌

昨誦春陵行	今作農家詞
我農良已苦	他人亦云疲
東鄰借耕牛	北隣問鎡基
富哿哀此貧	安得不後時
綠疇纔入望	蝗旱又何斯
八口不足恤	征役已攢眉

謂爾勿憂傷　　　　　饑穰歲推移
康衢擊壤歌　　　　　留待明年期

五歌 並小序
歲月推遷 功業多障 身處邱樊 感時傷俗 輒濡翰賦之 *盖多觸目眞境事
　　　　　　　　　梁進永(1788~1860),『晚羲集』권6,〈五歌〉제2수

1-04-02-06 農歌

歲月驅人成老農　　　　花謠土皷慣民風
盛時飲水猶甘樂　　　　一雨身將含哺翁
　　　　奇正鎭(1798~1879),『蘆沙先生文集』권2,〈鄭氏溪堂八詠襄時諸名
　　　　勝多和者忘醜步次非敢曰道得溪堂公意中事聊以塞希淸之求〉제6수

1-04-02-07 農謳

農謳牧笛出嗀詻　　　　芳草萋萋帶晚霞
旣雨蜻蜓齊上下　　　　微風燕雀任東西
鷄兒爭啄笆邊蛹　　　　髫子時偸陌上瓜
復有新聲當古樂　　　　夕陽角角起林蛙
　　　　　　　　金平默(1819~1888),『重菴先生文集』권4

1-04-02-08 農歌 庚辰

風雨順且調　　　　　四野歌登天
非惟聲音樂　　　　　好是占豐年
　　　　　　　　柳相浚(1853~1895),『敬黨遺稿』권1

1-04-02-09 農歌

牽犢兒從負麥翁　　　　歡娛相得埜中田

天姿生作康衢俗　　　凡語發爲鄕土風
白水揷秧双和去　　　靑山吹葉一聲同
咿咿軋軋猶堪聽　　　此亦先王叙九功

　　　　　　　　　梁致裕(1854~1926),『睡軒詩稿』

1-04-02-10 戊午農歌

人說今年早　　　好雨知時頻
世間無知者　　　農上足愚民
種豆西疇畢　　　移秧南畝邊
化翁猶有識　　　庇下各歸仁
向使聽流訣　　　幾乎生釜塵
廣土莫誇富　　　信天可食貧
朝飯未充腹　　　午醪當入唇
安將上瑞曲　　　共醉舊官春

　　　　　　孔學源(1869~1939),『道峰先生遺稿』권1

1-04-02-11 農謠 九首

1-04-02-11-01

小麥才靑靑　　　大麥猶未黃
久旱方小雨　　　好是山榮長

1-04-02-11-02

秋納萬顆粒　　　春受一包糠
糠猶飼馬牛　　　其奈沙半强

1-04-02-11-03

約正素多口　　　面任亦喜事

西舍母雞肥　　　　　東鄰酒熟未

1-04-02-11-04
居人皆稱士　　　　　軍丁復幾人
糞田無餘力　　　　　疊役復侵身

1-04-02-11-05
孩兒方嬉戲　　　　　寧知身有役
人生豈不貴　　　　　生爾復何益

1-04-02-11-06
前宅借牛去　　　　　後宅招我來
我土雖不廣　　　　　何當辟草萊

1-04-02-11-07
莫說鄭俠圖　　　　　不求黔敖粥
但願賢太守　　　　　賑貧減鞭扑

1-04-02-11-08
經界鄒夫子　　　　　便宜汲長孺
九原如可起　　　　　庶幾民安作

1-04-02-11-09
歲事未可必　　　　　黽勉就田功
田功敢不力　　　　　今年庶遇豐

金羲齡(19세기),『風謠三選』권7

1-04-02-12 農謠(6)

1-04-02-12-01
秋納萬顆粒　　　　　春受一包糖
糖猶飼馬牛　　　　　其奈沙半强

1-04-02-12-02
約正素多口　　　　　面任亦喜事
西舍母鷄肥　　　　　東隣酒熟未

1-04-02-12-03
居人皆稱士　　　　　軍丁復幾人
糞土無餘力　　　　　疊役復侵身

1-04-02-12-04
孫兒方嬉戱　　　　　寧知身有役
人生豈不貴　　　　　生爾復何益

1-04-02-12-05
前宅借牛去　　　　　後宅招我來
我土雖不廣　　　　　何能辟草萊

1-04-02-12-06
經界鄒夫子　　　　　便宜汲長孺
九原如可起　　　　　庶幾民安作

金羲齡(19세기), 『東國風雅』 권5

1-04-02-13 農謠(4)

1-04-02-13-01
小麥才靑靑　　　　　　大麥猶未黃
久旱方小雨　　　　　　好是山菜長

1-04-02-13-02
約正素多口　　　　　　面任亦喜事
西舍母鷄肥　　　　　　東隣酒熟未

1-04-02-13-03
居人皆稱士　　　　　　軍丁復幾人
糞田無餘力　　　　　　疊役復侵身

1-04-02-13-04
孩兒方嬉戲　　　　　　寧知身有役
人生豈不貴　　　　　　生爾復何益

金羲齡(19세기), 『大東詩選』 권8

1-04-03 머슴 노래

1-04-03-01 傭夫歌 六首

1-04-03-01-01
席門早讀書　　　　　　自期陳孺子
萬事與心違　　　　　　傭作城南市

1-04-03-01-02
貧不應租稅　　　　　　昨春已賣田

一區餘薄土　　　　天旱又今年

1-04-03-01-03
　　年豊一飽計　　　　小麥種川邊
　　能飲無謀醉　　　　不如雇酒泉

1-04-03-01-04
　　寒廚秋日晩　　　　穉子空啼饑
　　腰橐西隣向　　　　富家舊主非

1-04-03-01-05
　　偶有中年友　　　　下堂握手邀
　　歸擔盈斗粟　　　　午杵出籬高

1-04-03-01-06
　　勤苦妻同耨　　　　暮歸織月斜
　　牛衣休下淚　　　　晩福仲卿家

安基遠(1823~1896), 『方山集』 권1

1-04-04 농가 노래

1-04-04-01 田家謠

　　南村北村雨新足　　　　大麥小麥黃繞屋
　　家家上墓作昭陽　　　　冷炙殘杯來勸客
　　田翁野老語相向　　　　今歲豊登頗有望
　　安得與汝身無憂　　　　共樂豊年歌擊壤

李弘相(1619~?, 1633진사), 『李氏聯珠集』 권4 「東郭稿」

1-04-04-02 田家雜謠(13)

1-04-04-02-01
東風正月凍猶堅　　　寂寂三鄰總似眠
北里上農耕獨早　　　健牛先試向陽田

1-04-04-02-02
忽聞布穀舍南啼　　　忙擲腰間半織鞋
二月春耕時已晏　　　吐牛催向水西堤

1-04-04-02-03
三月平田翠麥齊　　　就中開畝細行犁
色色播穧宜土種　　　隨成隨穫約箕妻

1-04-04-02-04
打麥仍賖酒數瓶　　　槐陰環坐語村丁
且須及此登場飲　　　明日輸官未必贏

1-04-04-02-05
鋤來長畝共齊頭　　　手勢高低不暫休
且向目前思盡草　　　一心無暇念登秋

1-04-04-02-06
野翁耘罷饁田頭　　　亭午槐陰共坐休
每日飽飡徵租遠　　　自言逢夏勝逢秋

1-04-04-02-07
田頭掬水洗鉏頭　　　六月耘功得早休
人力但教農力盡　　　任他時序自成秋

1-04-04-02-08
綠秧畦畔麥田頭　　　　　日午村翁共坐休
年事一場閒占罷　　　　　笑言豐儉判中秋

1-04-04-02-09
西郊秋色一時黃　　　　　催喚鄰翁早滌場
小雨前宵來甲子　　　　　穀如生角奈飢腸

1-04-04-02-10
刈麥新稻雜靑黃　　　　　土銼艱蒸又晒場
催飯丈人休叱婦　　　　　與君同是苦飢腸

1-04-04-02-11
稻似金丹粒粒黃　　　　　喚兒攜帚細收場
丁寧莫遣山禽啄　　　　　未必山禽入餓腸

1-04-04-02-12
編茅覆屋怕風飄　　　　　絢索重重十字交
却有老烏探穀巧　　　　　啄成千孔不曾饒

1-04-04-02-13
負薪穿雪汗霑腮　　　　　去賣何村得米迴
向夕不炊甘自餓　　　　　明朝擬薦歲時盃

　　　　　　　　鄭宗魯(1738～1816), 『立齋集』 권1

1-04-04-03 田家樂

婦織兒耕翁牧牛　　　　　抱孫阿姐餉西疇

田家樂事無奇特　　　　只是不知離別愁

　　　　　　　　　　　　金翰東(1740~1811),『臥隱先生文集』권2

1-04-04-04 田家謠(4)

1-04-04-04-01
終歲服田疇　　　　　　吾力吾自食
膏粱彼其子　　　　　　五穀名不識

1-04-04-04-02 之二
麻綿種而織　　　　　　寒暑優可免
錦衣彼其子　　　　　　麻綿看不辨

1-04-04-04-03 之三
落日伐柴歸　　　　　　巖蹊氷雪厚
繡褥裹臥者　　　　　　問人有寒否

1-04-04-04-04 之四
農桑雖云勞　　　　　　心界則安逸
富貴莫自矜　　　　　　五臟病寒熱

　　　　　　　　　　　　李肇源(1758~1832),『玉壺集』권1

1-04-04-05 田家夏日雜謠 三首

1-04-04-05-01
南瓜葉底小兒啼　　　　羅祿田深不辨堤
太末羣飛炊麥竈　　　　田家屋子弑低低

1-04-04-05-02
鷄膓籬落濕螢飛　　　　慧黠鳴梭促織機

燒草驅將蚊子去　　　　　地膚叢下熨生衣

1-04-04-05-03
栗毬如蝟鳳仙紅　　　　　磟碡場閒息老翁
瀉灘雙雙瓜蔓水　　　　　蜻蜓隊隊荳花風

　　　　　　　　　李象秀(1820〜1882),『峿堂集』권2

1-04-04-06 百五田歌

石門架空上通天　　　　　下有一百五區田
丹臺仙子一百五　　　　　一人一區耕山巓
鏗鎗石鼓齊衆力　　　　　咸池福習來率職
瓊山瑞禾長五尋　　　　　帝下紫府頒玉食
得嘗一粒恒不饑　　　　　飜形輕骨顏色怡
聞此不覺深呇呇　　　　　安得化爲萬顆壽民
丹而令海內黔首　　　　　人人朝噉而暮飡
人生有樂永無苦　　　　　赤子蠢蠢充區宇
形全神守無外馳　　　　　縱有爪牙安所施
仙乎我將棄拘攣　　　　　願負耒耟受一塵

　　　　金允植(1835〜1922),『雲養集』권1,〈濕遊漫吟〉

1-04-04-07 田家雜謠(5)

1-04-04-07-01
山下人家各掩扉　　　　　隔林燈火遠依微
夜深知有狸兒過　　　　　南舍羣雞北舍飛

1-04-04-07-02 其二
甕有新醪飯有鹽　　　　　閑愁不遣上眉尖

大兒十五身齊戶　　　　　鋤手今年一個添

1-04-04-07-03 其三
山下人家溪上堤　　　　　堤邊小路路中泥
暫出門前問行子　　　　　中州米價近高低

1-04-04-07-04 其四
騎竹兒童一事無　　　　　生來不讀半行書
等閑訑與隣家子　　　　　今歲爺孃許作襦

1-04-04-07-05 其五
爭言太守上官新　　　　　鼓吹喧喧擁後塵
田舍老翁搔首道　　　　　使君多是覓錢人

　　　　　　　　　　吳尙濂(생몰미상),『燕超齋遺稿』권1

1-04-04-08 田家
犬吠籬邊草沒家　　　　　雙雙蝴蹀菜園花
野翁薄暮思僮僕　　　　　出候荊扉到日斜

　　　　　　　　　金集(1574~1656),『愼獨齋先生全書』권1

1-04-04-09 田家詞 十二首

1-04-04-09-01 布穀
布穀布穀　　　　　　　　穀穀復穀穀
甘雨從東來　　　　　　　點點皆霂霖
泉活土脉肥　　　　　　　村村相喜色

1-04-04-09-02 虭泉
虭泉虭泉　　　　　　　　阿翁虭澗泉

溝塍紛繡錯　　　　　　高田與平田
連筧灌水注　　　　　　潤土流涓涓

1-04-04-09-03 飼牛
飼牛飼牛　　　　　　　牛瘠苦未健
大男爾飯牛　　　　　　且去登山阪
一日數畒耕　　　　　　努力荒田墾

1-04-04-09-04 播種
播種播種　　　　　　　粒粒種入土
種之以擧趾　　　　　　培埴諒勤苦
烏鳶求餘啄　　　　　　聊眂田間樹

1-04-04-09-05 饁畒
饁畒饁畒　　　　　　　婦餉耘田夫
麥食充爾筥　　　　　　濁酒盛爾壺
醉睡起提鋤　　　　　　農謳相應呼

1-04-04-09-06 穰田
穰田穰田　　　　　　　餅酒雜豚蹄
風雨不害稼　　　　　　嘉禾盈我畦
賽神鳴土缶　　　　　　髻白同扶携

1-04-04-09-07 田畯
田畯田畯　　　　　　　職事念毋惰
民工不可違　　　　　　時葤芒種過
羊酒以相勞　　　　　　課農循民舍

1-04-04-09-08 洗鋤

洗鋤洗鋤　　　　　　畢耘洗其鋤
試看三耘後　　　　　苗長立不跣
只可以休歇　　　　　身力稍得舒

1-04-04-09-09 築場

築場築場　　　　　　場草芟蕪穢
甌窶蒲我篝　　　　　男負女亦戴
不稼焉取禾　　　　　歲功於斯在

1-04-04-09-10 杵婦

杵婦杵婦　　　　　　相杵以作歌
千杵又萬杵　　　　　一甌出米多
出米多如此　　　　　卒歲奈樂何

1-04-04-09-11 上倉

上倉上倉　　　　　　好米先上倉
賦稅無虧逋　　　　　私債復可償
吾責方始了　　　　　然後計家糧

1-04-04-09-12 公讌

公讌公讌　　　　　　歲成告厥功
太守與民樂　　　　　躋彼公堂中
稱觴獻眉壽　　　　　且願年年豊

南漢紀(1675~1748)『奇翁集』 권1

1-04-04-10 田家三絕(3)

1-04-04-10-01
薄暮萋萋雲氣多　　　東風吹雨過山阿
極知甘霖農家慶　　　桃李花殘亦奈何

1-04-04-10-02
老翁臥聽簷頭滴　　　約束家人且小眠
明朝好借東家犢　　　耕盡山南十畝田

1-04-04-10-03
春雨朝來恰一犁　　　垂楊弄色蔭前溪
鄰家老婦當門語　　　岸上高田麥欲齊

　　　　　　　　　金聖鐸(1684~1747),『霽山先生文集』권1

1-04-04-11 田家

耕田賣田糴　　　來歲耕何地
願生伶俐兒　　　學書作官吏

　　　　　　　　　李亮淵(1771~1853),『大東詩選』권8

1-04-04-12 田歌

點檢一日內　　　眠食吾事畢
今日如昨日　　　明日如今日
日去日又來　　　恐恐惟或失
聖凡與貴賤　　　其生則如一
然其爲生理　　　不獨於此必
寧可無眠食　　　不可無仁術

眠雖在我爲	食必資人出
倘或出不仁	其食元非吉
夫子云去食	覺後儘微密
人若知斯義	每飯必兢慄
哀彼營食者	分外恒汨汨
粱肉與疏糲	不過充腹實
云胡忘此理	恥辱都不恤
我田我且畊	身勞心則佚
樂哉惟食力	入口甘如蜜
藹藹又渾渾	春風盈我室

朴宗永(1804~1881), 『松塢集』 권6

1-04-04-13 田舍雜咏(30)

1-04-04-13-01
天地容寬此一身	堯民耕鑿又新春
鼗鳴楡社花將渥	且趁今閑作醉人

1-04-04-13-02
土性自殊我驗多	某田宜黍某田禾
經年農器今皆鈍	新買鋤犁向市過

1-04-04-13-03
糞壤灰堆縱復橫	田間始出叱牛聲
官倉糶麥新求種	閏歲春寒帶雪耕

1-04-04-13-04
山下昨耕三歲畬	纔耘宿草復如初

稚苗間雜芒針細　　爲戒新傭善運鋤

1-04-04-13-05
昨日春山採荣歸　　二眠纔過又蠶饑
携筐急向桑田去　　已被隣娥摘葉稀

1-04-04-13-06
多多摘繭斗箱盈　　手美繅車百轉鳴
辛苦成絲春市賣　　門前要歇索租聲

1-04-04-13-07
庭輸刈麥不辭勞　　手裡連枷打得豪
叵耐山僧來乞厚　　背荷一甕極淡醪

1-04-04-13-08
旱得甘澍喜欲狂　　爭先移插綠針秧
無牛最晚空歎息　　閑走陂間撫草長

1-04-04-13-09
苦雨零零漏淺茅　　壁掩衣濕掛蠨蛸
懶汲婢兒愁饌具　　無端走厠折新匏

1-04-04-13-10
鋤揮乾壞種新菘　　爲防鷄兒綴棘叢
叢潤鷄偸菘葉盡　　辛勤虛種責山僮

1-04-04-13-11
黃昏牽犢返村閭　　淪淪月痕生後渠

大椀盛團麤麥飯　　　　葱靑蒜白又苽菹

1-04-04-13-12
飢殯渴飮我惟知　　　　一曲農謠笑啞咿
楚楚家中何所有　　　　牛欄豚柵伴鷄塒

1-04-04-13-13
豆其禾穗繞田廬　　　　耘訖前溪洗舊鋤
相携農伴歸閑語　　　　爾稼吾耕較孰如

1-04-04-13-14
早黃稻隴若金堆　　　　洗鼎山妻笑暫開
鳥雀不知辛苦力　　　　百群啄啄驅還來

1-04-04-13-15
鷄欲祭先狗餉姑　　　　田家別味淡如無
曬乾匏片爲冬菜　　　　次向前籬復斷壺

1-04-04-13-16
新稻飯香佐軟靑　　　　經霖病胃賴玆醒
更看稚子懷山果　　　　梨大柿甘栗半靑

1-04-04-13-17
犢褌換着野擔挑　　　　稚子呼涼撫髮髺
婦女扱裙侵暮返　　　　白綿花雜紫蕃椒

1-04-04-13-18
家人勸我出看疇　　　　纔刈荳莖又種麰

終是書生迂稼務　　　臨田强嚄沒因由

1-04-04-13-19
晴日斜禾晚鋪庭　　　雛鷄竊啄轉如鈴
忽然仰面農奴走　　　遙指雲邊雨點零

1-04-04-13-20
新嫁婦兒不慣舂　　　高低踏脚却羞容
携燈叱叱姑聲大　　　明日耕田早飼傭

1-04-04-13-21
日曝霜花晚拾來　　　綿弓彈出白雲堆
如何又作風吹去　　　瞥地團成種種埃

1-04-04-13-22
山田露白曉鎌禾　　　車載猶餘背負過
日暮掃場輪打盡　　　傭人誇說斛收多

1-04-04-13-23
鳴梭軋軋百千廻　　　惶恐大人斷正催
乳穉不知阿母苦　　　啼飢匍匐上機來

1-04-04-13-24
長霖經夏絶薪炊　　　蒸盡槎莖又撒籬
事歇田家樊圃計　　　青山永日斫松枝

1-04-04-13-25
五味要和助膳羞　　　軟蒸笮取二麻油
早霜麻病油因少　　　別是冬燃未繼愁

1-04-04-13-26
涓期乘屋責宵綯　　　　　　分付傭人厚覆茅
葺後巡簷猶有悔　　　　　　天寒手澁未堅牢

1-04-04-13-27
田收餘穀盡登場　　　　　　庭樹風號曉打霜
前市買來爐與席　　　　　　新塗窓紙曬秋陽

1-04-04-13-28
秋登禾稼已盈囷　　　　　　薦廟歸來又賽神
次取羸餘了公稅　　　　　　人間快活屬吾身

1-04-04-13-29
山樵路遠日將曛　　　　　　又是天寒雪壓斤
柴貴彷徨龜兩手　　　　　　無寧去作夏畦耘

1-04-04-13-30
在堂蟋蟀歲云征　　　　　　已把農車稅福衡
忖蠟烹炰爲饗具　　　　　　願言祝上日稱觥

　　　　　　　　　　　　　朴宗永(1804～1881), 『松塢集』 권3

1-04-04-14 田家吟

田家魚夢卜多吉　　　　　　喚耦來耕南陌園
煎茶鼎接紅花塢　　　　　　灌稻泉生白石根
春秧移水碧盈野　　　　　　秋稼濃雲黃滿原
布穀啼聲聞各處　　　　　　康衢烟月太平村

　　　　　　　　　　　　　金進源(1872～?), 『石我文集』 권1

1-05 기타

1-05-01 풍년가

1-05-01-01 豊年歌

湖山野史云 純組時 比歲年豊四方無事 野民歡樂作豊年歌 而相和以豊年 鳥飛入爲後念

豊年鳥入樂豊年	一世升平盡息肩
女悅男欣無疾病	家家鷄犬足春烟

崔永年(1856~1935), 『海東竹枝』中編, 「俗樂遊戲」

1-05-02 각 지역 농가

1-05-02-01 後野農歌

農務村村急	謳歌處處同
咿嚘相唱和	鼓舞更怡融
周雅豊年頌	康衢擊壤翁
太平眞有象	慶曲繼二風

郭說(1548~1630), 『西浦集』 권7, 〈嘉平八景〉 제6수

1-05-02-02 後野農歌

花滿前山水蒲塘	農歌處處興洋洋
太平氣衆眞堪賞	終作豊年頌我王

郭說(1548~1630), 『西浦集』 권4, 〈星山八景〉 제4수

1-05-02-03 浦口農歌

姑能引井急蒸梨　　　翁自扶犁競嘶陂
晚際一聲相勸力　　　太平形象占東菑

* 東浦十六景 幷序
  前承東浦之命 卽草荒拙之句東西相阻久辱 謬屬每懷惶恐 今書舊作仰陳几
  案 非敢爲詩 只謝稽罪而已

　　　　　　河受一(1553~1612),『松亭先生文集』권2,〈東浦十六景〉제10수

1-05-02-04 酒坪農歌

自將饘粥度朝昏　　　汗滴田中不廢耘
謳處只緣愁苦遣　　　華堂還作好音聞

　　　　　　李慶全(1567~1644),『石樓遺稿』권2,〈知足軒八詠〉제4수

1-05-02-05 月坪農謠

山下平郊生計饒　　　春耕秋穫暮兼朝
皞皞熙熙咸自樂　　　前村明月聞童謠

　　　　　　姜士龍(1573~1673),『杏亭先生遺集』제1책,〈杏亭雜詠二十絕〉제10수

1-05-02-06 麻谷農歌

秋來禾黍匝平原　　　壟上村歌日夕喧
不是伶園新別曲　　　聲聲渾似感君恩

　　　　　　金弘郁(1602~1654),『鶴洲先生文集』권5,
　　　　　　〈次朴慶州睡隱弘美丹丘八景韻〉제6수

1-05-02-07 綠野農歌

力穡工夫赳夏多　　　四郊齊唱樂鋤禾

莫言啁哳聲非正　　　　　　可和康衢擊壤歌
　　　　　　　　李重明(1605~1672), 『安谷集』 권2, 〈安谷八景〉 제4수

1-05-02-08 籠巖農歌

蒼生藥係三農處　　　　　　處處田歌便是豊
我欲採謠陳聖主　　　　　　村腔亦與政相通
　　　　　　　金命龍(1606~1667), 『瀨西先生文集』 권2, 〈次洪淸叔曘十景韻〉 제3수

1-05-02-09 籠巖農歌

處處田歌起野農　　　　　　聲聲自是願年豊
誰將數曲艱艱意　　　　　　更綴豳風作一通
　　　　　　　洪昇(1612~1648), 『鼎厓先生文集:附錄』 권1,
　　　　　　　〈次蔚山使君全伯俞命龍甫村十景韻〉 제3수

1-05-02-10 南畝農歌

民事如今雨後加　　　　　　旣勸收麥又鋤禾
康衢擊壤歌聲發　　　　　　爲問田家樂若何
　　　　　　　鄭弘鉉(1621~1698), 『沙浦先生遺集』 제1책, 〈追次雲溪堂八景〉 제4수

1-05-02-11 午橋農唱

綺錯溝塍接短橋　　　　　　農謳亦足採風謠
野人不識高低韻　　　　　　只祝玄都玉燭調
　　　　　　　姜錫圭(1628~?, 1654년 진사), 『聱齖齋集』 권1,
　　　　　　　〈扶蕷鄭奉事益醉默軒八詠次韻〉 제3수

1-05-02-12 後野農歌

雨霽江山天氣新　　　農歌齊起後溪濱
誰知粒穀皆辛苦　　　我欲聞之肉食人

　　　　　　南天祐(1628~1709), 『新安世稿續』, 〈十二詠〉 제6수

1-05-02-13 西郊農唱

西郊一面稻畦多　　　千頃黃雲十里波
皡皡吾民太平像　　　斜陽處處起農歌

　　　　　　鄭楫(1645~1729), 『四無齋詩稿』 권1, 〈次敬甫安谷幽居八景〉 제1수

1-05-02-14 南畝農謳

黃梅雨新歇　　　土皷發家家
田謠千百種　　　愛聽山有花

　　　　　　金昌翕(1653~1722), 『三淵集遺稿』 권2, 〈竹林亭八詠〉 제3수

1-05-02-15 午橋農唱

綺錯溝塍接短橋　　　農謳亦足採風謠
野人不識高低韻　　　只祝玄都玉燭調

　　　　　　姜錫圭(1628~?, 1654년 진사),
　　　『鼇蚜齋集』 권1 〈扶蘇鄭奉事益相醉默軒八詠次韻〉 제3수

1-05-02-16 平村農謳

東謳西唱一時起　　　漠漠田疇十里郊
峽俗不知蒙帝力　　　歌辭寧解頌唐堯

　　　　　　河世應(1671~1727), 『知命堂遺集』 제1책, 〈次申國叟德川八景韻〉 제8수

1-05-02-17 潁野農歌 爲賓予作

東阡北陌起農歌　　　今歲田功箇裏多
宮濁商淸渠豈解　　　心和然後自聲和

　　　　　權相一(1679~1759),『淸臺先生文集』권1,〈石村八景〉제6수

1-05-02-18 道坪農唱

禾黍穰穰平野廣　　　農人處處齊聲唱
不分淸濁宮商音　　　宛見唐虞熙皥像

　　　　　權相一(1679~1759),『淸臺先生文集』권4,〈近嵒村十二景〉제7수

1-05-02-19 平郊農唱

長郊秧馬簇如雲　　　素帕靑簑什百羣
最是扶蕪謠俗在　　　山花舊曲詎堪聞

　　　　　姜必愼(1687~1756),『慕軒集』권3,〈素履亭八詠〉제7수

1-05-02-20 大坪農唱

慢聽迎陽曲　　　平知捲露聲
吹唇鋤勢急　　　已報水雞鳴

　　　　　權萬(1688~?),『江左先生文集』권1,〈金達夫草閣八詠〉제5수

1-05-02-21 吐坪農歌

靈雨旣零喜氣濃　　　延豐歌起夕陽風
郊原上下移秧急　　　饁女犁夫往返中

　　　　　朴亨東(1690~1740),『西岡文集』권1,〈丹邱八詠〉제4수

1-05-02-22 廣野農唱

茫茫大野東南坼　　　細雨分秧日日隨
多少女娘歌互答　　　北窓醒後臥聽宜

　　　　　呂弘耇(1692~1766), 『牧伴文集』 권1, 〈次裵季憲白山十事〉 제4수

1-05-02-23 後坪農歌

禾黍蒼然一望遙　　　耘歌亂逐野雲飄
爾曹但道田家樂　　　誰識平章有大堯

　　　　　鄭基安(1695~1767), 『晚慕子遺稿』 권8, 〈陶溪書堂八詠〉 제4수

1-05-02-24 大坪農歌

山雨報一犁　　　田翁歌擊壤
不知帝力何　　　但道桑麻長

　　　　　鄭昕(17세기), 『八溪鄭氏世稿』 권2, 『竹谷先生遺稿』, 〈三山八詠〉 제8수

1-05-02-25 前郊農謳

阡陌彌漫眼底橫　　　白頭還自歎吾生
謳歌未必緣乘興　　　隨遇生涯上下平

　　　　　楊道南(1624~1700), 『無禁堂先生文集』 권7

1-05-02-26 前郊農謳

無思無慮步東丘　　　倚杖時聽野老謳
莫把軒裳誇富貴　　　朝耕暮鑿更何求

　　　　　崔益重(1717~1788), 『負暄集』 권1, 〈竹林書堂八詠〉 제7수

1-05-02-27 夏坪農歌

乘閒乍出步前郊	序屬南風時仲夏
四野農歌歌太平	春臺煙月暢仁化

河載坤(1728~1773), 『山齋遺稿』 권1, 〈林谷書堂八景〉 제6수

1-05-02-28 雨浦農歌

極浦三農雨	高樓萬古心
人生須適意	令節又如今
北牖陶君酒	南風舜帝琴
田間三四曲	髣髴太平音

李重穆(1728~1803), 『九曲遺稿』 권1

1-05-02-29 梨亭農歌

聲似鵝羣下白波	城南兒女善農謳
爭先趁我公田意	聞說朝家減租多

李恒茂(1732~1799), 『濟庵文集』 권1, 〈濟洞十二景〉 제6수

1-05-02-30 吐坪農歌 丹溪東有吐坪郊

大火回杓因厥民	八家同井自相親
一行踏白鷺歌口	百畝告青雀躍身
北闕響騰堯舜聖	東軒聲入趙張循
鳴來杜皷登爾頌	始信南郊有脚春

柳翰成(1746~1802), 『安東金氏四世稿』 권3, 〈丹溪八景〉 제6수

1-05-02-31 松坡農談

西夕聽農談	味如稼穡甘

戴星驅健犢　　　　　　迎旭曬新蚕
張思敬(1756~1817),『耳溪先生文集』권1,〈道南書社 八景〉제7수

1-05-02-32 長鬐農歌 十章

1-05-02-32-01
麥嶺崎嶇似太行　　　　天中過後始登場
* 四月民間艱食 俗謂之麥嶺
誰將一椀熬靑麨　　　　分與籌司大監嘗
* 方言宰相曰大監

1-05-02-32-02
秧歌哀婉水如油　　　　嗔怪兒哥別樣羞
* 方言新婦曰兒哥
白苧新襦萬苧帔　　　　籠中十襲待中秋
* 黃紵布出慶州

1-05-02-32-03
曉雨廉纖合種煙　　　　煙苗移插小籬邊
今春別學英陽法　　　　要販金絲度一年
* 英陽縣產佳煙

1-05-02-32-04
新吐南瓜兩葉肥　　　　夜來抽蔓絡柴扉
平生不種西瓜子　　　　剛怕官奴惹是非

1-05-02-32-05
鷄子新生小似拳　　　　嫩黃毛色絶堪憐
誰言弱女縻虛祿　　　　堅坐中庭看嚇鳶

1-05-02-32-06
薆麻初剪牡麻鋤　　　　公姥蓬頭夜始梳
蹴起僉知休早臥　　　　風爐吹火改繅車
  * 方言家翁曰僉知 雖無職牒 亦得濫稱

1-05-02-32-07
萵葉團包麥飯吞　　　　合同椒醬與蔥根
今年比目猶難得　　　　盡作乾鱐入縣門

1-05-02-32-08
不敎黃犢入瓜田　　　　移繫西庭磈磊邊
里正曉來穿鼻去　　　　東萊下納始裝船
  * 下納者 嶺南稅米 牛下納輸日本 名之曰

1-05-02-32-09
菘葉新畦割半庭　　　　苦遭蟲蝕穴星星
那將訓鍊臺前法　　　　恰見芭蕉一樣靑
  * 京城菘葉 唯訓鍊院田最佳

1-05-02-32-10
野人花草醬罌邊　　　　不過鷄冠與鳳仙
無用海榴朱似火　　　　晚春移在客窓前

　　　　　　　　　丁若鏞(1762~1836), 『與猶堂全書』 제1책 권4

1-05-02-33 耽津農歌十章

1-05-02-33-01
臘日風薰雪正晴　　　　籬邊札札曳犁聲
主翁擲杖嗔傭懶　　　　今歲纔翻第二畊

1-05-02-33-02
稻田浉水須種麥　　　刈麥卽時還揷秧
不肯一日休地力　　　四時嬗變色靑黃

1-05-02-33-03
洌水之間丈二鍬　　　健夫齊力苦酸腰
南童隻手持短鍤　　　容易治畦引灌遙

1-05-02-33-04
穮蓑從來不用鋤　　　手挐稂莠亦須除
那將赤脚蜞鍼血　　　添繪銀臺遞奏書
＊ 銀臺用鄭俠事

1-05-02-33-05
秧雇家家婦女狂　　　不曾刈麥助盤床
輕違李約趨張召　　　自是錢秧勝飯秧
＊ 純以錢防雇者謂之錢秧 與之飯而減雇曰飯秧

1-05-02-33-06
豪家不惜萬緡錢　　　疊石防潮趁月弦
舊拾蜯蠃今穫稻　　　由來瀉鹵是腴田

1-05-02-33-07
懶習眞從沃壤然　　　上農猶復日高眠
楡陰醉罵移時歇　　　徐取一牛耕旱田
＊ 京畿旱田 皆用兩牛耕

1-05-02-33-08
陂澤漫漫不養魚　　　兒童愼莫種芙蕖

豈惟蓮子輸官裏　　　　　兼怕官人暇日漁

1-05-02-33-09
竹管鐵箸夾成丫　　　　　一穗須經一手爬
北方打稻皆全穗　　　　　豪快眞堪向汝誇

1-05-02-33-010
處處沙田吉貝宜　　　　　玉川春織最稱奇
那將碌碡輕輕展　　　　　落子調勻似置棋

　　　　　　　　丁若鏞(1762~1836), 『與猶堂全書』제1책 권4

1-05-02-34 屹坪農歌

憂中有樂發爲歌　　　　　功在工商較孰多
庶遂今年餺飥願　　　　　一犁甘雨况曾波

　　　　李若烈(1765~1836), 『訥窩文集』권4, 〈新安書社十詠〉제8수

1-05-02-35 江滄農歌(10) 並小序

江滄距府城南五里 地瀕海口 衆水匯焉 且農不啓 勞生理 難聊業 欲作江滄農歌 識其事 偶得丁籜翁著有耽津農歌十二章 曲盡農人情事 詞理微婉 深得風人之旨 卽同其意 爲江滄十章及南湖漁歌上東樵歌 共若干篇 令籜翁見之 雖其嶺海間闊 知我尙能爲此 過活則庶矣 肰竟不知何日 令籜翁見 知我不諉於籜翁如此云爾

1-05-02-35-01
秔稻生花草放緜　　　　　收藏容易晚秋天
農家恰有季時樂　　　　　新買江滄上上田

1-05-02-35-02
種稻不苗苦暵暘　　　　　貫田須得住江滄
秋來摠是蟬鳴熟　　　　　稻稜風前五里香

1-05-02-35-03
金佛橋前水漫坪　　　　　竹竿裊裊界膰平
飜畊正是波神助　　　　　力盡烏犍浮鼻行

1-05-02-35-04
家住臨江厥土泥　　　　　種田莫近蒜山隄
季來海水隨江水　　　　　醃死秧鍼萬萬畦

1-05-02-35-05
穧蓑從來不用鉏　　　　　近知風俗壬*音磧津如
刈田也是桱肩荷　　　　　散牧秋原一任渠

1-05-02-35-06
生小憐渠蹋糞蓄　　　　　春時滑澾涴腰肢
那將志脚蜞鍼血　　　　　徧繪夷中五字詩

1-05-02-35-07
稻田宜麥卽疏隄　　　　　秋夏應知地力齊
麥候滿天飄堀堁　　　　　稻時螽蛤踐如泥

1-05-02-35-08
江渚風煙孤草菴　　　　　可憐紅豆見江南
* 俗呼紅豆爲江南豆
農家不解相思意　　　　　只憶秋風炊飯甘

1-05-02-35-09
沙渚茫茫播稷平   一望一晦敻分朋
敎將碌碡輕輕碾   猶是沿江半日程

1-05-02-35-10
斗室欣欣歲熟禾   遺除種稅已無多
秋時徧是朱門面   十指差分奈爾何
                        李學逵(1770~1834), 『洛下生全集』 권上

1-05-02-36 屹坪農歌

隔溪何處送秧歌   花髻丰茸女伴多
昨夜春城犁雨足   水田分得白鷗波
            權顯明(1778~1849), 『竹下遺稿』 권1, 〈新安書社十一景〉 제9수

1-05-02-37 平郊農唱

大本人間莫若農   歌聲處處占時雍
男隨女唱昇平象   烟月堯衢一色濃
            宋奎弼(1780~1847), 『南皐文集』 권2, 〈高志亭八景次觀兒韻〉 제7수

1-05-02-38 廣野農歌

遍野熙熙擊壤歌   隨風嫋嫋入山阿
男歈女唱東南畝   盡出昇平氣像多
            安英老(1797~1846), 『勉庵集』 권1, 〈高山齋十六景〉 제9수

1-05-02-39 蓮塘農歌

水滿蓮塘宛轉通   秧歌處處願時豊

農談日夕林深處　　　　此意曾聞古晦翁

鄭泰桓(1805~1877), 『蒙養齋遺稿』 권1, 〈月岳精舍十景〉 제7수

1-05-02-40 宮坪農謳

雨歇烟郊草色遙　　　　田家衆耦出平朝
山氓鮮唱昇平曲　　　　倚杖聆來不寂寥

李熙奭(1820~1883), 『瑞樵遺稿』 권1, 〈僑長水長安洞詠八景 丙寅〉 제3수

1-05-02-41 秧畔農歌 早夏

肇夏秧初綠　　　　歌吟野色晴
吹籥連細曲　　　　擊鼓節長聲
迭唱農家說　　　　各言樂歲情
非徒渠自好　　　　聽者且和平

崔命河(1824~1886), 『東原世稿』 제5책, 「綺菴遺稿」, 〈剡溪四時八景〉

1-05-02-42 西郊農唱

鳩笻踈立夕陽皐　　　　綠笠靑簑擧趾高
昨夜南風時雨降　　　　夏畦雖病敢言勞

崔馨植(1825~1901), 『秋溪遺稿』 권1

1-05-02-43 下坪農謳

地匪康衢俗近堯　　　　耕多析出仲春朝
壤歌唱起無聲樂　　　　猶勝五音六律調

柳晉成(1826~1894), 『東溪文集』 권1, 〈三於亭十景〉 제7수

1-05-02-44 獐坪農歌

野老黃冠耕且哦　　　一生勞力敢云多
秋來辦得輸公賦　　　不問餘箱有幾何

徐璘淳(1827~1898), 『華軒遺稿:并附錄』 권1,〈百花亭六詠〉

1-05-02-45 西疇農談

散步西疇短杖依　　　量田灌漑老農知
地如甬掘分渠日　　　水似盤平下種時
向我休言三夏苦　　　爲君每切九秋思
也當八月仙風起　　　醉算觥籌交錯枝

朴文五(1835~1899), 『誠菴集』 권1,〈鹿郊五詠〉제3수

1-05-02-46 馬坪農歌

豆莢初肥雨後山　　　康衢一曲聽田間
依依墟落歸來晚　　　白板柴扉夜不關

宋殷成(1836~1898), 『白下文集』 권1,〈碧雲樓八景 在水落山〉제5수

1-05-02-47 兎階農歌

入農耳慣聽農歌　　　□□□□樂歲多
和來土鼓頻催稼　　　散雜桔槹亂踏波
唱罷婦炊黃麥飯　　　曲淸兒舞碧煙簑
康衢遺響今梧野　　　耕鑿平安帝力何

蔡相學(1837~1927), 『海齋遺稿』 권1,〈梧根八景〉제6수

1-05-02-48 柳坪秧歌

山雨初收日正斜　　　四郊豐樂動秧歌

傷心千載箕封國　　　　麥秀蕲蕲奈爾何

　　　　張升澤(1838~1916), 『農山先生文集』 권2, 〈磊陽精舍十詠壬子〉 제7수

1-05-02-49 霽溪農歌

風自南來日欲西　　　　農歌兩兩發於畦
移秧時急無男女　　　　隴上乳兒覓母啼

　　　　李震久(1840~1911), 『石松堂遺稿』 권1, 〈謹次先祖五宜亭八詠韻〉 제3수

1-05-02-50 石坪農謳

耕中餒是仕中祿　　　　甘樂平生餐與粥
擊壤農歌歌太平　　　　繁音何必聽絲竹

　　　　李元馥(1842~1886), 『菊圃遺稿』 권1, 〈敬次棠厓閔公八景韻〉 제4수

1-05-02-51 杏坪農歌

上距唐虞歲幾何　　　　今人猶唱古衢歌
谷中響應青山動　　　　世外忘機白日斜
野老揮鋤翻舞袖　　　　村童擊節吹蘆笳
不妨攪起雲窓夢　　　　聽罷悠然趣味多

　　　　朴時燦(1842~1905), 『蓮溪文集』 권1, 〈蓮溪精舍八詠〉 제5수

1-05-02-52 前坪農歌

一曲淸溪抱　　　　四圍疊嶂峨
居人勤稼穡　　　　時聞伐檀歌

　　　　閔致亮(1844~1932), 『稽樵文集』 권1, 〈次澤存齋八景韻〉 제8수

1-05-02-53 鸛坪農謳

五景鸛坪日晚斜　　　農謳起處自相誇
筒中畵出昇平像　　　樂歲吾生食力加

　　　　　　白樂元(1847~1916), 『晚悔堂遺稿』 권1, 〈晚悔亭八景〉 제5수

1-05-02-54 荏坪農歌

雨露禾麻佳氣多　　　生涯耕作樂無佗
山居不識桑溟變　　　猶唱先天擊壤歌

　　　　　　孫亮大(1848~1931), 『晦山集』 권1, 〈詩山八景〉 제8수

1-05-02-55 德坪農歌

野老爲聲摠是歌　　　桑麻雨露曲中多
田村習尙無閒食　　　終歲勤功較若何

　　　　　　崔元根(1850~1923), 『二山文集』 권1, 〈又賦八景〉 제8수

1-05-02-56 柳坪秧歌

秧欲充郊日漸斜　　　今人猶唱古時歌
老農預占豊年兆　　　爲語傭輩喜若何

　　　　　　崔元根(1850~1923), 『二山文集』 권1, 〈次農山齋十詠〉 제7수

1-05-02-57 平郊農謳

天暖風和是太平　　　春郊處處手愁聲
東家新釀西疇饁　　　濁酎無巡盡日傾

　　　　　　林寘民(1853~1925), 『林子遺書』 권8

1-05-02-58 永坪農歌

憫農古調永坪歌　　　　　秧雨炎天五月多
欲知勤苦蒼生業　　　　　圖畵豳風不外他
　　　　　　權直熙(1856~1913), 『錦里文集』 권1, 〈三山齋十景 選八〉 제8수

1-05-02-59 四野農歌

田家苦樂發爲歌　　　　　月墅風郊響晩挓
爲君一唱豳詩頌　　　　　謠俗能令導氣和
　　　　　　沈相吉(1858~1913), 『伊山文集』 권1, 〈道川亭十宜詠〉 제7수

1-05-02-60 剡坪秧歌

稻陂雨洽水鷄鳴　　　　　秧馬雙雙唱好聲
一飽飢腸然後樂　　　　　書生恨不早歸氓
　　　　　　白淳愚(1863~1942), 『某山文集』, 〈謹次紫巖八景韻〉 제4수

1-05-02-61 棗亭農歌

時雨耕家夜夜多　　　　　枌陰樽酒醉無何
康衢舊俗猶餘在　　　　　兩兩成羣自樂歌
　　　　　　閔致琮(1865~?), 『花溪風謠』, 〈花溪十詠〉 제9수

1-05-02-62 棗亭農歌

棗亭上下水田多　　　　　望見未知人幾何
響遏征雲浮野外　　　　　聞來盡是太平歌
　　　　　　金容疇(1866~?), 『花溪風謠』, 〈花溪十詠〉 제9수

1-05-02-63 棗亭農歌

春及西疇作事多　　　田家食力不勤何
南阡北陌聲相應　　　裊娚猶傳擊壤歌

鄭敏錫(1866~?), 『花溪風謠』,〈花溪十詠〉제9수

1-05-02-64 塔郊秧歌

塔郊水色白如湖　　　百隊秧歌處處呼
大野渢渢開樂府　　　泰平烟月是康衢

裵炳元(1866~1930), 『晩山遺稿』 권1,〈兼山齋八景〉제7수

1-05-02-65 谷口農歌

峯回路轉幽　　　中藏子眞谷
百年耕讀地　　　至今有餘曲

金鎭宇(1867~?), 『素窩集』 권1,〈倣山雜詠 幷嶺內勝蹟〉제4수

1-05-02-66 松梁農歌

萬家同食一坪農　　　梁水源江日夜淙
願把康衢舍哺曲　　　遍均寰宇樂時雍

李種澤(1868~1914), 『愚亭文集』 권1,〈禮峰齋十二詠〉제5수

1-05-02-67 棗亭秧歌

入山開野好田多　　　跨有二州景幾何
秋雨初晴煙月白　　　本饒時興唱農歌

尹容洙(1868~?), 『花溪風謠』,〈花溪十詠〉제9수

1-05-02-68 棗亭農歌

雨後秧車日漸多　　　郊頭風物近如何
聲聲自得無爲樂　　　知是傳來擊壤歌

金容泰(1870~?), 『花溪風謠』, 〈花溪十詠〉 제9수

1-05-02-69 棗亭農歌

午天淸響入簾多　　　回首棗亭景若何
如海平田人似蟹　　　移秧步步太平歌

閔致溫(1872~?), 『花溪風謠』, 〈花溪十詠〉 제9수

1-05-02-70 寶村農歌

朝雨俄晴日正午　　　適時春及種麻禾
西邊招酒東邊饁　　　斜風遠送耘田歌

金泰錫(1872~1933), 『蘭溪遺稿』 권1, 〈蘭軒內八景〉 제5수

1-05-02-71 棗亭農歌

四畔棗亭入望多　　　田家物色近如何
一犁時雨三農足　　　子伴丰茸處處歌

林鍾斗(1874~?), 『花溪風謠』, 〈花溪十詠〉 제9수

1-05-02-72 棗亭農歌

匏樽筐饁載來多　　　犁雨前郊近景何
隴上行人多往杖　　　至今傳唱古豳歌

金大坤(1875~?), 『花溪風謠』, 〈花溪十詠〉 제9수

1-05-02-73 棗亭農歌

花甞丰茸女伴多　　　田家播種近如何
前宵犁雨三農足　　　風歇時來上世歌

姜禹欽(1875~?),『花溪風謠』,〈花溪十詠〉제9수

1-05-02-74 棗亭農歌

日夕棗亭野話多　　　桑麻時事近如何
南郊午饁田官喜　　　隊隊相傳擊壤歌

沈相福(1876~?),『花溪風謠』,〈花溪十詠〉제9수

1-05-02-75 愚野農歌

擊壤相傳上世歌　　　年年耕穫樂偏多
有時不掩天眞發　　　趁暮歸來月欲波

宋鼎學(1878~1955)『郁齋文集』,〈龍瀑洞八景〉제2수

1-05-02-76 棗亭農歌

桑麻四面野人多　　　夏事家家近若何
時雨前宵犁一足　　　棗亭上下和農歌

金守烈(1886~?),『花溪風謠』,〈花溪十詠〉제9수

1-05-02-77 棗亭農歌

一犁澍雨夜來多　　　上下平田稼穡何
於世未曾音律解　　　常常偏喜聽農歌

金昊根(1892~?),『花溪風謠』,〈花溪十詠〉제9수

1-05-02-78 草坪農歌

江上雨初晴　　　　　春靑遠野色
農歌何處起　　　　　多在平蕪陌

　　　　　鄭東煥(19세기 초), 『白洛遺稿』 권1, 〈白巖八景 左西湖牙山縣〉 제8수

1-05-02-79 店谷農歌

從鄰結耦月鋤禾　　　上下山田一瞬過
籬竹鳴雞頻報午　　　隴頭催出饁筐娥

　　　　　　　　　　文宣湖(고종 때), 『畏庵文集』 권1

1-05-02-80 梨野秧歌 夏

問君華屋暖紅氈　　　絲管風流知也無
不及水田三五頃　　　秧歌相應復相呼

　　　　　李壄(20세기 초), 『朗山先生文集』 권3, 〈寄題雲溪亭 附四時八景〉 제4수

1-05-02-81 鹿埜農歌

急流勇退卽歸農　　　布穀聲中友鹿蹤
秧畒耘疇風便響　　　綺筵不必聽歌鐘

　　　　　李柱陽(20세기 초), 『桂陽遺稿』 권1, 〈草心亭八景 金星奎〉 제8수

1-05-02-82 夏日農歌

吾鄕田土間山溪　　　唱出農家響不低
聲聲喚起太平像　　　從此吾民飢不啼

　　　　　姜文鉉(20세기 초), 『北溪遺稿』 권1, 〈本洞十景韻〉 제10수

초가 차례

2. 樵歌 : 나무꾼의 노래 ·····229

2-01 채취 노래 ·····229
2-01-01 풀 베는 노래 ·····229
2-01-01-01 折草 ·····229
2-01-01-02 折草 ·····229
2-01-01-03 折草 ·····229
2-01-02 나무 베는 노래 ·····230
2-01-02-01 臨河伐木歌 ·····230
2-01-02-02 伐木 ·····231
2-01-02-03 析木 ·····231
2-01-03 땔나무 하는 노래 ·····231
2-01-03-01 伐薪 ·····231
2-01-03-02 折薪行 ·····232
2-01-03-03 採樵吟 ·····232
2-01-03-04 採薪行 ·····233
2-01-03-05 採薪行 ·····234
2-01-04 갈대 꺾는 노래 ·····234
2-01-04-01 采葭謠 ·····234

2-02 나무꾼의 노래 ·····235
2-02-01 초부가 ·····235
2-02-01-01 樵夫行 ·····235
2-02-01-02 樵翁答問 ·····235
2-02-01-03 山中樵子歌 ·····236
2-02-01-04 樵兒歎 ·····237
2-02-01-05 樵夫詞 ·····237
2-02-01-06 樵童(2) ·····237
2-02-01-07 樵夫詞 ·····238
2-02-01-08 樵童唱酬 ·····238
2-02-01-09 樵奴詞 ·····239
2-02-01-10 樵夫歌 ·····239
2-02-01-11 樵父詞 ·····240
2-02-01-12 樵夫詞 ·····240
2-02-01-13 樵夫歌 ·····240
2-02-01-14 樵夫 ·····241
2-02-01-15 樵夫吟 ·····241
2-02-01-16 樵夫吟 ·····242
2-02-01-17 樵翁謠 ·····242
2-02-01-18 樵童 ·····242
2-02-01-19 樵夫歌 五絶 ·····243
2-02-01-20 樵夫 ·····243
2-02-01-21 樵夫歌 五絶 ·····244
2-02-02 초가 ·····244
2-02-02-01 樵歌 ·····244

2-02-02-02 次樵歌韵 …………245	2-03-01-13 山有花四曲 丁卯 ·264
2-02-02-03 醉樵歌 ……………245	2-03-01-14 聞山有花有感 并序265
2-02-02-04 樵歌 ………………245	2-03-01-15 山有花 *善山女香娘 臨
2-02-02-05 樵歌 ………………245	節時作比曲而死 其曲
2-02-02-06 樵歌 ………………246	甚俚故更作之 ……265
2-02-02-07 村歌 ………………246	2-03-01-16 山有花曲 四首 …266
2-02-02-08 聞樵歌 ……………246	2-03-01-17 夜聞隣人唱山有花有懷
2-02-02-09 獨樵歌 ……………246	却寄伯津(4) ………267
2-02-02-10 樵歌 ………………247	2-03-01-18 山有花 ……………268
2-02-02-11 樵歌(3) …………247	2-03-01-19 山有花曲 …………268
2-02-02-12 樵歌 ………………248	2-03-01-20 山有花後曲 ………269
	2-03-01-21 山有花 ……………269
2-03 산유화 ………………………249	2-03-01-22 山有花六曲 ………269
2-03-01 산유화가 …………………249	2-03-01-23 山有花 ……………270
2-03-01-01 山有花 ……………249	2-03-01-24 山有栖三章 ………271
2-03-01-02 山有花歌 …………249	2-03-01-25 山有花 ……………271
2-03-01-03 山有花歌吟(5) ……250	2-03-02 향랑요 ……………………271
2-03-01-04 山有花百濟舊曲也 有音	2-03-02-01 薌娘謠 ……………271
而無詞 戲效憶秦娥體	2-03-02-02 香娘詩 ……………274
爲之 ………………250	2-03-02-03 雙巖香娘 …………277
2-03-01-05 山有花三章 ………251	2-03-02-04 香娘 ………………277
2-03-01-06 山有花曲(9) ………251	2-04 기타 …………………………278
2-03-01-07 山有花 陋荒所謂山有花	2-04-01 산촌의 노래 ……………278
歌 俚而不雅 采詩者何	2-04-01-01 山中謠 ……………278
取 …………………255	2-04-01-02 山中歌謠十三章 …278
焉 遂廣其意作三章(3) …………255	2-04-02 각 지역 초가 ……………281
2-03-01-08 山有花女歌 ………256	2-04-02-01 蘆岸樵歌 …………281
2-03-01-09 山有花 ……………259	2-04-02-02 德山樵歌 …………281
2-03-01-10 於難難曲(9) ………260	2-04-02-03 後山樵唱 …………282
2-03-01-11 山花詞(15) 並序 …261	2-04-02-04 耳巖樵歌 …………282
2-03-01-12 聞李秀才唱予山花百濟	2-04-02-05 仙塢樵歌 …………282
詞有贈 ……………264	2-04-02-06 愚谷樵歌 …………282

2-04-02-07 北山焦歌 …………283	2-04-02-37 巇洞樵歌 …………291
2-04-02-08 薄暮樵歌 …………283	2-04-02-38 柯原樵歌 …………291
2-04-02-09 蘆岭樵歌 …………283	2-04-02-39 寒峙樵歌 …………291
2-04-02-10 石逕樵歌 …………283	2-04-02-40 鷲嵯樵歌 …………291
2-04-02-11 古徑樵歌 …………283	2-04-02-41 台峀樵歌 …………292
2-04-02-12 羊岘樵歌 …………284	2-04-02-42 鶴山樵歌 …………292
2-04-02-13 北嶽樵歌 …………284	2-04-02-43 晚風樵歌 …………292
2-04-02-14 南麓樵歌 …………284	2-04-02-44 台峀樵歌 …………292
2-04-02-15 短橋樵歌 …………284	2-04-02-45 鷹峯樵歌 …………293
2-04-02-16 路中聞樵歌 …………284	2-04-02-46 倜巖樵歌 …………293
2-04-02-17 金谷樵歌 …………285	2-04-02-47 鸛峯樵歌 …………293
2-04-02-18 大谷樵歌 …………285	2-04-02-48 鸛峯樵歌 …………293
2-04-02-19 遠山樵歌 …………285	2-04-02-49 道陽樵歌九章 …………293
2-04-02-20 笛洞樵歌 …………285	2-04-02-50 峯腰樵笛 …………295
2-04-02-21 凉谿樵歌 …………286	2-04-02-51 齊嶺樵歌 …………295
2-04-02-22 德城樵歌 …………286	2-04-02-52 八公樵歌 …………295
2-04-02-23 西山樵歌 …………286	2-04-02-53 八公樵歌 …………295
2-04-02-24 艮岑樵歌 …………286	2-04-02-54 八公樵歌 …………296
2-04-02-25 臥龍樵歌 …………286	2-04-02-55 八公樵歌 …………296
2-04-02-26 水山樵唱 …………287	2-04-02-56 芝嶝樵歌 …………296
2-04-02-27 上東樵歌(8) …………287	2-04-02-57 鷗谷樵歌 …………296
2-04-02-28 曲磴樵歌 …………288	2-04-02-58 松亭樵歌 …………296
2-04-02-29 薄暮樵歌 …………288	2-04-02-59 牧谷樵歌 …………297
2-04-02-30 青門樵謳 …………288	
2-04-02-31 碭岘樵歌(4) …………289	
2-04-02-32 陽坡樵歌 …………290	
2-04-02-33 角山樵唱 …………290	
2-04-02-34 孝峯樵歌 …………290	
2-04-02-35 台峀樵歌 …………290	
2-04-02-36 後山樵歌 …………290	

2. 樵歌 : 나무꾼의 노래

❈ 2-01 채취 노래 ❈

2-01-01 풀 베는 노래

2-01-01-01 折草

朝折草上山阿　　　　　曉色曚曚迷宿莽
暮折草下山阿　　　　　里巷家家扃外戶
草頭濃露濕短衫　　　　草間惡虫螫兩股
石逕嵯嵯泥又滑　　　　負重身疲或顚仆
問汝折草何所爲　　　　秋爲種麥春秔稌
秔稌如山麥如雲　　　　收聚穰穰滿倉庾
但願雨暘時若官吏賢　　區區自勞何足苦

李簠(1629~1710), 『景玉先生遺集』 권1

2-01-01-02 折草

春草漸長四月天　　　　田家是事最爭先
靑山斫盡斜陽夕　　　　酒後街謠話有年

柳晉成(1826~1894), 『東溪文集』 권1

2-01-01-03 折草

山深四月草連雲　　　　不惜春光與衆分

十二肩車擔夯重	一年收效一朝勤

郭鍾錫(1846~1919), 『俛宇集撮要』 권1, 〈幽僑日用三十詠〉 제13수

2-01-02 나무 베는 노래

2-01-02-01 臨河伐木歌

臨河山木幾千章	臨河山水阻且長
公私材用日流下	齊民久已困輸將
積潦今年連數月	沿江一帶開溟渤
人畜漂流慘見聞	陵谷變遷駭心目
原野初來稼欲穰	一朝渾成沙礫場
田家四野哭相向	秋來下戶多流亡
承流自是太守職	其奈越視秦人瘠
無人作圖獻君門	安得离明照蔀屋
無田有稅亦太冤	杼軸其空悲篔飧
仍舊何妨魯長府	擧贏還作韓高門
徵發疲氓孰敢後	滿山丁丁雷萬斧
大者連抱小合圍	短數十尺長丈五
十牛回首萬夫呼	終朝薄夜無時休
陸行一日未十里	力盡拽下前江流
今年木綿花不實	十月霜風寒砭骨
兩脚殷血十指皸	下灘上灘聲窸窣
人情勞苦必呼天	里胥因緣競索錢
井落囂然若經亂	剜肉醫瘡更堪憐
江邊腐儒日無事	倚杖江邊空涕泗

還嗟所憂非我力　　　不如穩睡烏皮几
　　　　　　　　　　　李栽(1657~1730), 『密菴先生文集』 권1

2-01-02-02 伐木

天陰雪欲作　　　　　曖曖山村暮
野人念無薪　　　　　不惜園中樹
揮斧咢數聲　　　　　老幹隨手仆
擔曳入中庭　　　　　細斫成一聚
匪惟供一爨　　　　　數日亦堪度
念玆始徑寸　　　　　幾年長雨露
盛夏枝葉茂　　　　　淸陰可十步
鬱鬱霜雪姿　　　　　亭亭棟樑具
不得盡天年　　　　　傷哉亦有數
　　　　　　　　　　　金履萬(1683~1753), 『鶴皐先生文集』 권2

2-01-02-03 析木

提攜我斧氣偏雄　　　不向佗山試禹功
憐爾年深棟梁質　　　一遭恢刀便心通
　　　　　郭鍾錫(1846~1919), 『俛宇集撮要』 권1, 〈幽僑日用三十詠〉 제14수

2-01-03 땔나무 하는 노래

2-01-03-01 伐薪

伐薪南山側　　　　　山險薪亦稀
盡日不成束　　　　　嘆息淚盈衣

蜿蜒披何物　　　　　　牙角撅林巒
我欲拂虹匣　　　　　　一斫良非難
霜露滿天地　　　　　　蛟龍秋水寒

金景溭(1680~1722),『聞韶世稿』권20

2-01-03-02 折薪行

郡國不但乏斗斛　　　　無有一山植草木
況經春蟲松樹死　　　　山谿盡日稀樵牧
長欑少婦行採根　　　　塚上無復春艸綠
野老行泣驅不得　　　　日暮獨向山中哭
願聞官家修舊典　　　　重令士庶設板屋
老夫不用房突燠

權攄(1713~1770),『震溟集』권4

2-01-03-03 採樵吟

陟彼高岡上　　　　　　採樵有所思
弱齡欲求道　　　　　　父師勉日孜
箴戒不敢忘　　　　　　愚魯庶可移
一朝奄見背　　　　　　踽涼此何斯
漢祚終難復　　　　　　周黎靡子遺
猗歟萬歲烈　　　　　　哀哉五國羈
詩書爲世諱　　　　　　詖淫競新奇
隱居守吾志　　　　　　晦身何所宜
夫須舊都笠　　　　　　布撮小髻緇
紇干凍殺雀　　　　　　樂處不自知

不黃是何草	陵茗嗟已衰
沉晦乃能免	苟全亦可悲
投篇把鎌倦	獨行任所之
採薇或登岀	拾絮更水湄
空谷秋葉滿	綠陰春日遲
黃鳥如有喜	遊鹿不復疑
采采炊未足	晨出暮歸時
墻東僧牛子	吳門變名誰
歸潔其身已	不求足生涯
我屋何處住	嶺上白雲隨
朝采夜而讀	可謂樂在其
征邁無忝訓	先獲不我欺

金在洪(1867~1939),『遂吾齋集』권1

2-01-03-04 採薪行

腰佩短鎌上翠微	屈曲層峰似龍蟠
前生不知何因果	年少長安白玉鞍
伐木丁丁雲更幽	空谷暗暗日影闌
汗流沾角巾	長嘯憩石欄
短笛俄來芳草岸	長歌忽入碧松巒
生涯兼致有漁兄	垂釣淸溪臨石盤
閨妻亦耐爨炊苦	貿土庭除種穊蘭
可笑長安名利客	不知宦海回狂瀾
歸家脫卸月皎皎	四隣農談轉淸閒

閔丙稷(1874~1938),『悟堂集』권2

2-01-03-05 採薪行

青石礧礧黃茅短	樵翁把鎌衝寒霜
手凍無力强揮之	确确觸石生電光
觸石鎌易破	採薪苦恨長
終日辛勤不成束	行歌行哭下山陽
五更起向長安市	長安曉色猶蒼蒼
炭車塞塗薪直賤	賣薪得錢不盈囊
去年取贏聊卒歲	今年十月寒無裳
寒無裳可奈何	年年負薪背上瘡
誰勸吾王畫井田	使我長厭稻與粱

작자미상(1630년대 이후), 『淵雷齋遺稿』

2-01-04 갈대 꺾는 노래

2-01-04-01 采葭謠

采葭復采葭	葭在山之陰
團團含雨露	箇箇吐丹心
安得薦金盤	拜獻天門深

權濂(1701~1781), 『厚庵集』 권1

2-02 나무꾼의 노래

2-02-01 초부가

2-02-01-01 樵夫行

昨日南溪南	今日北溪北
採薪還負薪	力疲閒不得
憔父向余言	此意人不識
雖云採薪苦	亦有採薪樂
平生山峽間	採薪是吾役
利斧與利鎌	狂歌入深谷
四顧無所見	蒼蒼林木束
斫之斫滿意	多少隨我力
歸來白雪中	落照柴門夕
我室土突溫	我釜豆粥熟
土突煖我身	豆粥飽我腹
身煖寒不憂	腹飽貧亦足
我聞樵父言	一笑一歎息
嗟我迷不復	十年趁紫陌
歸田苦不早	昨非今始覺
我與爾相好	分山不負約

洪錫箕(1606～1680), 『晩洲遺集』 권5

2-02-01-02 樵翁答問

問樵翁
天寒日暮山谷裡　　　胡爲遑遑行未已

霜濃木石滑　　　　　　雪甚風刀利
腹飢膚折擔肩頹　　　　何乃自苦至於此
樵翁答
一生生事只甑石　　　　我是野人本勞力
我朝出伐薪　　　　　　我夕歸煮稞
我雖勞力不勞心　　　　猶勝風塵名利客
名利客
雖有文繡榮其軀
金石美其輝　　　　　　照耀乎皇都
不過勞心勞力紛紛然　　昏夜乞哀者
何曾比於擔負吾　　　　吾雖擔負心則安
不願奔走朱門途　　　　朱門途笑矣乎
朱門之所貴　　　　　　朱門能賤之
何如無憂無樂　　　　　採山釣水而魚鳥爲友于

　　　　　　　　　　　鄭昌冑(1608~1664),『晚洲集』권3

2-02-01-03 山中樵子歌

丁丁響在寒山陰　　　　谷音互答風林動
不知山蹊深幾重　　　　但見夕霧生巖洞
霧中隱隱有行人　　　　雪擁擔肩肩正聳
此厺山村應不遠　　　　寥寥一犬松下吠
日斜童稚爭候門　　　　溪澗回回一逕細
樵歌漸近砧杵停　　　　笑道有薪可炊黍
山間生事此亦足
君不見　　　　　　　　長安市上薪如桂

　　　　　　　　　　　鄭昌冑(1608~1664),『晚州集』권3

2-02-01-04 樵兒歎

樵兒曉入山	山路氷雪滑
草履鍼棘穿	石角鉤衣裂
脚澁畏顚仆	手凍艱採薪
採薪不滿擔	歸遭家長嗔
昨日風正惡	今日雪又飛
日日每如此	何日寒解圍
腰鎌復上山	强歌聲無懽
聲無懽意甚苦	鳴呼足悲酸

李簠(1629~1710),『景玉先生文集』권1

2-02-01-05 樵夫詞

靑靑南山松	上疎無低枝
腰斧日己久	難易皆自知
尋逕時獨往	日暮隨伴歸
陰風夜來急	白雪覆茅茨
炊烟曉不起	穉子寒無衣
薪樵豈有窮	生理轉艱危
攜家在城市	始覺夙計非

李東標(1644~1700),『瀨隱集』권1

2-02-01-06 樵童(2)

2-02-01-06-01

樵童歌絶壁	遙看若飛仙
堪笑空齋客	獨吟日似年

2-02-01-06-02 其二

嗟君生世晩　　　　　未入竹林仙
多少無窮意　　　　　長歌惜暮年

　　　　　　　　　洪胄華(1660~1718), 『晩隱遺稿』 권1

2-02-01-07 樵夫詞

抱斧牛亦駕　　　　　白犬先我行
隔樾聞虎豹　　　　　山氣晦復明
層崖松栢老　　　　　丁丁響滿谷
薪多氣力疲　　　　　下飮深潭曲
皤皤兩仚翁　　　　　無乃赤松子
雲枰鬪黑白　　　　　柯爛忘家累
仙鄕歲月遲　　　　　人世丘陵陊
何處是墟里　　　　　千年但流水

　　　　　　　　　金景溙(1680~1722), 『聞韶世稿』 권20

2-02-01-08 樵童唱酬

樵童唱　　　　　　　此山有材否
人言　　　　　　　　此山材不有
刑棘蒼蒼山日暮　　　采得薪薪溫突口
樵童酬　　　　　　　此山有材否
人言　　　　　　　　此山材亦有
昨夜梗楠出地　　　　三百尺何如
采得薪薪溫突口

　　　　　　　　　柳後玉(1702~1776), 『壯巖世稿』 권3, 「蘭溪遺稿」

2-02-01-09 樵奴詞

朝負樵上山郭	獵火燒去餘短楂
暮負樵下山坂	馬牛牧盡惟新芽
貧家一奴老不笠	木袒在肩鎌在手
春霖乍霽日欲午	怒罵色面暗吞口
大爺已素耐寒濕	晝曬蒲莞夜舒肢
小爺不習處艱苦	昨毀圃樊今撒籬
請看貴家蒼頭	揚揚得意驕
日賦柴野人	不識何山可通樵

南龍萬(1709~1784), 『活山先生文集』권1

2-02-01-10 樵夫歌 *爲李大器作

緇撮衣窄袖	木架掛背短鎌
手出門儔儷同	東家傭夫西家僮
行轉山阿深林入	風來擧腋淸颯颯
仰首斬枯藤	俯身拾墮枝
墮枝枯藤不知數	擔起不得屢損之
不盈半負行徐徐	顧語同伴莫笑余
余背不如爾負薪	爾口不如余讀書
待我去坐書窓下	背上口中較何如
同伴答謂曰	
吾歸吾家後	下得百許斤擔薪
供給使令無不有	知子之歸力已倦
讀書幾巡而掩卷	且莫閒爭孰少多
爲我行請杞菊窩	賦出一闋樵夫歌

金鍾厚(1721~1780), 『本菴續集』권2

2-02-01-11 樵父詞

深山多古木	落葉兼枯枝
野夫老於樵	山路心自知
凌晨荷斧去	及暮揮汗歸
更爨置竈陘	怕雨積茅茨
餘薪賣野市	飢食寒且衣
衣食諒在玆	不辭登險危
日行取十束	力職人誰非

鄭宗魯(1738~1816), 『立齋先生文集』 권1

2-02-01-12 樵夫詞

不獲鉏商麟	不遇蕉隍鹿
山有花一曲	伐木巖之谷
腰下有小鎌	血脂吞聲哭
平生大椀飯	曾不負此腹
此腹胡負汝	手足俱胼胝
却羨甯戚歌	白石擧之牛
口爲君師	

李周冕(1795~1875), 『至樂窩遺稿』 권1

2-02-01-13 樵夫歌

九月風高木葉槁	石逕人稀白雲倒
負薪歸來山日西	長歌互答無愁惱
出谷相須班荊語	此山有仙聞風早
偶上雲臺得一見	兩耳垂肩長眉好

乎把驪圖觀象數	石室松壇淨灑掃
謂我仙才贈一丸	服之令人久不老
明日東上蓬萊顚	拍肩洪崖採瑤草
語終因成撫掌笑	欄柯山色連蒼昊

白晦純(1828～1888), 『藍山先生文集』 권1

2-02-01-14 樵夫

賓月西南第幾峯	樵歌答桂作何容
時氛不及蓬頭客	知己慇萬重

魯炳喜(1850～1918), 『壺亭遺稿』 권1

2-02-01-15 樵夫吟

我愛稽山好	雲岑截彼嶢
璆琤澗觸石	蔥蒨樹交條
鹿子馴無狘	松花老不飄
箇中閒者孰	自少隱於樵
蘿皮裁野服	茶飯釁春窯
貧豈取金者	心長伐木謠
芒鞋織前夜	林雨霽今朝
早起樵車著	行尋石迢遙
高原通極目	平楚長齊腰
曲鐖用時利	穹林嘯罷寥
願將此斬伐	往掃世氛妖
一劍除蛇豕	三隅定薊遼
男兒時不遇	草木奈同凋

微煙起澗戶　　　　　夕照下山椒
山菊和薪束　　　　　巖蜂貼負嘍
不欲觀仙局　　　　　言歸度石橋
閒臥土床暖　　　　　悠然塵慮消
我自樂耕鑿　　　　　世何問舜堯
高車馴馬客　　　　　畢竟還無聊

裵聖鎬(1851~1929), 『錦石文集』 권1

2-02-01-16 樵夫吟

肩在烟簑頭戴笠　　　如霜短鍥耀西東
驚禽散散山花落　　　伐木丁丁夕日紅
遠岫影輕隣洞叟　　　後林歌出孰家童
仙鄕歲月安無事　　　正合生涯有此中

金進源(1872~?), 『石我文集』 권1

2-02-01-17 樵翁謠

白髮鬖顔傴僂翁　　　腰鎌終日在山中
曉鷄一唱落月村　　　負薪先入上東門
囊中自有賣薪錢　　　廚下可起煮粥烟
數椽破屋何多稅　　　空手歸來淚漣漣

金甯漢(1878~1950), 『及愚齋集』 권2

2-02-01-18 樵童

相呼相喚會山東　　　伐木聲聲笑語中
一曲樵歌何處路　　　兩三作伴夕陽風

朴均鎭(1895~1942), 『松溪三世稿』

2-02-01-19 樵夫歌 五絶

2-02-01-19-01
礪鍥廚人念促禾　　秋高木葉墮曾阿
離群莫去後山後　　艸長無人嘶虎多

2-02-01-19-02
松懸飯裏遶飢烏　　日午泉林擲與糊
榛栗滿岩人不食　　一山秋興在狙鼯

2-02-01-19-03
落日負薪行且歌　　廻看樵處白雲多
篁扉稚子打尢睡　　併候出烟三五家

2-02-01-19-04
長安市上日馳薪　　朱戶銅奴萬萬緡
得直縱多吾怕恠　　滿城烟火不知人

2-02-01-19-05
積雪蓬蒿臥息肩　　飼牛深突煖於綿
行行不欲逢優孟　　世蓄農詩只一篇

李錫熙(20세기 초), 『一軒集』 권2

2-02-01-20 樵夫

於樵奚取號爲樵　　雲樹參差澗道遙
登登采采歸來晚　　松燈兒誦伐檀謠

柳鐘源(생몰미상), 『敬勝齋集』 권1

2-02-01-21 樵夫歌 五絕

2-02-01-21-01
礪鍥廚人念促禾　　秋高木葉墮曾阿
離辟莫去後山後　　艸長無仁嘶虎多

2-02-01-21-02
松懸飯裏遶飢烏　　日午泉林擲與糊
榛栗滿岩人不食　　一山秋興在狙鼯

2-02-01-21-03
落日負薪行且歌　　廻看樵處白雲多
篁扉稚子打尪睡　　併候出烟三五家

2-02-01-21-04
長安市上日馳薪　　朱戶銅奴萬萬緡
得直縱多吾怕往　　滿城烟火不知人

2-02-01-21-05
積雪蓬蒿臥息肩　　飼牛深突煖於綿
行行不欲逢優孟　　世蓄農詩只一篇

　　　　　　　　李錫熙(19세기말, 20세기초), 『一軒集』 권1

2-02-02 초가

2-02-02-01 樵歌

樵童漾楫渡江忙　　去踏平沙作鴈行
晚入谷中傳亂唱　　半山楓葉帶斜陽

　　　　　　　　任相元(1638~1697), 『恬軒集』 권8

2-02-02-02 次樵歌韵

日斜山口暮烟青	負楚出山歌數聲
前呼後應向何處	黃葉村前溪水靑

鄭楷(1645~1727),『四無齋遺稿』 권2

2-02-02-03 醉樵歌

漁父莫歌滄浪歌	醉樵自歌山有花
樵人一醉亦有時	醉臥不知山日斜
壚頭酒價問幾何	美酒休言斗十千
枯柴一束足一飲	濁醪一盞論一錢
醉樵之歌歌一曲	爛柯日月壺中天

金履萬(1683~1753),『鶴皐先生文集』 권2

2-02-02-04 樵歌

夕陽芳草路	山笛葉相吹
歌罷猶餘興	歸來故遲遲

朴贊珣(1754~1815),『珍原世稿』 권2

2-02-02-05 樵歌

烈烈向秋日	巖巖陟山阿
農丁罷耘耔	還復尋樵柯
微逕多榛曲	長林披女蘿
磊磊澗邊石	刀鈍不可磨
身勞未暫息	巖谷振悲歌
村婦亦擔薪	頭髮已皤皤

夫家安在㢱　　　　　問之徒孀婀

五歌 幷小序
歲月推遷 功業多障 身處邱樊 感時傷俗 輒濡翰賦之 *盖多觸目眞境事
　　　　　　　　　梁進永(1788~1860),『晩羲集』권6,〈五歌〉제1수

2-02-02-06 樵歌

試唱山歌出曲房　　　行尋石徑趁林光
羊腸路滑雨何暴　　　犢曼褌寒風且狂
將伐柔桑憐葉沃　　　欲摧小杏惜花香
枯楂朽檗纔成擔　　　不覺西陵已夕陽
　　　　　　　　　金鵬海(1827~1916),『韻堂集』권1

2-02-02-07 村歌

烟月江南霽夜天　　　樵歌牧笛動前川
莫道啁啾音下俚　　　令入懷擺不能眠
　　　　　　　　　成爀鎬(1838~1885),『竹圃遺稿』권1

2-02-02-08 聞樵歌

村街喧鬧野人居　　　曲曲樵歌興有餘
聽去渾輕浮世念　　　歸來宜讀古人書
落花峯上春風暮　　　芳草堤頭細雨踈
和與牧童葱笛返　　　移時東嶺月生初
　　　　　　　　　黃永紹(1877~1939),『逸菴文集』권1

2-02-02-09 獨樵歌

峯兮峯兮　　雲蒼茫　　路迢迢

滔滔者　　　　　　　　天下是獨命
車有誰咎　　　　　　　我愛陽林
飛瀑兮　　　　　　　　遠是非
任逍遙　　　　　　　　樂夫天命
無疑人不知我　　　　　何慘慘

韓重錫(1898~1964), 『翠松堂遺稿』 권1

2-02-02-10 樵歌

村翁乘暖日　　　　　　唱斷下前山
童子候門立　　　　　　挿花溪上還

吳丙煥(20세기 인물로 추정), 『晴川集』 권上

2-02-02-11 樵歌(3)

2-02-02-11-01
長鑱磨石石生灰　　　　筋力擔薪唱晚回
却恨燧皇開弊竇　　　　敎人多事鑽楡槐

2-02-02-11-02
長歌却笑會稽愚　　　　俗眼當年不識朱
五馬一朝驚婦孺　　　　靑雲亦到負薪無

2-02-02-11-03
病體樵夫白髮長　　　　山深偶到爛柯場
俄然棋罷仙翁去　　　　桑海悲歌起夕陽

작자미상(19세기), 『龜菴集』 제3책

2-02-02-12 樵歌

樵歌曉日下晴渦	身着輕褌髮斂紗
唇擴柳葉吹纖綠	頭揷花叢弄晚葩
聲渡溪來多曲折	韻從樹出便叅差
借問劉皇還羨否	鞍邊歲月老三巴

張在九(1936년), 『可汕詩稿』

2-03 산유화

2-03-01 산유화가

2-03-01-01 山有花 *刺農政廢也

淸明寒食皆已過　　　昨聞布谷今鳴蛙
農書不煩田畯廢　　　春事闌珊山下家
賴有耕夫識時候　　　水中有蒲山有花

新樂府諷諭詩 幷序

癸亥新阼後求言 旨懇並采閭巷諷諭 於是有志之士 踊躍言事 若臣者 亦不勝蟲鳥之遇二氣 而自然有吟呼 謹述民間疾苦凡二十餘章 語雖鄙俚情則有尙 聯寓之篇

權克中(1585～1659), 『靑雲集』 권2

2-03-01-02 山有花歌

山有花 百濟歌

百濟之國檀佳麗　　　當時歌舞矜豪奢
一年三百六十日　　　强半君王不在闕
黃金飾輦七寶車　　　東風出遊無時歇
鐵馬聲來巖花翻　　　繁華到此那可論
潭波驚沸毒龍死　　　扶風王氣冷如水
興廢悠悠奈若何　　　遺民但唱山有花
山有花使人涕漣漣　　　歎息宮墟一千年

尹昶山(1597～?), 『扶餘古今詩歌集』

2-03-01-03 山有花歌吟(5)

2-03-01-03-01
江南五月草如烟　　　遊女行歌滿水田
終古遺民悲舊主　　　至今哀唱似當年

2-03-01-03-02
暮江潮雨浸堤平　　　江上吳兒踏歌行
玉樹殘花他自誤　　　秦淮商女本無情

2-03-01-03-03
江邊漁唱起三更　　　霜露橫空月正明
定是梨園供奉典　　　向來亡國爲何聲

2-03-01-03-04
聞昔樓臺橫復斜　　　三千羅縠擅繁華
生前富貴露晞草　　　身後悲歌山有歌

2-03-01-03-05
山花落盡子規啼　　　千古思歸路已迷
灞上遊魂招不得　　　王孫芳草自萋萋

　　　　　　　　　李師命(1647~1689),『扶餘古今詩歌集』

2-03-01-04 山有花百濟舊曲也 有音而無詞 戱效憶秦娥體爲之

江雲絶
哀歌唱斷荒城月
荒城月
千年古國

落花時節

釣龍臺畔寒潮沒
皐蘭暮寺微鍾歇
微鍾歇
水光山色
夕陽明滅

林泳(1649~1696), 『滄溪集』 권1

2-03-01-05 山有花三章

2-03-01-05-01
山有隰花　　　　　溪水流之
臺有遊女　　　　　良士求之

2-03-01-05-02
山有隰花　　　　　溪水漂之
臺有遊女　　　　　良士要之

2-03-01-05-03
山有隰花　　　　　溪水濯之
臺有遊女　　　　　良士謔之

金昌翕(1653~1722), 『三淵集拾遺』 권1

2-03-01-06 山有花曲(9)

山有花曲者 一善烈婦香娘之怨歌也 香娘見絶於其夫 還家而父母不在 其叔欲令改嫁 則泣而道不可 自沉於洛東江 江上峻坂

有吉先生表節砥柱中流碑 娘之死也 與采春儕女 相遇於碑下 作山有花曲 使春女歌之 歌竟而赴水 即今江畔 臾慣唱山有花 聲甚悽悗 其後漢京崔君士集 記其事精甚 爲作山有花女歌 宛轉麗都 怨而不怒 陽陽乎美矣 余覩其辭 實藉采薪女口語 以敍香娘之思 與漢孔雀東南飛行相表裡 而香娘遺曲 但在郊童齒頰間 人不得采其章句 甚慨也 娘素賤不解文藻 其爲此曲 只因巷俚之嘔啞而發其端莊專精之天 余又悲之 遂復用其意而文其辭 竊自幾於漢樂府九章蘼蕪之怨 而爲山有花九歌 是曲也 不敢曰有合於古 而後之采風於江南者 將亦有以香娘怨曲 得而陳之矣

2-03-01-06-01 一

童童木蘭花	亦在南山土
南山高無極	黃雀那得度
十里一徘徊	五里一反顧
浮雲行冉冉	迫此西山暮
念與君離別	泣涕零如雨
故鄕不可處	良景不可覩
無信叔伯言	女實狂而誤
登高以遠望	肅肅雉振羽
雉鳴從其雌	人心不如故

2-03-01-06-02 二

歷歷山有苽	離離阪有枸
祁祁析薪女	澹澹愁思婦
交交集卷阿	濯濯褰兩袖
不知羅縠裡	鴛鴦爲誰有
眄睞物亦好	棄捐人已醜

長歎舍此去	勿復衣文繡
君但視草木	逝者同衰朽

2-03-01-06-03 三

茇花何歷歷	枸葉何離離
采采欲何往	春女歌而歸
吾欲掇其英	贈君幸相思
誰謂室家遠	佇立以望之
君亮不我顧	賤妾歸無期
傷彼白露零	忽此芳樹枝
窈寐卽徘徊	中曲正傷悲

2-03-01-06-04 四

西北出孤雲	莫莫蒼桂林
上有特棲鳥	哀聲向天吟
誰謂而無怨	聽者涕零淫
不惜聽者苦	但恨無知音
孤雲忽自歸	蒼桂夕以陰
我淚爲誰盈	慼迫內傷心

2-03-01-06-05 五

東陵一何麗	窈窕卽君家
交柯合歡窓	四角芙蓉花
君持繡袘襠	尙之以瓊華
折楊於東門	薄言漚其麻
携手不須臾	棄捐將奈何
人言士也夸	新女若春葩

新人服齊紈	故人着吳紗
紗紈有厚薄	士也良不夸

2-03-01-06-06 六

故山屬浮雲	高閣百餘尺
父母養少女	坐用荃蘭席
嫁女中道歸	不如死別惡
晨風鳴竹林	獨鵠愁無色
親戚哑其笑	它人逝莫屬
執手者何人	所言不可讀
天地一何廣	眄睞將安適
馳情視桃李	乃在華堂側
桃花正煌煌	李樹夾路植
樹木且安所	人生無故宅

2-03-01-06-07 七

高山采芙蓉	淸水擥薜荔
薜荔不可帶	芙蓉不可製
誰爲獨愁苦	竟日空掩涕
少小不解粧	羞人道儂麗
盤盤嫁時鏡	爲君整寶髻
我命百年惡	君心一朝戾
素面豈暇老	羅袖末暫弊
不識新女娘	以何娛夫壻

2-03-01-06-08 八

山花日以開	春女閑且佚

頭上金雀釵	帶下靑絲結
邂逅卽長歌	詒爾良金玦
請謝彼姝子	朱顔復幾日
人生天地間	苦樂道非一
所以妾歌怨	采花不盈襭

2-03-01-06-09 九

吾欲竟此曲	此曲令人傷
凄風日暮興	高調厲淸商
山花忽復零	鵜鳩鳴我旁
聊慄此何氣	太息以彷徨
但見郭南岡	古墳生白楊
言是藥哥女	死作春草香
人生會有期	何者是眞鄕
今日自爲昔	昔日安可常
棄置勿復道	今令聽卒章

申維翰(1681~?), 『靑泉集』 권2

2-03-01-07 山有花 陋荒所謂山有花歌 俚而不雅 采詩者何取焉 遂廣其意作三章(3)

2-03-01-07-01

山有層層花	溪有鱗鱗漁
花紅魚尾赤	農家三月初
折花邀隣婦	烹魚食田夫
種我山下稻	耨我溪邊黍
日暮罷鋤歸	尙有花在頭

豈獨花在頭　　　　　　且看魚在筐
持花與小姑　　　　　　羹魚尊章

2-03-01-07-02
山有層層花　　　　　　岸有磊磊石
崖高石自見　　　　　　婦勤姑當織
花紅畏牛踐　　　　　　石白嗔牛礪
乳兒棄不哺　　　　　　隔壟望夫婿
挐花祭田祖　　　　　　細語人不知
祈我土膏腴　　　　　　祝我黍頭垂

2-03-01-07-03
山有層層花　　　　　　濕有英英蒲
蒲短欲出土　　　　　　花開滿山隅
吾田在山隅　　　　　　直與花相當
貧女身無華　　　　　　粗粗大布裳
不自折花歸　　　　　　只自折蒲去
截蒲猶作薦　　　　　　折花用何許

姜栢(1690～1777), 『愚谷集』

2-03-01-08 山有花女歌

砥柱採薪女　　　　　　哀歌山有花
不識女娘面　　　　　　猶唱女娘歌
儂是落同女　　　　　　落同是娘家
娘有羣姊妹　　　　　　父母最娘憐
少小養深屋　　　　　　不教出門前

八歲照明鏡	雙眉柳葉綠
十歲摘春桑	十五已能織
父母每誇道	阿女顏色好
願嫁賢夫婿	同閑見偕老
常恐別親去	不解婦人苦
十七着繡裳	蟬鬢加意掃
有媒來報喜	善男顏花似
袴上繡裲襠	足下絲文履
自言不惜財	但願女賢美
牛羊滿谷口	綾錦光篋裏
阿父喚母語	涓吉要嫁女
金鐙雙袷裙	裝送上駿馬
隣里賀爺孃	阿女得好嫁
山花插鬢髻	野葉雜釵鐶
升堂捧雙盃	受拜翁姥歡
曉起花滿天	夜宿花滿床
茸茸手中線	爲君裁衣裳
羞學蕩女兒	發豔照里閭
人言冶遊樂	儂織在家居
東門有旨鷊	北墠有綠蕨
三年靜琴瑟	事主未曾失
豈意分明別	恩情中途絶
織罷故嫌遲	粧成不言好
惡婦難久留	語妾歸去早
含悲卷帷幔	痛哭出畿道
春山異前色	淚葉蕪蘼草

願將奉君意	爲君暫鞠于
傳聞上荊村	有婦已從夫
驅車畏日暮	反袂猶回顧
去歲阿母死	高堂有晚孃
纍纍棗下實	女飢不得嘗
阿叔語香娘	阿女勿悲啼
濛濛黃臺葛	亦蔓黃臺西
香娘語阿叔	妾身不可辱
靑靑水中蘭	葉死心猶馥
天地高且廣	道儂那所適
介彼藥娘正	逝將依古側
潛行到陂口	落同江水碧
祁祁衆女兒	薄言同我卽
高山有荍花	採彼將安息
遂傳哀怨歌	云是山花曲
哀歌唱未終	古淵波浪深
靈隨白霓旗	魂掩靑芰襟
無使水見底	恐畏懷沙沉
鄕里聞之泣	歌竟皆悽惻
明月照遺珮	翠鈿埋金篩
年年女娘堤	山花春自落
野棠學寶靨	堤草留裙色
千秋湖嶺間	江水自東流
金烏山下路	至今猶回頭

崔成大(1691~1761), 『杜機詩集』 권1

2-03-01-09 山有花

四月金剛路	逢人問山花
或言方有花	或言已無花
同自山中來	異哉其言花
不久吾當到	可驗有無花
行行入洞口	四顧不見花
及至靈源洞	時時見雜花
及至安養菴	灼灼金蘭花
及至摩訶衍	爛開白梨花
及至李許臺	半落躑躅花
及至毗盧岸	滿眼杜鵑花
燦熳紅錦帳	無異三月花
登登及峯巓	忽然失其花
往往氷雪堆	蓓蕾未綻花
及至圓通谷	遍壑木蓮花
佛頭與燭籠	有名無名花
追思或者言	各以見論花
見花謂有花	不見謂無花
兩言皆據實	驟聽輒疑花
儒者之論道	何異人論花
謂無卽無花	謂有卽有花
是非互相爭	辨說如春花
蒙蔀千載下	眩瞀眼生花
孰能如吾儂	入山親見花

徐宗華(1700~1748), 『樂軒遺集』 권2

2-03-01-10 於難難曲(9)

2-03-01-10-01
山有花兮皐有蘭　　　皐蘭長翠山花丹
千年萬歲君無老　　　暮暮朝朝看復看
於難難

2-03-01-10-02 其二
山有花兮皐有蘭　　　採蘭爲佩花爲冠
朝朝暮暮妾長在　　　萬歲千年歡復歡
於難難

2-03-01-10-03 其三
君王無老妾長在　　　山有花兮皐有蘭
萬歲千年朝復暮　　　與君相看與君歡
右三章本調

2-03-01-10-04 其四
庾信樓船下大灘　　　扶餘王氣一朝殘
世間最是無情物　　　山有花兮皐有蘭
於難難

2-03-01-10-05 其五
春色郁隨伯氣殘　　　年年依舊到江干
紅裙翠袖今何去　　　山有花兮皐有蘭
於難難

2-03-01-10-06 其六
城郭摧頹春物殘　　　　川原寂寞暮雲寒
落花巖畔皐蘭寺　　　　山有花兮皐有蘭
右三章變調

2-03-01-10-07 其七
熊津春色古今闌　　　　山有花兮皐有蘭
遺曲謾敎農女唱　　　　麥田何處問朱欄
於難難

2-03-01-10-08 其八
無朝無暮出門看　　　　山有花兮皐有蘭
卉物何曾關成敗　　　　女娘不省有悲歡

2-03-01-10-09 其九
前皐迢遞後山巑　　　　山有花兮皐有蘭
北里東村春雨裡　　　　西疇南畝女男歡
右三章詩調

李思質(1705~?), 『翕齋集』 권9

2-03-01-11 山花詞(15) 並序

予居岐陽　農婆江童　結團揚袂　歌山有花數疊　緩聲促辭　間以凄調節其曲　其聲哀傷過甚　雖不協正音而按節激仰　有竹枝縹緲之思　但其舊曲所傳　不過山有花皐有蘭等數曲　而雜以閭巷媟音　繁蔓傖儜　亦不足以觀其變焉　遂作山花詞十五疊　使里中男女十數輩　唱之　以正其音　蓋欲取適於聽聆云爾

2-03-01-11-01
扶蘇山下鹿遊蹤　　　元帥臺前鶴棲松
花落千年歌一疊　　　箇中雲雨暗靑楓

2-03-01-11-02
穤稻靑靑新水生　　　大堤春日草齊平
縞巾縮髻誰家女　　　無朝無莽唱歌行

2-03-01-11-03
層壁攀天鳥獸悲　　　上灘下灘撐舟遲
杜鵑無淚一聲血　　　啼在山花第幾枝

2-03-01-11-04
上岸花似搭臙脂　　　下岸石如畫黛眉
卻恨花性不如石　　　管得東風作許悲

2-03-01-11-05
大王浦口草迢迢　　　泗沘河頭不上潮
縱有江花春自發　　　等閒風雨不曾饒

2-03-01-11-06
巉巖蒼壁暮雲堆　　　魚涌江中浦鳥哀
遊子唱來雙淚落　　　美人曾唱破樓臺

2-03-01-11-07
黃山險束五星峽　　　炭峴高當立石關
蘇子上來龍一釣　　　長鳴雷鼓海雲間

2-03-01-11-08
廣石灘高竹箭波　　　　　峭壁烏啼煙雨涯
東風花發太辛苦　　　　　狂風莫打落西家

2-03-01-11-09
江南江北暮潮生　　　　　二十八灘新雨晴
長老三朝莫上峽　　　　　淚下不爲猿三聲

2-03-01-11-10
她女凌波泣茜裙　　　　　青楓染得淚痕殷
花落東風片時恨　　　　　夜烏啼月復啼雲

2-03-01-11-11
蘭鬟寶髻踏春行　　　　　唱得雲間第一聲
箇裏何人能制淚　　　　　我今掩抑難爲情

2-03-01-11-12
江頭日日水東回　　　　　山上年年花自開
最是春光腸欲斷　　　　　更堪翻入曲中來

2-03-01-11-13
十萬唐兵奪海關　　　　　旌旗遙望水雲間
中有木柹驚消息　　　　　湖上殘軍哭不還

2-03-01-11-14
百尺淸江寫翠娥　　　　　望湖亭上奏笙歌
秋槐葉落宮南陌　　　　　大內無人明月多

2-03-01-11-15
東望叢湖北沘河　　　　　扶蘇舊國水雲多
中流簫鼓空堪賞　　　　　不似橫汾漢武歌
　　　　　　　　　　　　　　權攄(1713~1770),『震溟集』권4

2-03-01-12 聞李秀才唱予山花百濟詞有贈
傷心故國起秋塵　　　　　唱得新詞淚滿巾
他日更從釣臺望　　　　　落花風雨定愁人
　　　　　　　　　　　　　　權攄(1713~1770),『震溟集』권4

2-03-01-13 山有花四曲 丁卯

2-03-01-13-01
山有花　　　　　　　　　花笑鳥啼深林晚
江水淸漣嗚咽流　　　　　悠悠日夕去不返
千載無限愁　　　　　　　魚腹藏嬋婉

2-03-01-13-02
山有竹　　　　　　　　　歲寒孤翠鬱亭亭
江水澄澈東注海　　　　　悠悠日夕去不停
身投水死心不變　　　　　可憐阿娘何堅貞

2-03-01-13-03
山有松　　　　　　　　　松葉靑靑深冬秀
江水悠悠不見回　　　　　江沙日洗亦無舊
懷精招魂魂不應　　　　　貞節千秋互宇宙

2-03-01-13-04

山有花兮	娘其色
山有松竹兮	娘其操
其操之堅兮	其身之無托
心如亂絲兮	首如飛蓬
有水滔滔兮	是其死所
地不足廣兮	天不足高

李道顯(1726~1777), 『溪村先生文集』 권1

2-03-01-14 聞山有花有感 幷序

余自孤露以後 心事常悽感 雖村謳野謠 苟有思親之語 未嘗不傷神而釀涕也 一日往陶沙省親塋歸路 見採女且行且歌 其歌曰 歸兮歸兮 親在家兮欲歸家 願二親兮眉壽 畵鷄鳴兮喬成麻 其聲悽悗其辭懇惻 有足感動人者 遂飜出其語 因以所感者足成

遲遲春日步山阿	有女行唱山有花
山有花中何所思	思親不見欲歸家
爾有親在歸卽見	奈我歸家不見何
山有花中何所願	願親眉壽畵鷄鳴
爾有親在宜爾祝	如我爲誰祝遐齡
下女休唱山有花	曲到高時我涕零

權思潤(1732~1803), 『信天齋集』 권1

2-03-01-15 山有花 *善山女香娘 臨節時作比曲而死 其曲甚俚故更作之

2-03-01-15-01

山有花	我無家
我無家	不如花

2-03-01-15-02
山有花   桃與李
桃李雖相雜   桃樹不開李花

2-03-01-15-03
李白花   桃紅花
紅白自不同   落亦桃花

李安中(1752~1793), 『潭庭叢書』 권30

2-03-01-16 山有花曲 四首

2-03-01-16-01
山花如面葉如眉   花下粧樓七寶帷
無數樓前楊柳樹   陸郎何不繫斑騅

2-03-01-16-02
郞如裊裊開花樹   花落明年復滿枝
妾如灼灼著枝蘂   一落曾無更着時

2-03-01-16-03
洛東春水鏡不如   金烏山色眉新掃
郞魂不作烏山石   應化江南蘼蕪草

2-03-01-16-04
江南江北寶襪兒   一曲春歌鬪草歸
無限東風江上岸   至今花發似娘時

李安中(1752~1793), 『潭庭叢書』 권30

2-03-01-17 夜聞隣人唱山有花有懷却寄伯津(4)

山有花 爲洛東里娘作也 昔有里娘 因不見荅於姑夫 投江水而死 里人哀之 出水濱 聯袂踏歌 其詞不一 纏綿悽惻 今南土士女 每臨風對月 抵節哀吟 聲振林樾 辛酉夏 余在綾城府 雨夕聞隣人歌此詞 愴然興懷 述其意 賦五律 寄伯津 凡四章

2-03-01-17-01

湖裏泲烟波　　　　　湖樓傍晚過
遙憐水南客　　　　　清唱洛東歌
砥柱雲方合　　　　　綾城雨最多
相思下山意　　　　　千古怨如何

2-03-01-17-02

泠泠洛東水　　　　　上有石城陰
自識焦卿意　　　　　難同蒲葦心
餘音聞夜雨　　　　　哀怨激楓林
清曉訪遺曲　　　　　滄波何處尋

2-03-01-17-03

北客自無寐　　　　　南音凄更繁
高雲翳天末　　　　　靈雨聚黃昏
淅淅稍侵夜　　　　　悠悠正斷魂
誰家楊柳外　　　　　擊竹動樓門

2-03-01-17-04

緬憶西泠夜　　　　　橫橋看雨時
清吟猶昨日　　　　　把手復何期

綠水夢還涉　　　　　　青雲望未移
唯將一樽酒　　　　　　相憶長秊悲
　　　　　　　　　　　李學逵(1770~1834),『洛下先生集』,〈竹樹集〉

2-03-01-18 山有花

山有花 本一善里婦香娘怨歌 香娘見絶於其夫 還家 父母不在 其叔欲令改嫁 卽泣而道不可 自沉於洛東江 江上峻阪 有吉先生 表節砥柱中流碑 娘之死 與采春儕女 相遇於碑下 作山有花曲 使儕女歌之 歌竟赴水死 今其詞已失聲調 猶傳嶺外 每春時 采山及揷秧 聞其曼聲嗚咽 纏緜悽惻 使人有墟落之感 昔崔杜機先生著山有花女歌一篇 以詳述其事始 其後申靑泉維翰繼作山有花曲九篇 謂自幾於漢樂府九章蘼蕪之怨云

山有花上江隝　　　　　砥柱碑下江渚
愁愁愔愔采薪　　　　　女長傷嗟向誰
語還皈家見猶　　　　　父噫不諒以威
男有婦可決去　　　　　女有夫不再許
潛垂淚出門戶　　　　　傷春心向前浦
橫盤渦久延佇　　　　　輕騰身若投杵
江中歌女所與　　　　　馮龍鱗憯危若
揚纁袡汎椒糈　　　　　懷暖妹悵何所
鴛鴦烏不可侶　　　　　茝離草不可茹
魂澹澹洛東滸　　　　　山有花皈來處
　　　　　　　　　　　李學逵(1770~1834),『洛下先生集』

2-03-01-19 山有花曲

桃花春水拍長堤　　　　堤上游兒約臂齊

忽見金烏江上月　　低頭惆悵採柔荑
三月淸明楊李花　　新裁白袷剪輕紗
郞君住近同江上　　江上千家復萬家
洛東江水軟如麻　　江南江北桃發花
日暮舡檣無數過　　就中誰客問娘家

李魯元(?~1811),『潭庭叢書』권7

2-03-01-20 山有花後曲

江皐春日薄秋紈　　爾爾靑驪踏素蘭
風吹花落空欄干　　碧樹加雲朝暮看

李魯元(?~1811),『潭庭叢書』권7

2-03-01-21 山有花

官堤三月柳藏鴉　　十里郞家草色遮
何許城中高髻女　　插花臨水影偏斜.
珠勒金鞭白鼻騧　　憶郞三夜宿儂家
儂家六尺珊瑚樹　　苦畏春寒不作花.

李友信(?~1822),『潭庭叢書』권1

2-03-01-22 山有花六曲

2-03-01-22-01

智異山中飢啄鴉　　去含蟹足遺阿那
且向故林不可止　　空城落日行人遮

2-03-01-22-02

達句陣場綠莎尖　　一年一會上巳兼

就中多少袂袖伴　　　體製先數儂家針

2-03-01-22-03
儂家大武瘦於山　　　風車雨縛無原濕
盡日服勤一步差　　　背上鞭撻如雷急

2-03-01-22-04
曉達姑射四十里　　　畩將出兮居人炊
我生亦一他生日　　　曠野胡爲虎兕隨

2-03-01-22-05
華岳沈沈荒日墮　　　縣城東北生烽火
白頭慈母躬執爨　　　熱飯溫羹鼎中麽

2-03-01-22-06
今日菜供親突煖　　　明日採當官稅逋
多病此身遑且恤　　　但願親康官不拘

　　　　　　　　　　李濟永(1799~1871),『東阿集』권2

2-03-01-23 山有花

山上有花花下山　　　一腔欲斷淚濟濟
洛東江水無窮極　　　碧恨隨流去不還

肅宗戊寅年間 善山民女香娘 早寡 父母欲奪志 娘作山有花歌
投洛東江 其辭有回首洛東江水碧等語

　　　　　　　　　　李裕元(1814~1871),『林下筆記』

2-03-01-24 山有枏三章

2-03-01-24-01
山有枏	葛藟延之
於戲皇明	我思悁悁

2-03-01-24-02
山有楺	葛藟覆之
於戲皇明	我淚如湊

2-03-01-24-03
水流于東	星歸于北
於戲皇明	百世罔極

任憲晦(1811~1876), 『鼓山先生文集』 권1

2-03-01-25 山有花

肅宗二十四年 善山民婦香娘 夫死守節 父母欲奪志 乃作此曲而哀之 投洛東江 而死 世傳其曲今之메너리

洛東烟水碧於紗	膓斷春歌踏浪沙
如見貞娥紅淚滴	滿山風露血斑花

崔永年(1856~1935), 『海東竹枝』 中編, 「俗樂遊戱」

2-03-02 향랑요

2-03-02-01 薌娘謠

一善女子名薌娘	生長農家性端良
少小嬉戱常獨遊	行坐不近男兒傍

慈母早歿後母嚚　　害娘箠楚恣暴狂
娘愈恭謹不見色　　紡絲拾菜常滿筐
十七嫁與林家兒　　兒年十四亦不臧
愚騃不知禮相加　　攫髮掐膚殘衣裳
謂言稚兒無知識　　年長還又加悖妄
惡娘箠撻不去手　　彪虎決裂誰敢向
舅姑憐娘送娘家　　荷衣入門無顏儀
母怒搥床大叱咤　　送汝適人何歸爲
嗟汝性行必無良　　吾饒不畜棄歸兒
閉門相與犬馬食　　父老見制無奈何
爲裝送娘慈母家　　母家悲憐迭戚嗟
爲言汝是農家子　　見棄惟當去從他
四鄰皆知汝無罪　　胡乃虛老如花容
娘言此言大不祥　　兒來只欲依舅公
女子有歸不更人　　兒生已與謀兒衷
見逐秖緣數命奇　　之死矢不汚兒躬
數言不從終怒視　　且謂尋常兒女語
要人涓吉迎娘去　　釃酒宰羊列品庶
門前繫馬青絲勒　　紅盤洗出雙金筯
娘心驚疑暗自覤　　正是諸舅要奪余
嗟吾薄命等漂漂　　在此終當受汚歟
跳身還向故夫家　　野心未化狂童且
舅言吾兒大無行　　汝雖復來何所益
不如從他美丈夫　　寒衣飢食安床席
吾兒已與汝相絕　　不復問汝有所適
娘爲垂淚復公爺　　不意公今有此言

貧兒無敎又無行
幸公憐兒與隙土
義言悽愴不回頭
弱質東西不見容
忍詬但能汙吾義
仰天噓唏拊心啼
父不我子夫不婦
三從道絶人理乖
嗚呼一身無所歸
無寧潔身赴淸流
悲吟披髮下江干
江頭採薪小女兒
沙際兩立盡心語
嗟吾隱痛無所歸
但恐死去不明白
而今遇汝眞天幸
汝小不能止我死
解髢褫裳更結束
阿爺年老不能將
阿爺雖來尸不出
哀歌有懷兒記取
他日汝來歌此歌
欲投還止顧兒笑
雖然見水有怖心
於焉蒙袂勇身投
是處偏近竹林祠

此心誓不登他門
草食陶穴終吾身
但戒母爲門戶塵
四顧茫茫迷去津
自裁還爲舅所惡
玉筯亂落如飛雨
再來還逢舅姑忤
有生何面寄實寓
面前滄波流萬古
下與阿孃悲懷吐
霜葉鳴秋蘆花睡
携來問名年十二
汝家幸與吾家邇
今將舍命隨淸水
世人疑吾有他志
汝小能言吾死事
使我從容就死地
說與慇懃傳致家
死容何忍見阿爺
只向泉臺從阿母
天地雖寬無所偶
江水波起知我否
我已決死無所顧
可嗟人生懼此路
斜日蒼茫滄波怒
江上高碑名砥柱

吉子當年餓首陽　　清風萬古只此土
娘生卑微能知義　　捐身得地何其奇
樵女傳衣送阿爺　　浹旬號哭循江湄
層波嗚咽江鳥啼　　江上招招魂有知
阿爺旣去尸載浮　　單衫被面顏如故
世人嘖嘖說靈異　　孝烈如娘終無訴
生逢母嚚歸夫凶　　阿誰見聞能如是
至行端宜化暴愚　　終不見容而底死
或言義烈大抵窮　　我謂窮後見烈義
天生義烈風百世　　不待生前倘來寄
烏山洛江節義藪　　卓犖高標聯史書
星翶北去不復廻　　竹田靑靑五柳墟
尙令村嬌守夜闈　　下與牛狗能衛主
正氣磅礴也不死　　鍾生人物無豐嗇
近聞星山兩小娘　　隻手拔塚死報父
擇地焉不處此間　　吾將匹馬營農圃

　　　　　　　　　李光庭(1552~1627),『訥隱集』권1

2-03-02-02 香娘詩

善山百姓家　　有女曰香娘
性情和且柔　　顏貌潔且方
戲嬉三四歲　　不與男子遊
弱年哭慈母　　後母多愆尤
罵之如奴婢　　毆之如馬牛
爲女當如何　　低頭隨所爲
及長嫁林氏　　慼慼憂不弛

翁姑雖憐娘　　夫心不如斯
炊飯謂有沙　　縫衣謂不愜
娘雖百姓女　　頗識古人法
恭順爲賢女　　不然爲惡婦
謹心承夫意　　夫曰不可久
頗聞云云說　　以我他人嫁
欲生生何喜　　不如死之可
九月初六日　　痛哭砥柱碑
死當明白死　　我死誰當知
采薪誰家女　　有意着我哭
逢汝亦天憐　　我言詳記錄
爾家那邊住　　知是同隣曲
欲投池中死　　無人知其事
吾父朴自新　　吾父林氏子
七鳳吾夫名　　十七嫁林氏
夫年時十四　　禀性如火烈
自發無時怒　　年年復月月
意謂尙童心　　惟待年壯盛
壯盛猶不悛　　父母莫能警
憐我惟翁姑　　送我父母家
歸家母氏怒　　爾來欲如何
無語只忉怛　　反自歸叔父
叔父曰汝夫　　棄汝不復顧
汝家父與母　　拒汝不憐汝
吾雖親叔父　　不堪留侄女
少年作棄婦　　不加歸他人

淚從言前落　　叔父何不仁
侄女雖村婦　　不期叔言聞
不加歸夫家　　再拜謁翁姑
翁姑曰汝夫　　怒心無時無
含淚拜且言　　願得門外地
結屋三四椽　　死生於此已
翁姑曰不然　　不如更嫁去
觀爾有死心　　愼勿出此言
作券以約汝　　珍重歸好處
子婦雖不敏　　那忍爲此事
心中若氷火　　擧動强自喜
葛屨屨寒霜　　潛哭來澤洃
吁嗟國中人　　誰白香娘意
逢男不足設　　壯女救我死
爾貌甚聰慧　　記我此言不
歸去傳我家　　是日江中投
黃泉見我母　　歷力說此愁
敎汝山花曲　　曲中多悲憂
天乎一何高　　地乎一何博
如此大天地　　一身無依托
寧赴江水中　　葬骨於魚腹
幸汝傳此曲　　我魂招他日
雙屨贈汝去　　憑玆言一一
努力看我爲　　死後多謝爾
脫衫蒙頭面　　擧身赴淸水
兒來傳其語　　死時年二十

府使上基事　　　　監司奏御榻
名之曰貞女　　　　烏頭墓旁立
至今山花曲　　　　村人聞決泣

　　　　　　　　　　李德懋(1741~1793), 『靑莊館全書』

2-03-02-03 雙巖香娘

江村傳說古香娘　　山有花歌曲曲長
視死如生輕一縷　　編名立節重三綱
投身水府懷金粟　　作伴湘娥潔佩囊
怪底靑春多薄命　　何人到此不凄凉

　　　　張錫龍(1823~1908), 『遊軒先生文集』 권2,〈吳山幽居八景〉제8수

2-03-02-04 香娘

江南江北珮環鳴　　砥柱碑前夜月明
五尺珊瑚零落盡　　春風怊悵李先生

　　　　　　　　徐應淳(1824~1880), 『絅堂遺稿』 권1

2-04 기타

2-04-01 산촌의 노래

2-04-01-01 山中謠

靑春兒女愛芳菲　　　三五提籠躡翠微
唱盡山花歸去晚　　　慣人林鳥不驚飛

梁湜永(1816~1870), 『竹坡遺集副聽溪遺集』 권1

2-04-01-02 山中歌謠十三章

2-04-01-02-01
截彼華獄　　　在州之域
巖峀峍兀　　　爲州之特
山有栻樸　　　谷有薇蕨
栻兮蕨兮　　　我心則悅
賦也　八句

2-04-01-02-02
巍彼靑錦　　　在村之陰
有峰嶔崟　　　有壑幽深
白雲孔黔　　　翹翹錯林
紛彼雲林　　　惟樂我心
賦也　八句

2-04-01-02-03
于以居人　　　南澗之濱
結芽有倫　　　四五其隣

姓氏甡甡　　　　　李閔維新
賦也　六句

2-04-01-02-04
其業務何　　　　　爲農及書
男子耕野　　　　　女子織絲
師傳設敎　　　　　童子歌詩
賦也　六句

2-04-01-02-05
厥土磽瘠　　　　　黃壤赤埴
原濕皐合　　　　　溝洫阡陌
厥賦惟錯　　　　　居民湔劣
賦也　六句

2-04-01-02-06
播厥百穀　　　　　有種有穋
稻梁秬粟　　　　　桑麻菽麥
縷身充腹　　　　　無甚糴糶
賦也　六句

2-04-01-02-07
有蕡果實　　　　　其樹密密
棗栗柿樗　　　　　桃李榴杏
祭祀燕饗　　　　　克供薦亨
賦也　六句

2-04-01-02-08
有材斯美　　　　　　　旣渾且淆
山有靑松　　　　　　　野有梧桐
濕有柳木　　　　　　　岸有楮槮
是刈是伐　　　　　　　適用斯功
賦也　八句

2-04-01-02-09
翩彼飛鴞　　　　　　　集于漢水
無佸我笱　　　　　　　無食我鮪
卓彼南山　　　　　　　邦國之扞
天命靡環　　　　　　　王事瘁殫
比而賦也　八句

2-04-01-02-10
翩彼飛鴞　　　　　　　集于漢閣
旣毀我家　　　　　　　無息我樹
卓彼三角　　　　　　　王室如灼
執我熠熽　　　　　　　射彼羽翩
比而賦也　八句

2-04-01-02-11
有狐綏綏　　　　　　　有烏翯翯
莫赤非狐　　　　　　　莫黑非烏
彎我楛矢　　　　　　　殲厥渠魁
瞻望不及　　　　　　　搔首踟躕
比而賦也　八句

2-04-01-02-12

洒回我馬　　　　　　入于中逵
今我來斯　　　　　　人言取貲
豈曰有私　　　　　　實有所思
賦也　六句

2-04-01-02-13

陟彼華巍　　　　　　言採其薇
遵彼錦邃　　　　　　伐其條倖
暇焉唅醉　　　　　　守我素志
賦也　六句

閔丙稷(1874~1938), 『悟堂集』 권2

2-04-02 각 지역 초가

2-04-02-01 蘆岸樵歌

帶索腰鎌野水濱　　　　黃蘆枯荻盡堪薪
安知荷擔行歌地　　　　不有當時朱買臣

權韠(1569~1612), 『石州集』 권7

2-04-02-02 德山樵歌

殘照在深谷　　　　　　採樵何處童
短歌如自得　　　　　　山鬼答虛空

高用厚(1577~?), 『晴沙集』 권1, 〈櫟庵八詠〉 제4수

2-04-02-03 後山樵唱

舍南舍北踏歌聲　　　裸體之童被髮叟
相酬長短自諧音　　　不數簫韶與大濩

　　　　李昭漢(1598~1645),『玄洲集』권4,〈奉次白沙相公八咏韻〉제6수

2-04-02-04 耳巖樵歌

荷斧初尋洞　　　行歌晚出村
聲傳山石裂　　　響斷谷風掀
雪逕愁氷滑　　　陽坡愛日暄
孤烟乘暮起　　　何處是柴門

　　　　申得洪(1608~1653),『芷潭集:附錄』권4,〈庶果亭八景〉제6수

2-04-02-05 仙塢樵歌

仙子乘風去　　　空留一塢名
老樵猶自識　　　長日唱歌聲
隱隱穿雲響　　　丁丁應谷鳴
飄然下山逝　　　風韻有餘淸

　　　　　　李而禎(1619~1679),『竹坡集』권1

2-04-02-06 愚谷樵歌

深谷薜蘿密　　　去來樵采歌
聲聲猶未絶　　　風便入無何

　　　　南夢賚(1620~1681),『伊溪集』권1,〈伊溪八詠 癸巳〉제6수

2-04-02-07 北山焦歌

風外山閒曲	聞來罷咏詩
問渠何所樂	身世負薪枝

　　　　　　姜獻之(1624~1700), 『退休先生文集』 권1, 〈閒居十景〉 제8수

2-04-02-08 薄暮樵歌

殘照隱西嶺	暝煙生翠微
歌聲隔籬起	知是樵人歸

　　　　　　吳斗寅(1624~1689), 『陽谷詩稿』 권1, 〈玉山二樂堂十六詠〉 제7수

2-04-02-09 蘆岾樵歌

秋來蘆荻滿江濱	暮日歌聲是採薪
前呼後應向何處	散入水村南北隣

　　　　　　鄭楫(1645~1729), 『四無齋詩稿』 권2, 〈次安樂堂八詠韻〉 제6수

2-04-02-10 石逕樵歌

穿巖江磵傍雲涯	三兩樵童夕照斜
采采歸來寒唱晚	數聲飛落和漁歌

　　　　　　李逢春(17세기 중엽), 『鶴川先生集』 권1, 〈次金性之近笙潭十二詠〉 제9수

2-04-02-11 古徑樵歌

日暮採薪歸	互歌南山下
安知帶索翁	不是無心者

　　　　　　李栽(1657~1730), 『密菴先生文集』 권1, 〈蘆峴八詠〉 제7수

2-04-02-12 羊峴樵歌

幽居日日對靑山　　　　　山色蔥蘢戶牖間
日暮樵歌聞漸近　　　　　起從簷隙候僮還
　　　　　李建命(1663~1722),『寒圃齋集』권1,〈寄題俞君祁草堂八詠〉제1수

2-04-02-13 北嶽樵歌

北嶽樵歌發　　　　　春天夕照迴
風飄山外響　　　　　時入草堂來
　　　　　　　　若坦(1668~1754),『影海大師詩集抄』

2-04-02-14 南麓樵歌

帶斧樵歌子　　　　　朝朝自入山
風花隨屐跡　　　　　煙雨隔人寰
偶向巖邊憩　　　　　時從月下還
長安多貴客　　　　　誰似此身閒
　　　　權榘(1672~1749),『屛谷先生文集』권1,〈敬次季父長隱八景韻壬寅〉제7수

2-04-02-15 短橋樵歌

溪北溪南日谷斜　　　　　短橋煙雨起樵歌
依然身入茅山洞　　　　　世外塵紛夢不過
　　　　　權榘(1672~1749),『屛谷先生文集』권2,〈又次八景韻〉제5수

2-04-02-16 路中聞樵歌

三三五五採樵歌　　　　　住我歸笻聞剎那

寂是其聞堪愛者　　　　　　養親不給歲流過

             朴淇靑(17세기?),『竹坡遺稿』권1

2-04-02-17 金谷樵歌

日暮歸心問如何　　　　　　樵兒一隊且行歌
長隨澗響谷中出　　　　　　半雜松聲風外過

    權相一(1679~1759),『淸臺先生文集』권4,〈近嵒村十二景〉제8수

2-04-02-18 大谷樵歌

樵人帶斧去　　　　　　　　伐木碧山阿
我欲勞之酒　　　　　　　　其如遠市何

   宋最基(1684~1755),『冶城世稿』권10,「南牖遺稿」〈梧溪幽居八景〉제5수

2-04-02-19 遠山樵歌

萬壑迤邐樵路通　　　　　　荷鎌吹葉幾山童
主人無事聲中倚　　　　　　細數暝光起暮叢

   李鏟(1690~1760),『秣川世稿』권3,「晩醉菴遺稿」〈晩醉菴八詠〉제8수

2-04-02-20 笛洞樵歌

丁丁響深谷　　　　　　　　伐木人如雲
前唱與後唱　　　　　　　　夕陽殘處聞

        李民觀(1705~1772),『延城世稿』권1,
     「聖巖公遺稿」〈題菊窩十景呈主人詞案下〉제9수

2-04-02-21 涼谿樵歌

江村樹竹起暮烟　　　草堂欹枕罷幽眠
綠谿細路樵歌發　　　一曲二曲山花姸

　　　　　權煒(1708~1786),『霜溪集』권1,〈江樓八詠〉제5수

2-04-02-22 德城樵歌

樵子荒城外　　　　　行歌石路斜
問渠何所樂　　　　　秋葉與春花

　　　　　南龍萬(1709~1784),『活山先生文集』권2,〈次蔣君琴湖十景韻〉제6수

2-04-02-23 西山樵歌

西峯入望夕陽多　　　牧竪樵兒互唱歌
草木雖生沾雨露　　　斧斤其奈日尋何

　　　　　崔益重(1717~1788),『負暄集』권1,〈竹林書堂八詠〉제1수

2-04-02-24 艮岑樵歌

艮岑連村落　　　　　樵歌繞巖阿
一曲秋山好　　　　　二曲夕陽多
負薪有何樂　　　　　歌竟還復歌
時平飽喫飯　　　　　不覺口自哦

　　　　　李文輔(1698~?, 1719 생원),『伊山世稿』권7,「僻軒稿」〈瑞山十三詠〉제12수

2-04-02-25 臥龍樵歌

千古山名同臥龍　　　嘐嘐追想舊隆中
草堂誰喚春濃睡　　　落落樵歌短髮童

　　　　　崔南斗(1720~17770),『茅廬先生文集』권1〈香玉齋八咏〉제3수

2-04-02-26 水山樵唱

被之白雲裾　　　　　　枕以王書笈
日長午睡起　　　　　　山光翠滿睫
樵客忽如期　　　　　　隔溪一吹葉

李象唆(1769~?, 1809년 진사), 『河上隨錄』 제1책,
〈雙潤亭八詠 族兄謙岐氏賀老新居金山〉 제7수

2-04-02-27 上東樵歌(8)

2-04-02-27-01
上東山下上東邨　　　　家住松陰地利繁
蔽日參天元不惜　　　　卷然女手當柴燔

2-04-02-27-02
斤斧丁丁併夜催　　　　沿江櫛柮一堆堆
峒中千樹渾無主　　　　輸與坤池煮海來 *鳴旨島一名坤池

2-04-02-27-03
楓葉微丹霜氣淸　　　　府城兒女荷蓑行
黃麻杷子些些担　　　　一路哀歌唱入城

2-04-02-27-04
春燒季季松立乾　　　　黃腸一樹莫輕攀
朱門近日須錢好　　　　斤斧仍將幷屬官

2-04-02-27-05
前山虎嘯後山鷹　　　　松籟轟轟冷不勝
省識歲寒樵子苦　　　　上峰惟有住持僧

2-04-02-27-06
樵家未侶炭家勞　　　　煙燄連春地不毛
爲有上灘聞鐵澀　　　　半山紅日鍛聲高

2-04-02-27-07
艾蒳風飛剛老龍　　　　當季膏餠遞黃封
＊ 高麗有金裕者 入元誘丞相安童 求本國石茸松膏餠等物
于今只是香瀞貢　　　　猶憶東京再蘗松
＊ 慶州出筍松斬餘再蘗

2-04-02-27-08
癭木長壺吉貝裘　　　　春風只在煙牀頭
樵家自燒千斤木　　　　積秔＊音肺如山眼不留
　　　　　　　　　　李學逵(1770~1834),『洛下生全集』상

2-04-02-28 曲磴樵歌
石磴縈廻傍水濱　　　　白雲深處長靑薪
朝南暮北隨風去　　　　物外閒蹤亦雁臣
　　　尹命圭(1775~?),『鹿谿自集』제1책,〈次權穉蘭馥康川二十詠〉제10수

2-04-02-29 薄暮樵歌
南國風謠異昔時　　　　新聲啁哳爛柯兒
靑山白水歸來晚　　　　秋夜梧桐有所思
　　　　李五秀(1783~1853),『東里集』권1,〈閒居十二詠〉제10수

2-04-02-30 靑門樵謳
我思在江湖　　　　　　我居近城市

俗士少知音　　　　　　人語苦撩耳
時時會意處　　　　　　日夕樵歌起
豈必知正道　　　　　　差喜無世累

　　　　　　　金啓溫(1773~?), 『吟哦錄』 제1책, 〈東里八詠〉 제8수

2-04-02-31 碭峴樵歌(4)

2-04-02-31-01
丁丁方斧響　　　　　　春谷多樵歌
背上柴如屋　　　　　　息肩流水阿

2-04-02-31-02 其二
山上伐木下山歌　　　　歌在山南響北阿
日暮同聲出谷口　　　　亂林寒雨蕭蕭過

2-04-02-31-03 其三
春山多雜柿　　　　　　童子日來歌
人語白雲地　　　　　　斧鳴老樹阿
齊呼石上坐　　　　　　獨唱柳邊過
柴課孰高下　　　　　　入門相與誇

2-04-02-31-04 其四
靑林白水聽樵歌　　　　木柄長鑱人在阿
斫出亂荊十脂溢　　　　束來高楚兩肩過
行輕貫藪呼相集　　　　頭插瞓紅花笑自誇
一路溪前連野直　　　　挪揄聲動暮山哦哦

　　　　　鄭世豊(18세기 말), 『近思齋遺稿』, 〈和雲溪十景敬呈心陽翁〉 제5수

2-04-02-32 陽坡樵歌

陽坡樵父語　　　　　幽懷向誰開
歌罷仍點易　　　　　亦有漁子來

金輝鑰(1813~1881),『太古集』권1,〈武陵八景辛酉〉제5수

2-04-02-33 角山樵唱

高山秋色八玲瓏　　　落葉蕭蕭萬木風
一曲長歌收㭒柮　　　夕陽人在白雲中

李熙奭(1820~1883),『瑞樵遺稿』권1,〈僑長水長安洞詠八景 丙寅〉제4수

2-04-02-34 孝峯樵歌

南北殊風朝暮過　　　若耶溪古孝峯多
巖間十里崎嶇路　　　伐木丁丁歌復歌

張錫龍(1823~1908),『遊軒先生文集:附綠』권3,
〈次寄再從孫汶相棲碧亭八景韻〉제2수

2-04-02-35 台崮樵歌

負重行催下絶巘　　　長歗短唱苦吟多
傍人莫以風流聽　　　勞者元來自有歌

朴致馥(1824~1894),『晚醒先生文集』권1,〈又次八景韻〉제4수

2-04-02-36 後山樵歌

日暮採採薪　　　　　互歌下山陰
安知彼樵者　　　　　不是本無心

鄭致貴(1824~1901),『鶴坡遺稿』권1,〈鶴坡八詠〉제6수

2-04-02-37 巇洞樵歌

芒屩不辭夕露凝　　　小程斜日踏層層
望雲起策靑藜去　　　採桂攀薪白石登
一曲陽春吾自友　　　長年山水爾非僧
爛柯往說眞夢事　　　更覺烟霞繞碧藤

沈珣模(1833~?),『草史集』권2

2-04-02-38 柯原樵歌

數曲爛柯歲成元　　　仙人不見日西昏
四山蕎麥溪南路　　　一澗荊薪水北村
嚶鳥聲中懷友思　　　滄浪和裏慰誰魂
相逢盡是休官客　　　世累塵緣久斷根

沈珣模(1833~),『草史集:(幷)附錄』권3,
〈丹谷精舍八景 丹谷從孫鎭河示以八景韻 嘉其意吟病餘起枕而和之〉

2-04-02-39 寒峙樵歌

山有花兮河有魚　　　淸歌驅出載薪車
苔來江笛塵機息　　　唱盡閒愁日力餘
斷壑雲深歸路黑　　　孤村烟散渡橋虛
可憐一曲汀灑裏　　　語厭兵塵楚客如

沈珣模(1833~),『草史集:(幷)附錄』권3,〈汀灑八景〉제3수

2-04-02-40 鷲嵯樵歌

聲聲伐木和高歌　　　萬斛斜陽照短阿
激石寒波鳴哽咽　　　過雲層嶂立嵯峨

曲無鍾子知音少　　　　　詩遠左思遯迹多
春夢一場柯欲爛　　　　　回看塵世近如何
　　　　　　　　　　李秉珪(1837~1909), 『樂吾齋遺稿』 권1, 〈佳山八景〉 제8수

2-04-02-41 台峀樵歌

棲息山中無外事　　　　　我樵非少爾樵多
所嗟生晩陶唐世　　　　　不學康衢擊壤歌
　　　　　　　　　朴尙台(1838~1900), 『鶴山文集』, 〈次河江界華山亭八景韻〉 제8수

2-04-02-42 鶴山樵歌

山路登登日涉溪　　　　　樵歌相唱又提携
聲流萬壑潛蛟舞　　　　　響落千林宿鳥啼
雲外林端川咽咽　　　　　風前雨後草萋萋
月鐮腰帶斜陽下　　　　　第一峯頭白鶴棲
　　　　　　　　　　　　李震久(1840~1911) 『石松堂遺稿』 권1

2-04-02-43 晩風樵歌

日晏羣樵下上陂　　　　　林巒處處一聲歌
太平身世於斯老　　　　　豪里鍾箏孰少多
　　　　　　　　　　鄭鎭憲(1843~1911), 『聾訒齋遺稿』 권1, 〈八景〉 제6수

2-04-02-44 台峀樵歌

誰把蕘言入台座　　　　　太平聲樂假鳴多
從渠愛惜熙熙像　　　　　不可林間無此歌
　　　　　　　　　　郭鐘錫(1846~1919), 『俛宇先生文集:續集』 권5, 〈華山亭八景〉 제8수

2-04-02-45 鷹峯樵歌

六景鷹峯掛夕陽　　　樵兒吹笛數聲長
炊烟一抹因風起　　　試看前村樹色蒼

　　　　　白樂元(1847~1916), 『晩悔堂遺稿』 권1, 〈晩悔亭八景〉 제6수

2-04-02-46 鴒巖樵歌

盡日擔肩重　　　　　巖歌處處邀
自慚酬問答　　　　　儂亦一夫樵

　　　　　林炳漢(1855~1890), 『晦亭遺稿』 권1, 〈蓮湖八景〉

2-04-02-47 鸛峯樵歌

碧惚早起紅暾出　　　一竈茶烟數點濃
借問歌聲何處至　　　雲間樵客巷南峯

　　　　　李顯獻(1858~1920), 『樵隱遺稿』 권1, 〈樵隱亭十景原韻〉 제2수

2-04-02-48 鸛峯樵歌

靑山綠水白雲下　　　數闋樵歌送夕暉
誰識眞詩間巷在　　　隨風正變發天機

　　　　　李顯獻(1858~1920), 『樵隱遺稿』 권1, 〈附次韻〉 제2수

2-04-02-49 道陽樵歌九章

2-04-02-49-01

道理山中草樹深　　　俯看走鹿仰飛禽
春風秋月肩車路　　　伐木丁丁太古心

2-04-02-49-02
十里蒼灘逝不窮　　　武安西畔表忠東
泝流若覓眞源在　　　直到西山第一峰

2-04-02-49-03
門巖西望碧嵯峨　　　洌水潺潺洗薜蘿
一棹滄浪回首遠　　　不曾淸濁問如何

2-04-02-49-04
八字巖前雲幾重　　　千年寺閉立靑松
夜深定有孤輪月　　　看取禪師悟道胸

2-04-02-49-05
隱谷千回有玉田　　　芭苓蔘朮古攸傳
縱非石髓金丹貴　　　一體功歸綠髮仙

2-04-02-49-06
石田曉日早歸鋤　　　萱藤花開鹿迹疎
退坐梅窓無箇事　　　硏朱細點伏羲書

2-04-02-49-07
桃花千樹洞幽幽　　　吹落風波泛泛流
賴得前溪淸且濺　　　無由逐水着漁舟

2-04-02-49-08
德臺城上白雲飛　　　靈鷲山頭雨細微
回首泥塗車馬客　　　何如身着綠簑衣

2-04-02-49-09

朝采南山山有薇　　　　　北山樗櫟暮薪歸
時來煖飽怡然笑　　　　　墨突徒勞有是非

申龍泰(1862~1898),『道陽集』 권1

2-04-02-50 峯腰樵笛

荷斧登絶頂　　　　　　　疑有爛柯右
山空松子落　　　　　　　笛聲草一葉

金鎭宇(1867~?),『素窩集』 권1,〈做山雜詠 幷嶺內勝蹟〉 제5수

2-04-02-51 齊嶺樵歌

南北村兒催曉飯　　　　　望山尋路入春陰
但聞其響人難見　　　　　應在巖巒草樹深

金基尙(1867~?),『西坪遺稿』 권1,〈次諸生菴中十二詠 菴卽夢聖菴〉 제7수

2-04-02-52 八公樵歌

三五登登弄笛歌　　　　　白雲深處夕陽多
插花不識歸家暮　　　　　碧柳門深月漾波

柳時東(20세기),『春江亭詩稿』 권4,〈春江亭八景詩 南簑晉永夏 長水〉 제6수

2-04-02-53 八公樵歌

八公山動一樵歌　　　　　呼者無窮答者多
曲中行盡衆差路　　　　　鳴谷聲齊石澗波

金斗錫, 柳時東(20세기)『春江亭詩稿』 권4,〈春江亭八景詩〉

2-04-02-54 八公樵歌

雲間樵路兩三歌　　　浮下青天落照多
草笛梅花長短曲　　　聲聲暮渡綠江波

李起元, 柳時東(20세기)『春江亭詩稿』권4,〈春江亭八景詩〉

2-04-02-55 八公樵歌

夕陽搖落數聲歌　　　自此公山晚景多
誰有樵靑恩賜厚　　　隱人應是我風波

崔永錫, 柳時東(20세기),『春江亭詩稿』권4,〈春江亭八景詩〉

2-04-02-56 芝嶝樵歌

靈芝滿嶝看花朝　　　數處樵歌千里遙
紅雨斜陽風一曲　　　靑蘿別界路三條
纖纖凝落雲心遏　　　隱隱傾聽世慮消
唱晚聲中尋石室　　　爛柯古跡洞門寥

丁弘秀(1871~1918),『輝山詩稿』권1,〈星樓八景〉제3수

2-04-02-57 鷗谷樵歌

兩兩樵歌響碧山　　　爛柯人在白雲間
牛羊盡下斜陽路　　　牧竪聲聲渠自間

金鳳煥(1873~1915),『晦峰集』권3,〈莘坪八景 在鰲山治西莘野不日臺下 壬辰〉제6수

2-04-02-58 松亭樵歌

寒松鬱翠四時春　　　野叟村翁往往頻

響落雲間醒我夢　　　　　山靑水綠影交親
　　　　　　　　安圭俸(1874~1955), 『小南遺稿』 권1, 〈鰲山精舍八詠〉 제1수

2-04-02-59 牧谷樵歌

樵歌宜獨不宜多　　　　著得多時亦不那
多少菟兒牛背坐　　　　白楊靑草滿山坡
　　　　　　　　李鍾祥(생몰미상), 『定軒先生文集:附錄』 권1, 〈村居雜詠七首〉 제3수

어가 차례

3. 漁歌 : 어부의 노래 ········ 301
  3-01 고기 잡는 노래 ········ 301
    3-01-01 고기 잡는 노래 ········ 301
      3-01-01-01 後溪打魚 ········ 301
      3-01-01-02 打魚歌 ········ 301

  3-02 뱃노래 ········ 302
    3-02-01 배 띄우는 노래 ········ 302
      3-02-01-01 槎船 ········ 302
    3-02-02 배따라기 ········ 302
      3-02-02-01 船離謠 ········ 302
      3-02-02-02 船人謠 ········ 303

  3-03 해녀 노래 ········ 304
    3-03-01 잠녀가 ········ 304
      3-03-01-01 潛女歌 ········ 304
      3-03-01-02 潛女 ········ 305
    3-03-02 전복 따는 노래 ········ 305
      3-03-02-01 採鰒兒 ········ 305

  3-04 어부의 노래 ········ 306
    3-04-01 어가 ········ 306
      3-04-01-01 漁歌 ········ 306
      3-04-01-02 漁歌 ········ 306
      3-04-01-03 漁歌 ········ 306
      3-04-01-04 漁歌 ········ 307
      3-04-01-05 夜聞漁歌 ········ 307
      3-04-01-06 漁歌(3) ········ 307
    3-04-02 어부가 ········ 308
      3-04-02-01 漁父詞 九首 ········ 308
      3-04-02-02 漁父 ········ 309
      3-04-02-03 漁夫吟 ········ 310
      3-04-02-04 漁父詞 ········ 310
      3-04-02-05 漁夫 ········ 311

  3-05 기타 ········ 312
    3-05-01 각 지역 어가 ········ 312
      3-05-01-01 滄溪漁唱 ········ 312
      3-05-01-02 串浦漁歌 ········ 312
      3-05-01-03 蘆浦漁歌 ········ 312
      3-05-01-04 鵁川漁歌 ········ 312
      3-05-01-05 月夜漁歌 ········ 313
      3-05-01-06 西湖漁歌 ········ 313
      3-05-01-07 串浦漁歌 ········ 313
      3-05-01-08 石川漁歌 ········ 313
      3-05-01-09 東郊漁歌 ········ 313
      3-05-01-10 赤壁江漁歌 ········ 314
      3-05-01-11 沙灘漁歌 ········ 314

3-05-01-12 沙灘漁歌 …………314
3-05-01-13 蓮渚漁唱 …………314
3-05-01-14 耽津漁歌十章 ……315
3-05-01-15 南湖斂歌(10) ……316
3-05-01-16 清溪漁歌 …………318
3-05-01-17 石舟漁歌 …………318
3-05-01-18 露梁漁歌 …………318
3-05-01-19 前溪遊魚 …………318
3-05-01-20 松島漁歌 …………319
3-05-01-21 柳橋漁歌 …………319
3-05-01-22 瀼溪漁歌 …………319

3. 漁歌 : 어부의 노래

3-01 고기 잡는 노래

3-01-01 고기 잡는 노래

3-01-01-01 後溪打魚

吾厭長喫蔬	魚亦畏死者
去則縱捨之	來便爲吾打

李英輔(1687~1747), 『東溪遺稿』 권2

3-01-01-02 打魚歌

野田築堤高丈餘	堤下水深多嘉魚
官僮操網爭來集	解衣作隊水中入
上下丙穴驅魚去	罟聲濊濊沉仍擧
小魚冒草或巧匿	大魚怒跳還自落
我時携客過前川	共觀漁釣坐柳邊
玆事吾欲秖取適	漁父却自誇多獲
口含朱尾人如獺	手擲銀鱗盆似澤
饔女操刀割鮮烹	復有雪膾盤中盈
平生自信無所好	矢魚今夕還娛情
他日貢湖見漁者	機心猶恐萌又生

朴胤源(18세기), 『近齋集』 권1

3-02 뱃노래

3-02-01 배 띄우는 노래

3-02-01-01 槎船

沃野許多地	憐汝居於海
乘危豈樂爲	生涯箇中在
巨艦難力致	小槎便釣採
元非凌海駕	僅客竹竿載
莫曰	無知覺理勢

李然竹(1776~185?), 『然竹集』 권1, 〈敬次耽羅十謠〉 제5수

3-02-02 배따라기

3-02-02-01 船離謠

礮擧兮船離	此時去兮何時來
萬頃滄波去似廻	
此曲傳來二百年	聞者爲之心自哀
高閣匝張羊角燈	別舘淺斟琉璃杯
淸歌妙舞都護府	吹竹彈絲巧呈才
夜闌別掃淸池曲	春風徐動錦纜率
紈扇玲瓏裁翠羽	氍笠回旋骨玉鈿
粉黛東西分兩隊	上船曲終俄下船
咫尺忽起萬里思	手杯不知酒墮筵
憶曾弘光在南都	時事中原變滄桑
崖海之舟尙未覆	後史特書宋不亡

況又隆武曁永曆　　　　舊臣擁戴稱三皇
若使當時具歲幣　　　　一帆登萊指大洋
水中縱爲魚腹葬　　　　靑邱義聲天下揚
座間偶有語此者　　　　仰看星河倒影長
暫憑短曲懷已惡　　　　尙想去留愁彷徨

南公轍(1760～1840),『金陵集』권2

3-02-02-02 船人謠

一船去　　　　　　　　一船來
今日又明日　　　　　　幾人去復廻
西岸有人催呼喚　　　　湖南巡察使行急
交打兩槳來泊岸　　　　屛褥鋪陳猶未及
東岸忽復來相告　　　　羣山漕運今朝發
其行恨不先此至　　　　可奈人一船亦一
官家咆哮迻吏卒　　　　捉頭鞭脛毆打去
但願明府少紓怒　　　　區區小人何敢倨
彼亦國事此國事　　　　不可爭先以要譽

南公轍(1760～1840),『金陵集』권1

3-03 해녀 노래

3-03-01 잠녀가

3-03-01-01 潛女歌

耽羅女兒能善泅	十歲已學前溪游
土俗婚姻重潛女	父母誇無衣食憂
我是北人聞不信	奉使今來南海遊
城東二月風日暄	家家兒女出水頭
一鍬一筶一匏子	赤身小袴何曾羞
直下不疑深靑水	紛紛風葉空中投
北人駭然南人笑	擊水相戲橫乘流
忽學鳧雛沒無處	但見匏子輕輕水上浮
斯須湧出碧波中	急引匏繩以服留
一時長嘯吐氣息	其聲悲動水宮幽
人生爲業何須此	爾獨貪利絶輕死
豈不聞陸可農蠶山可採	世間極險無如水
能者深入近百尺	往往又遭飢蛟食
自從均役罷日供	官吏雖云與錢覓
八道進奉走京師	一日幾駄生乾鰒
金玉達官庖	綺羅公子席
豈知辛苦所從來	纔經一嚼案已推
潛女潛女爾雖樂	吾自哀奈何
戲人性命累吾口	腹嗟吾書生
海州靑魚亦難喫	但得朝夕一饘足

申光洙(1712~1775), 『石北集』 권4

3-03-01-02 潛女

聞道鮍之女	泣珠在深溟
奈何人之女	踏海如戶庭
尺布遮人目	圓匏轉如星
只欲貪多得	何用傾筐盈
莫嫌體有腥	夫情也不輕

李然竹(1776~185?), 『然竹集』 권1, 〈敬次耽羅十謠〉 제9수

3-03-02 전복 따는 노래

3-03-02-01 採鰒兒

橫干島裏採鰒兒	黃瞳赤髮形怪奇
泗水鰍倒雙踝沒	只看綠浸生紋叟
須臾冉冉出波頭	伏瓠長嘯還自投
小兒樵歸桑下睡	嫗來擊起生嗔恚
隣家小嬌年十三	常遊浦口能入深
爾獨爲男不如彼	長在桑下做夢裏
家業何時有饒餘	何時成人聞稱譽
可憐誰不愛其子	不愛性命而敎此
得此以爲生誇此	以爲榮回頭
一歎重感慨世間	多少父兄失其愛
勤敎文字赴官海	

金允植(1835~1922), 『雲養集』 권1, 「昇平舘集」

3-04 어부의 노래

3-04-01 어가

3-04-01-01 漁歌

細柳淸江雨後天　　　穿雲一曲遡風烟
游魚來聽翔鷗集　　　認是蒼波取適仙

　　　　　　　　李胤緖(1574~1624), 『丹圃遺稿』 제2책

3-04-01-02 漁歌

鴉軋西風一櫓輕　　　滄波終日傍魚行
浮雲捲盡暮天碧　　　一曲長歌秋月明

　　　　　　　　金烋(1597~1638), 『敬窩先生文集』 권1

3-04-01-03 漁歌

長竿設鉤餌　　　密絲爲網罧
水族亂於下　　　泛浪扁舟棹
機心一何巧　　　海鷗見之笑
滔滔聲利間　　　進取皆同調
馳車走金門　　　乘勢謁權要
一曲滄浪子　　　玩世特高妙
江湖性所愛　　　初不事漁釣

五歌 幷小序
歲月推遷 功業多障 身處邱樊 感時傷俗 輒濡翰賦之 *盖多觸目眞境事

　　　　　　　　梁進永(1788~1860), 『晩羲集』 권6, 〈五歌〉 제4수

3-04-01-04 漁歌

白蘋滿渚翠烟重	欸乃聲中世味慵
輕輕小艇懸帆鷁	簹簹長竿剪籜龍
幽居非但於山隱	活計是猶爲水農
不用一錢連日醉	平湖萬斛酒如濃

金鵬海(1827~1916), 『韻堂集』 권1

3-04-01-05 夜聞漁歌

遙夜無眠月正明	起聞漁歌兩三聲
乍短更長終復始	前呼後答還相縈
初從暮雲生極浦	更逐寒風過孤城
坎坎動如傳社鼓	嗚嗚鳴若彈秦箏
提起遠客思鄉夢	況柰騷人去國情
聽者自爾愁多緖	知渠非是訴不平

盧應祜(1852~1913), 『竹塢集』 권2

3-04-01-06 漁歌(3)

3-04-01-06-01

太公達者子陵高	各自人間樹立豪
堪笑南溪垂釣老	蘆花楓葉共蕭蕭

3-04-01-06-02

楚江漁父莫烹魚	屈子忠魂滿腹儲
欸乃聲中千古恨	瑤臺一隔美人居

3-04-01-06-03
莫向層溟釣巨鰲　　却來小巷捉纖蠔
我鉤不及人鉤曲　　爭得脩鱗入手豪

작자미상(19세기), 『龜菴集』 제3책

3-04-02 어부가

3-04-02-01 漁父詞 九首

3-04-02-01-01 漁村
漁村漁村　　人在江居熟
爲漁易得魚　　但知魚可食
怪看城市子　　殺猪噉其肉

3-04-02-01-02 漁磯
漁磯漁磯　　石面蒼苔淨
魚遊濠上樂　　鷺立烟際逈
九節古來境　　漁翁盡管領

3-04-02-01-03 漁竿
漁竿漁竿　　竿頭有芳餌
魚隊冉冉來　　含釣魴與鯉
世間貪利徒　　幾人如魚死

3-04-02-01-04 漁網
漁網漁網　　好向浦口截
細鱗不可數　　罣之間龜鼈
收網曬何處　　夕照翻林樾

3-04-02-01-05 漁舟
漁舟漁舟　　　　　　　泛宅靡定向
夏時少風雨　　　　　　春天靜波浪
鼓枻隨處住　　　　　　漁梁羣魚上

3-04-02-01-06 漁簑
漁簑漁簑　　　　　　　江雪正溴濛
踈踈又密密　　　　　　簑衣濕仍重
不愁簑衣濕　　　　　　但愁舟懶動

3-04-02-01-07 漁火
漁火漁火　　　　　　　火明江色澄
雲靄空濛裏　　　　　　舟中點點燈
雕雕渚鴻叫　　　　　　遲擧避魚罾

3-04-02-01-08 賣魚
賣魚賣魚　　　　　　　江市白竹關
聞爾新酒熟　　　　　　開缸莫相慳
大魚貫柳去　　　　　　僮僕沽酒還

3-04-02-01-09 漁歌
漁歌漁歌　　　　　　　江水如斯逝
濁兮我足濯　　　　　　清兮我纓洗
歌也悄終曲　　　　　　白雲來天際

南漢紀(1675~1748), 『奇翁集』 권1

3-04-02-02 漁父
萬川秋水弄輕沙　　　　短棹歸來月一家

俯仰太虛何所有　　　　蓼紅滿江花

　　　　　　　　　魯炳喜(1850~1918), 『壺亭遺稿』 권1

3-04-02-03 漁夫吟

烟滿五湖如碧天　　　　秋高八月蘆花白
姬兒浦口日爲斜　　　　新婦磯頭潮始落
月釣津垂吳姜絲　　　　虹竿渚插楚山竹
生涯簑笠外無餘　　　　一葉片舟隨意泊

　　　　　　　　　金進源(1872~?), 『石我文集』 권1

3-04-02-04 漁父詞

風期暗與同富春　　　　秘隱聖世逸遺民
逸遺兮亦發揚　　　　　文王夢破渭濱巡
皷枻滄浪歌一曲　　　　還笑獨醒楚靈均
蘆一船竹一竿　　　　　順流不覺送日輪
傍人那得識深趣　　　　時來笑我取錦鱗
江上月浦邊風　　　　　秖自領來不用銀
縱棹下楊柳橋　　　　　換美味入吾唇
歸脫簑衣臥晴沙　　　　白鷺競到好爲隣
褐裘掛樹枝　　　　　　菰飯裹荷巾
桃花流流水仙緣重　　　武陵春日或尋眞
煩嫌釣名還多事　　　　空行權門作賤賓

　　　　　　　　　閔丙稷(1874~1938), 『悟堂集』 권2

3-04-02-05 漁夫

於漁奚取號爲漁　　　慣是洲汀獨住余
野潭之水淸如許　　　魚鳥望機興有餘

柳鐘源(생몰미상),『敬勝齋集』권1

3-05 기타

3-05-01 각 지역 어가

3-05-01-01 滄溪漁唱

漁樵問答太多端　　　　魚已盈籃且捲竿
步步回頭歌一曲　　　　暮雲留處滿林寒

　　　　　　　朴瀰(1592~1645)『汾西集』권8,〈兩忘窩八詠〉제3수

3-05-01-02 串浦漁歌

漁郞濠上競觀魚　　　　叩枻乘流樂自如
欸乃聲聲紅蓼岸　　　　十年塵慮一時疎

　　　　　金命龍(1606~1667),『瀨西先生文集』권2,〈次月峯江村十景韻〉제8수

3-05-01-03 蘆浦漁歌

蘆花白如雪　　　　秋江月一彎
漁舟十分淸　　　　漁翁自在閑
約伴鼓枻去　　　　相歌浩渺間

　　　　　　李憘(1611~?, 1646년 진사)『悠悠子稿』,〈原江四景〉제3수

3-05-01-04 鳧川漁歌

鷗鳥新晴後　　　　平沙十里中
漁歌薄暮起　　　　寥亮淸江空

　　　　　　　　宋光心(1614~1668),『治城世稿』권4,
　　　　　　　「秀峯遺稿」〈次金次埛野軒八詠〉제7수

3-05-01-05 月夜漁歌

天入平湖得月多　　　倚船互答短長歌
漁簑契活長如此　　　世路風波子謂何

　　　　　具崟(1614~1683), 『明谷先生集』 권2, 〈養閒堂八景〉 제8수

3-05-01-06 西湖漁歌

滄浪鼓枻曲　　　　　春泛樂何如
青蒻十里浦　　　　　黃雪千石魚

　　　　　金昌翕(1653~1722), 『三淵集遺稿』 권2 〈竹林亭八詠〉 제4수

3-05-01-07 串浦漁歌

夜雨入玉潊　　　　　細磧魚上梁
藹藹踈樹陰　　　　　倦歌正徜徉
扶浪探銀出　　　　　趣味何自長
詎知倚櫳興　　　　　與魚卻相忘

　　　　　李萬敷(1664~1732), 『息山先生文集』 권2, 〈曠如亭八詠〉 제3수

3-05-01-08 石川漁歌

簺簺水竿坐　　　　　魚兒上釣多
不貪何以死　　　　　嘆息一長歌

　　　　　鄭基安(1695~1767), 『晚慕子遺稿』 권8,
　　　　　〈金參議士迪道其瑞山庄明溪八詠要余和之〉 제3수

3-05-01-09 東邨漁歌

欸乃一聲自遠天　　　歸來收釣白蘋邊

數群鷗鷺知音久　　　　却立晴沙猶自眠

崔天翼(1710~1779),『農叟稿』,〈次寧海栗峴書堂韻四首〉제2수

3-05-01-10 赤壁江漁歌

鳥飛鶴去已千秋　　　　逆旅乾坤水自流
無盡江山無盡月　　　　一聲漁笛夜歸舟

申顯祿(1752~1828),『鶴沙集』권1,〈芝山八景〉제8수

3-05-01-11 沙灘漁歌

釣坮碧石高嵯峨　　　　細柳斜風坐一簑
七里灘頭無俗客　　　　武凌洞裡有人家
一竿明月滄浪水　　　　兩岸白雲芦荻花
捲釣皈來山色晚　　　　三盃濁酒又高歌

申顯祿(1752~1828),『鶴沙集』권1,〈墨井八景〉제6수

3-05-01-12 沙灘漁歌

岩下灘聲走白沙　　　　春來流水漏挑花
漁歌一曲靑山暮　　　　有柳穿魚問酒家

申顯祿(1752~1828),『鶴沙集』권1,〈墨井八景〉제6수

3-05-01-13 蓮渚漁唱

漁舟晚有唱　　　　四渚無風浪
騷客未全貧　　　　芙蓉十里帳

張思敬(1756~1817),『耳溪先生文集』권1,〈又八景〉제5수

3-05-01-14 耽津漁歌十章

3-05-01-14-01
桂浪春水足鰻鱺　　　　　樗取弓船漾碧漪
＊船上張䉶者 方言謂之弓船
高鳥風高齊出港　　　　　馬兒風緊足歸時
＊鳥者乙也 乙者東方 東北風曰高鳥風
＊馬者午也 南風曰馬兒風

3-05-01-14-02
三汛纔廻四汛來　　　　　鵲漊波沒舊漁臺
＊假令甲日弦 丙日曰第一水 戊日曰第三水
＊漊者大波也 波白如䕺起曰鵲漊
漁家只道江豚好　　　　　盡放鱸魚博酒杯 ＊食江豚 頻有死者

3-05-01-14-03
松燈照水似朝霞　　　　　鱗次筒兒植淺沙
莫遣波心人影墮　　　　　怕他句引赤胡鯊
＊沙魚大者曰新赤胡 見人影躍而啗之

3-05-01-14-04
楸洲船到獺洲淹＊楸子古獺皆島名　滿載耽羅竹帽簷
縱道錢多能善賈　　　　　鯨波無處得安恬

3-05-01-14-05
兒女脘脘簇水頭　　　　　阿孃今日試新汹
就中那箇花凫沒　　　　　南浦新郎納綵紬

3-05-01-14-06
瓜皮革履滿回汀　　　　　船帖今年受惠廳
*均役以來 雖小艜皆受標帖於宣惠廳
莫道魚蠻生理好　　　　　桑公不赦小筈箸

3-05-01-14-07
艁船初發鼓鏧鏧　　　　　歌曲唯聞指掬蔥
* 字書無艁字 舟橋司取戚氏之制 有艁船之名 今漕船皆舟橋之船 故曰艁船
齊到水神詞下伏　　　　　默祈吹順七山風

3-05-01-14-08
漁家都喫絡蹄羹　　　　　不數紅鰕與綠蟶
澹菜憎如蓮子小　　　　　治帆東向鬱陵行
* 絡締者章擧也 見輿地勝覽

3-05-01-14-09
掾閣嵯峨壓政軒　　　　　朱牌日日到漁村
休將帖子分眞贗　　　　　官裏由來虎守門

3-05-01-14-10
弓福浦前柴滿船 *卽莞島　黃腸一樹直千錢 *梓宮所用之松曰黃腸
水營房子人情厚　　　　　醉臥南塘垂柳邊 *東俗賄賂曰人情
　　　　　　　　　　丁若鏞(1762~1836), 『與猶堂全書』제1책 권4

3-05-01-15 南湖漁歌(10)

3-05-01-15-01
湖裏生憎港漢多　　　　　對籬無處遞相過
漁家摠是撑船好　　　　　覓酒呼燈渡頃俄

3-05-01-15-02
賣卻鉏犁買酒瓢　　儌來田地在南湖
全家想殺戯人好　　恣喫鮮魚抵稅蘆

3-05-01-15-03
荻芽抽箏鴨媒驕　　船尾科頭看漲潮
摠爲季時作生意　　不敎春綱臽魚苗

3-05-01-15-04
住持金佛領湖橋　　無賴風花颺佛寮
摠有魚兒不受釣　　一篙煙水漲塘坳

3-05-01-15-05
不曾辛苦厺栽樊　　剗少蘆林便是門
記得夏山蒼翠好　　風吹瞥見上東原

3-05-01-15-06
一簇蘆花一釣碕　　灣回隱卻小瓜皮
秋來處處戯歌發　　對面聞聲知是誰

3-05-01-15-07
新秋輪釣坐家稀　　別隊豪橫櫂若飛
白首老翁當門戶　　持鍼補綱度秋暉

3-05-01-15-08
荻花風緊水生稜　　湖外空濛不見燈
荷卻笭箵天便曉　　霜華一一綴髯鬙

3-05-01-15-09
靑蛾皓齒簇鳴榔　　　官府何曾趁釣忙
好是夕陽湖口望　　　犬聲炊火滿江滄

3-05-01-15-10
駕洛南湖嶺外無　　　金齏玉鱠不須呼
憐渠魚蟄流澌後　　　自繳桑弓躲雁鳧
　　　　　　　　李學逵(1770~1834), 『洛下生全集』 권上

3-05-01-16 淸溪漁歌
白石淸溪漁子還　　　一聲欸乃水淙潺
山春時逐桃花去　　　換酒斜陽對醉顔
　　　　鄭泰桓(1805~1877), 『蒙養齋遺稿』 권1, 〈月岳精舍十景〉 제6수

3-05-01-17 石舟漁歌
春水新添薄暮時　　　漁歌互唱蘆之漪
烟波身勢魚相忘　　　蘆月生涯鶴共期
　　　　申泰佑(1852~1926), 『野隱遺稿:幷附錄』 권1, 〈次見龍齋八景〉 제8수

3-05-01-18 露梁漁歌
露梁漁子但漁歌　　　聽者翻然感慨多
忠武祠堂何處是　　　至今人說洗兵波
　　　文鏞(1861~1926), 『謙山文集』 권1 〈次韻鄭致亨奎榮愚泉亭十二詠〉 제11수

3-05-01-19 前溪遊魚
淸淺橫溪水　　　　　去底不盈尺

鱗鱗子得意　　　　　　　出入澗中石
　　　　　　　　金鎭宇(1867~?),『素窩集』권1,〈做山雜詠 幷嶺內勝蹟〉제6수

3-05-01-20 松島漁歌

錦沙如練水無波　　　　　日出煙消山自峨
千里江湖秋夜月　　　　　不勝淸興盡情歌
　　　　　　　　魏在鎭(생몰미상),『石汀詩稿』全,〈鸚鵡山八景〉제6수

3-05-01-21 柳橋漁歌

欸乃一聲捲釣時　　　　　峨洋滿目幾重圍
葭謠宛轉山陰棹　　　　　榛曲依俙渭水磯
魚怕垂緡還背走　　　　　禽緣識面不驚飛
柳橋換酒斜陽興　　　　　盡醉何妨帶月歸
　　　　　　　　朴宗術(19세기말),『穩庵遺稿』,〈五世律詩〉제6수

3-05-01-22 瀼溪漁歌

溪上漁家有　　　　　　　得魚歌自娛
聞來醒我耳　　　　　　　誰是濯纓儒
　　　　　　　　安昌烈(20세기 초),『東旅文集』권2,
　　　〈金文顯來宿荷亭爲題八詠拈唐五古韻余爲主人牽率以賦〉제3수

부요 차례

4. 婦謠 : 부녀자의 노래 ·····323

4-01 길쌈 노래 ·················323
4-01-01 목화심기 노래 ··········323
4-01-01-01 種木綿花 ·············323
4-01-01-02 木綿歌 ················323
4-01-02 목화 따기 노래 ·······324
4-01-02-01 採木花吟 壬申三月
·························324
4-01-03 목화 타는 노래 ·······324
4-01-03-01 彈綿詞 ················324
4-01-04 베 짜는 노래 ··········324
4-01-04-01 織婦歎 ················324
4-01-04-02 貧女織 ················325
4-01-04-03 織布詞 ················325
4-01-04-04 織凉 ···················325
4-01-04-05 隣家織女 ············325

4-02 방아찧기 노래 ···········326
4-02-01 디딜 방아 노래 ········326
4-02-01-01 水碓舂梁 ············326
4-02-01-02 水舂歌 ···············326
4-02-01-03 舂歌 ···················326
4-02-01-04 舂歌 九絶 ···········328
4-02-01-05 舂磨 ···················329
4-02-01-06 舂歌 ···················329

4-02-01-07 舂梁謠 ················330
4-02-01-08 舂麥 ···················330
4-02-02 절구 방아 노래 ········331
4-02-02-01 舂杵女 ················331
4-02-02-02 相杵歌 ················331
4-02-02-03 村女杵歌 ·············331
4-02-02-04 舂歌行 與李春培 ·331

4-03 누에치기 노래 ············333
4-03-01 뽕 따기 노래 ···········333
4-03-01-01 鳥項峙採桑歌 ······333
4-03-02 잠부가 ·····················334
4-03-02-01 蠶婦詞 八首 ········334
4-03-02-02 蠶婦詞 ················335
4-03-02-03 蠶婦吟 ················336
4-03-02-04 蠶婦詞 ················336
4-03-02-05 蠶婦吟 ················337
4-03-02-06 蠶婦詞 ················338

4-04 잡일 노래 ··················339
4-04-01 다듬이질 노래 ·········339
4-04-01-01 擣衣篇 八絶 ········339
4-04-01-02 擣衣詞 ················340
4-04-01-03 擣衣婦 ················340
4-04-02 바느질 노래 ·············341

4-04-02-01 阿女篇 …………………341
4-04-03 물 긷는 노래 …………342
4-04-03-01 汲筩 …………………342
4-04-03-02 汲婦 …………………342
4-04-04 나물 캐는 노래 …………342
4-04-04-01 春榮謠 ………………342
4-04-04-02 怨女草歌 ……………343
4-04-04-03 前下山歌 ……………343
4-04-04-04 後下山歌 ……………344
4-04-04-05 幽崖採謠 ……………345
4-04-04-06 採榮詞 ………………345
4-04-04-07 薇田軟榮 ……………345

4-05 여성 생활 노래 ……………346
4-05-01 농가 여성 노래 …………346
4-05-01-01 村婦詞 二首 …………346
4-05-01-02 村婦詞 ………………346
4-05-01-03 丹丘俚曲(8) …………346
4-05-01-04 田婦 …………………348
4-05-01-05 村婦(2) ………………348
4-05-01-06 貧女 …………………348
4-05-01-07 東家 …………………348
4-05-01-08 婦餉田 ………………349
4-05-01-09 田家婦 ………………349
4-05-01-10 詩家婦 ………………350
4-05-01-11 戱村女 ………………351
4-05-01-12 田家女 ………………351
4-05-01-13 田婦詞 ………………351
4-05-01-14 田婦 …………………352
4-05-01-15 貧家婦 ………………352
4-05-02 시집살이 노래 …………352
4-05-02-01 苦苦苦 ………………352

4-05-03 의붓어미 노래 …………353
4-05-03-01 晩孃篇 ………………353

4-06 사랑 노래 ……………………354
4-06-01 고염곡 ……………………354
4-06-01-01 古艶雜曲 十三篇 ·354
4-06-02 신염곡 ……………………356
4-06-02-01 新聲豔曲 十篇 ………356
4-06-03 자야가 ……………………357
4-06-03-01 子夜歌 二十首 ……357
4-06-04 아조 ………………………360
4-06-04-01 雅調第一(17) ………360
4-06-05 염조 ………………………363
4-06-05-01 艶調(18) ……………363
4-06-06 탕조 ………………………366
4-06-06-01 宕調(15) ……………366
4-06-07 비조 ………………………368
4-06-07-01 悱調(16) ……………368
4-06-08 기타 ………………………371
4-06-08-01 秋夜長 ………………371
4-06-08-02 月節變曲 十二首 ·371
4-06-08-03 戱爲泉浦泣別美人 十絶
………………………373

4. 婦謠 : 부녀자의 노래

4-01 길쌈 노래

4-01-01 목화심기 노래

4-01-01-01 種木綿花

木綿花種下平田　　　茂實秋來白雪堆
札札機杼勞玉手　　　天寒無恙遍身裁

　　　　　　　　權紀(1546~1624), 『龍巒先生文集』 권1

4-01-01-02 木綿歌

木棉花日下　　　幹機翻兩軸
乾軸左旋坤右旋　　　乾坤震蕩霆亂雹
木棉花向壁　　　坐彈無箭弓
弓在膝邊指拂絃　　　微風乍動白雲中
木棉花縱橫　　　經縷及緯絲
輸之縣官餘幾何　　　命藏稍細密一段
要待長男取婦時

　　　　　　　　南龍萬(1709~1784), 『活山先生文集』 권1

4-01-02 목화 따기 노래

4-01-02-01 採木花吟 壬申三月

綿絮元非東土産　　邊城自古布衣寒
我將始播幽閑處　　須教兒童不怕寒

金起泓(1635~?), 『寬谷集』 권3

4-01-03 목화 타는 노래

4-01-03-01 彈綿詞

彎彎嫋嫋竹枝掘　　郁郁紛紛花絮興
何似江南絃索手　　豊季席上只登登

李學逵(1770~1834), 『洛下先生集』 권上, 「苙亭紀事詩」

4-01-04 베 짜는 노래

4-01-04-01 織婦歎

秋日苦短秋夜遲　　熠燿亂向東家飛
東家少婦爇松明　　更深織布無休時
去歲親戚多負逋　　里正向我索秋租
昨日夫婿入官府　　訴寃反遭鞭筈歸
不怨他人但怨有此身　青天白日無光輝
縱令織布成十匹　　一尺難作身上衣
我家今歲亦流顚　　不知辛苦移誰邊
停梭太息淚如雨　　還對殘燈機上眠

申益愰(1672~1772), 『克齋先生文集』 권1

4-01-04-02 貧女織

停梭怊悵坐頤支	自恨當時學母爲
城郭去年無盡淚	空閨今日有餘悲
隔牕蟲語傳秋急	盈篋麻絲恐失期
幾日勤勞成一匹	鶉衣猶著室中兒

河應命(1699~1769), 『癡窩遺稿』 제1책

4-01-04-03 織布詞

早理新絲備絡緯	惻寒先作負薪衣
懶夫無事封窓臥	冬服春來始上機

南龍萬(1709~1784), 『活山先生文集』 권1

4-01-04-04 織涼

所習元是涼	非曰利勝布
一襦與五袴	都是此中付
非但糊焉計	從焉細糶賦
昔何細密貴	而今踈孽寡
世道元如是	俗尙在整誤

李然竹(1776~185?), 『然竹集』 권1, 〈敬次耽羅十謠〉 제8수

4-01-04-05 隣家織女

阿郞昨日換春衣	催罷晨粧急上機
蠶吐金絲隨手錯	燕輕風尾逐梭飛
稚嬌在席啼呼乳	舅氏謨鄰去採薇
忽看村烟生遠樹	提甕滿汲夕陽歸

崔馨植(1825~1901), 『秋溪遺稿』 권1

4-02 방아찧기 노래

4-02-01 디딜 방아 노래

4-02-01-01 水碓舂粱

低昂隨水達宵長	粒粒精舂白膬霜
山女不曾勞筋力	抱箕歸處面生光

李民觀(1705~1772), 『廷城世稿』 권1 〈次水月亭雜詠韻〉

4-02-01-02 水舂歌

嘻吁噫奇而壯哉	水舂之水何撞撞
舂水纔深四五尺	水舂之勢令人懾
深山之木上撓雲	伐之丁丁洩□□
一頭杵兮一頭桶	大小長短尺有度
連抱之木又作臼	作臼或用石
杵臼相稱水又適	一日一夜舂幾斛
不費人力又不相	自低自昂動天機
庇以矮屋避風雨	白頭老禪時來治
但用箕帚去粃糠	箇箇長腰如碎玊
一斗穀尙可舂	不舂穀何以食
禪家處處皆用此	蓋取諸省傭徒
我來見之發長歌	始作舂者其神乎

李重廷(1711~1794), 『陋室集』 권1

4-02-01-03 舂歌

李生命培 有文好學 家貧業舂粟 憐其志 戲爲長歌 贈之

朝春歌　　　暮春歌
無人問奈我何
請成相
言不入耳何須洗
請成相
果信胸中無俗累
請成相
上有慈親下妻弟
江村民業在春粟
淸晨出浦訪稻船
歸來春至暮
買稻若貴賣米賤
猶零赤糲與粏屑
翁執杵
不辭汗浹身鼇厎
粗糠捼捼
細糠霏霏
白盡鬚髮蒼
杵杵曲曲歌未已
我歌歌有以
衰衰都付此
盡入嘔啞啁啾
有時忼慨氣轉激
亦到冥杳理有契
或揚杵呵呵
人只知君力有罷旺

終日無人問我歌
請歌一曲成相歌
笑人歌瓢又歌鳳
人自異趣從煩諷
嵇鍜韓藥皆拙計
焉勞藏名强自穢
孔德村翁寒賤客
學稼無田家四壁
非爲避世故詭跡
一石箕還三百錢
擔米向市廛
日日勤若少奇羡
可作饘粥供親膳
婦簸揚
揚急風多易飄糠
撲面皮生痒
塗口塞鼻
翁亦有何喜
勞者固有歌
平生百函書
賢愚得喪千古事
唧嘖長聲短聲裡
擧杵逾多歌逾促
歌聲漸微杵聲寂
或按杵太息
務有勤懶

却不知君滿腔杈枒　　　礧砑消不得
請成相
人不知君君何憾　　　不妨時訪桐江宅

李命翊(1740~?),『信齋集』책1

4-02-01-04 春歌 九絕

4-02-01-04-01
父家有水碓　　　兒生但習舂
早知爲貧婦　　　未嫁先學舂

4-02-01-04-02
小姑嬌不杵　　　大姑病不箕
祇可多貯粟　　　難舂未必飢

4-02-01-04-03
舂伴夕已會　　　長廊月復明
三人如去一　　　臼玉那得精

4-02-01-04-04
東隣有富家　　　女隷千足指
鷄鳴請授舂　　　主媼猶不起

4-02-01-04-05
邀君軟麥飯　　　照君明松火
君如無所舂　　　佐我舂亦可

4-02-01-04-06
今年霜降早　　　晚稻多不登

君田向陽在　　　　　一石果幾升

4-02-01-04-07
春黍未到熟　　　　　春秫又何壯
翁舅好飲酒　　　　　敢道無春粮

4-02-01-04-08
寒杵如機梭　　　　　井梧多夜雨
阿母有時呼　　　　　兒啼且歸乳

4-02-01-04-09
我牛生白犢　　　　　君蠶縛黃繭
杏花月欲西　　　　　春多多益善

　　　　　　　　尹東野(1757～1827), 『弦窩集』 권1

4-02-01-05 春磨

春則必以歌　　　　　南隣復北隣
如泣泣何事　　　　　如怨怨誰人
載夫船何去　　　　　徵租鞭小民
昔聞萬德嫗　　　　　馬牛十百屯
如何男子懶　　　　　偏苦女人身

　　　　李然竹(1776～185?), 『然竹集』 권1 〈敬次耽羅十謠〉 제5수

4-02-01-06 春歌

相杵古有歌　　　　　乃聞年豐後
女伴喜啁啾　　　　　村屋映深柳

斷續非赴節　　　　　　長短只信口
其音雜里巷　　　　　　其思起田畮
天高露欲下　　　　　　月明夜已久
或舂又或揄　　　　　　倡酬相與耦
但願年復年　　　　　　高廩如山阜
簸之以南箕　　　　　　量之以北斗

五歌 並小序
歲月推遷 功業多障 身處邱樊 感時傷俗 輒濡翰賦之 *盖多觸目眞境事

梁進永(1788〜1860),『晚羲集』권6,〈五歌〉제3수

4-02-01-07 春粱謠

勿言綈袍煖　　　　　　父子更着之
衝寒東城去　　　　　　苦願營禆爲
依倚方伯勢　　　　　　足免縣官布
貧女入機織軍布　　　　手凍絲絶淚沾杼
淚沾杼身苦飢　　　　　石上慊慊舂粱黍
舂粱舂黍不盈升　　　　嗟嗟何以慰老父

金時保(18세기),『芽洲集』권8

4-02-01-08 舂麥

十飽新麥沃晨濤　　　　三聽嬰谿月尙高
脫去麤皮超鳳實　　　　掃來散粒轉鸎桃
助箕小妹眠餘困　　　　促飯良人語更豪
舊繫稻粱非不足　　　　浩多賓祭備淸醪

崔坤述(1870〜1953),『古齋集』

4-02-02 절구 방아 노래

4-02-02-01 舂杵女

玉杵高低弱臂輕　　　羅衫時擧雪膚呈
蟾宮慣擣長生藥　　　謫下人間手法成

柳永吉(1538~1601), 『東國風雅』 권3

4-02-02-02 相杵歌

蛩音星昃夜三更　　　寒夢頻驚相杵聲
只是貴家要白粲　　　辛勤千鑿也須精

盧欽(1527~1602), 『立齋先生文集』 권1

4-02-02-03 村女杵歌

土俗無舂鑿　　　村娥抱杵歌
高低如有調　　　斷續似相和
欲解須憑譯　　　頻聞漸不呵
凄涼曉月下　　　遠客鬢先皤

鄭蘊(1569~1641), 『桐溪先生文集』 권1

4-02-02-04 舂歌行 與李春培

委巷有姓李名春培者 純古性 長身疎眉宇 卽其言語而心事是也 解屬文 又長詩律 善楷字 昨與遊往往多知名士 命甚薄 四十妻死 明年一女死 惟老母在貧 不能養儵 室陶湖側販穀 作舂食其羡 三日舂免一日飢 與余有翰墨交 作歌詩悲其有才有志而貧 且窮無歸也

春歌復春歌　　　　　春歌聲正苦
女守臼男抱杵　　　　數村日落煙火聚
君不見
舍西李氏子　　　　　身長八尺貌黃槁
四十妻死無一子　　　堂有母母已老
陶湖之上牛山下　　　室如伏龜埋蓬草
家貧無衣食　　　　　作舂江城道
去年旱無雨　　　　　百穀如金玉
朝朝入市販穀回　　　穀貴價賤難爲殖
三日舂出一斛粟　　　一斛不滿十斗米
杵重且大不慣舂　　　貌赤手胝流汗泚
春歌不敢歇　　　　　一日不舂十日飢
自言食力安於心　　　舂之爲業何有卑
王章臥牛衣　　　　　倪寬鉏東菑
古來碩人達士皆如此　吾何必戚戚於吾所爲
春歌復春歌　　　　　春歌聲正悲
西巖居士見之歎　　　但聞杵臼終日鳴軋伊

　　　　　　　　　　金載瓚(1746〜1827),『海石遺稿』권1

4-03 누에치기 노래

4-03-01 뽕 따기 노래

4-03-01-01 鳥項峙採桑歌

明窓按古禮	王后親公桑
因作生民業	女工各隨方
後世傳美俗	家家作蠶房
夏后貢靑兗	鄒聖勸齊梁
迨今三月令	山家蠶事忙
長女晨濯手	頻祝馬頭娘
稚蠶稍長大	一眠再眼牀
巨者分茅席	小者滿葦箱
家人急告余	蠶飼何以當
朝向靑山去	椹桑處處長
柔桑未沃若	芳枝或遠揚
鄰婦先採採	轉眄復彷徨
左手提曲箔	右手持斧斨
伐枝還取葉	掬掬貯于囊
爰求荊底澗	更踏石邊岡
林端日已晚	簞食療飢腸
鵑語催山北	鶯歌答山陽
吸水澗邊坐	揮汗心自傷
遙指山下屋	老母在高堂
遠村夕烟起	幾多倚閭望
背負春光返	室人承以筐

蠶農幸大登　　其喜不可量
我絲明且潔　　可作親衣裳
先私後公意　　還愧豳風章

　　　　　　　　李根汶(생몰미상), 『自坡遺稿』 권1

4-03-02 잠부가

4-03-02-01 蠶婦詞 八首

4-03-02-01-01 浴蠶
浴蠶浴蠶　　蠕蠕未盈盤
搗桑飼靑葉　　黑白色不班
但可勤護養　　渠性最怕寒

4-03-02-01-02 採桑
採桑採桑　　蠶眠不可饑
桑女日採桑　　桑葉亦已稀
不憚提筐勞　　惟喜蠶日肥

4-03-02-01-03 上箔
上箔上箔　　蠶老體氷白
吐絲作圓房　　大繭如雪色
本身化飛蛾　　夢迷莊園蝶

4-03-02-01-04 引絲
引絲引絲　　湯火自沸熱
軋軋轆轤鳴　　引絲時斷絶
反嗔絲脆弱　　主人恩太薄

4-03-02-01-05 繅絲

繅絲繅絲	萬縷絲相縈
當牕女歎息	幾日一疋成
織梭莫懶擲	促織機下鳴

4-03-02-01-06 搗砧

搗砧搗砧	砧聲秋夜長
九月已霜落	心忙手亦忙
女也不得衣	弊服委舊箱

4-03-02-01-07 授衣

授衣授衣	手持舊刀尺
絲縷纏綿意	君子身上着
衣新豈不美	故衣亮可惜

4-03-02-01-08 納官

納官納官	府吏休嗔喝
妾身雖愚婦	亦知尺與疋
爾織彤庭帛	猶我機中出

南漢紀(1675~1748) 『奇翁集』 권1

4-03-02-02 蠶婦詞

農桑生民之大本	蠶織閨門之機樞
阿娘十五學組織	其工絡緯其才蛛
五畝城南里	蠶月條桑桑百株
蠶經三睡絲滿腹	上薪箇箇懸瓊珠
星盆繅縷縷	如金煙機漠漠

啼夜烏低翠眉忙　　　玉手弄杼且莫慢
須臾舅姑歲暮肢體疲　夫婿從師學業劭
勸業可斷樂羊機　　　安體不羨孟嘗狐
寶函藏得菱花盦　　　不暇艶粧窺紅芙
去年生兒幸添丁　　　任汝襁裏啼呱呱

趙錫濟(1848~1925),『綿溪文集』권1

4-03-02-03 蠶婦吟

柔葉裊裊鳴幽禽　　　羅敷採柔正沉吟
忽逢五馬歸南浦　　　陌上相迎敬相語
出門三年不見君　　　惟見柔陰繞一村
望君樹立日高遠　　　惜君風骨極淸婉
世亂只合捲無名　　　何用雲衢得意行
小園櫻桃新吐□　　　昨夜風吹已零落
富貴倘來豈嫌遲　　　戈夫行藏會有時
古人□以戒疾走　　　黃金滿屋知何有

白晦純(1828~1888),『藍山先生文集』권1

4-03-02-04 蠶婦詞

希穀鳴日溫溫家　　　家畢出耕田夫戴
勝飛桑沃沃少婦　　　執筐東西呼朝而
採桑牛饁耕飄旋　　　短裳休時無收功
勤苦後摘□摩挲　　　貴於珠防寒莫如
帛堂上老舅姑忍　　　飢夜織纔斷機門
外咆哮催官租東　　　隣厭膏粱架有錦

裳箱羅襦天公賦　　　命苦不齊胡爲鷺
兮胡爲烏我聞三　　　王世制產自有謨
天子耕籍后親蠶　　　恩及小民如嫗呴
井田廢兼並起紛　　　紛爭楚吳白頭書
生繞壁行漆槃憂　　　深歌嗚嗚我願仁
天生聖人嫗子嘻嘻民其蘇

李準九(1851~926), 『信庵集』 권1

4-03-02-05 蠶婦吟

倉鶊三月載陽春　　　兒女蠶工及好辰
盤中掃臥不盈匙　　　蛾子脫紙微玄身
爰求柔桑餘一掬　　　金刀爛剉翠羽均
短篋淺箱各分置　　　初眼蛻盡胚胎鱗
女桑採採薄言祜　　　再眠洽爲滿席陳
以伐遠揚斧斨取　　　三眠白白色如銀
結棚井井懸繩索　　　織箔纖纖破篁筠
採盡五畝多辛苦　　　經綸滿腹上枯薪
摘繭琅琅招伴語　　　斗足三四不稱貧
阿郞販得手中貨　　　昨日嶠南來賈人
韓蠶漸減洋種出　　　自官索金賣我民
閭閻從此繰絲絶　　　胥吏奈何調査頻
蠶桑一月餘空手　　　去作他人身上珎
養生送死皆無賴　　　八耋堂上在兩親

閔丙稷(1874~1938), 『悟堂集』 권2

4-03-02-06 蠶婦詞

春雨初晴春日遲　　凝粧靜服出門時
一眠蚕起惹纖手　　山北山南桑樹枝
葉底年年歌采采　　戴勝自不怕人知
柔腸春思杳難抑　　繹得新絲將爲誰
芳艸依依入恨綠　　邪家公子無還期

李錫熙(20세기 초), 『一軒集』 권2

4-04 잡일 노래

4-04-01 다듬이질 노래

4-04-01-01 搗衣篇 八絕
*余讀書於黃衣洞齋舍 每夜聞搗衣聲出壁藏中因賦此

4-04-01-01-01
烟機新剪碧雲紗　　　夜夜調砧手法誇
惆悵詩人驚睡起　　　幽篁庭畔月初斜

4-04-01-01-02
南原綠艸送君遊　　　蕙枝荷裳不耐秋
千載芳塵餘恨在　　　故將輕杵搗紅愁

4-04-01-01-03
蓮步纖纖拜月初　　　低聲呼伴水南廬
阿孃入夜催新服　　　官道柔桑已拂車

4-04-01-01-04
農家多事罕登機　　　箱子全貧送嫁衣
諸妙看籠羞可柰　　　滿庭明月趁淸輝

4-04-01-01-05
兒生三歲犢褌裁　　　騎竹前街裂幅回
怒詈非眞憐愛劇　　　長廊曳屨起徘徊

4-04-01-01-06
洴澼吳娥隔水家　　　百金長技饒生涯

邊籌聖代鯨波靜　　　龜手神方爾莫誇

4-04-01-01-07
響雜湘林瑟韻清　　　雲根一片向江平
世無博謇孺均弟　　　何故慇懃送數聲

4-04-01-01-08
琴書斗室淨無氛　　　丌册森嚴對聖言
休令一陣陽臺雨　　　踏翠霏紅惱夢魂

　　　　　　　　朴致馥(1824~1894),『晩醒集』권1

4-04-01-02 搗衣詞

亂石灘頭冰似鏡　　　疎燈屋角雪如綿
蕭蕭洴澼寒烟外　　　歷歷砧聲落月邊
織手呵裁縱復橫　　　箱傍索索剪刀鳴
堂上翁姑舊袴薄　　　屛間稚子新衣爭
妾身辛苦妾身寒　　　不足營求不足嘆
歲暮思君君不返　　　邊山風雪戍衣單

　　　　　　李錫熙(19세기말, 20세기초),『一軒集』권1

4-04-01-03 搗衣婦

靑砧素手惜停時　　　月小風多夢寐稀
郞不知農唯嗜酒　　　江壚典却舊縫衣

　　　　　　李錫熙(19세기말, 20세기초),『一軒集』권1

4-04-02 바느질 노래

4-04-02-01 阿女篇

阿女勿縫裳	勿繡香囊
東家撲棗	西家與汲水漿
懊憹有尺素書來	勿復嬌癡
遲上堂	上高堂
阿爺寄書來	阿爺去時
草生淺淺	車輪催催
但道作官去	不言遊蕩久
不廻書中何所有	懊憹不可道
三日責成舞衣裁	不用羅紵縞
羅紵縞麁且不好	彼棠之華
其葉湑湑	花作衣兮葉作綬
阿女端坐不動	
左手掃鵝黃	右手執煤兎
低頭謂阿母	阿母勿怨悲
淚落恐汚衣	袪阿女答書
道葉兮	堪結花可剪
女手之卷可以縫	但無針與線
南有松兮北有蘭	松作針兮蘭作絲
早使官人寄將來	

崔成大(1691~1761), 『杜機詩集』 권1

4-04-03 물 긷는 노래

4-04-03-01 汲筩

男女負戴之	盖隨各防閑
奈何徒知負	女容作男顔
齒齒崎嶇路	行步正爲艱
賴有山底泉	近在勞力删
軟質傴僂出	健婦立後訕

李然竹(1776~185?),『然竹集』권1,〈敬次耽羅十謠〉제7수

4-04-03-02 汲婦

長瓢垂索一尋餘	汲出淸泉緩卷舒
斜日園頭剪菜後	暮烟廚裏作飱初
曠懷欲吐言言細	勞苦相陳步步徐
此地方宜看德性	問誰鉗口過前閭

徐祥烈(1843~1867),『默窩逸稿』권1

4-04-04 나물 캐는 노래

4-04-04-01 春菜謠

野田日暖雨初晴	雜菜迎春皆怒生
羊蹄馬齒又鷄腸	靑薺白蒿與黃精
勾者戴土拳未張	尖者出芟頭如芒
去歲農畝少所收	村家恃此以爲糧
平朝老嫗携兒女	遵彼山坡仍澗傍
長日身饑困無力	竟夕采采不盈筐

半雜陳根半塵沙	十步一休歸到家
老翁捨薪俟	小兒乞火至
老嫗語老翁	有菜無鹽豉
長者或可食	兒小嚥不得
老翁低首不答言	出門獨坐長嘆息

朴泰淳(1653~1704), 『東溪集』 권3

4-04-04-02 怨女草歌

有花花多思	幽魂野田草
白白雙玉粒	懊憹那能道
苦心猶未已	年年發春風
低徊如向人	口輔臙脂紅
惟有蒨裙識	採之長歎息

崔成大(1691~1761), 『杜機詩集』 권1

4-04-04-03 前下山歌

下山 鄉里女兒採山時歌也 其詞多俚褻不經 其聲以悲哀怨慕爲主 一女先倡 十女從而和之 暇日 詢及所由始 無能言之者 因念子夜懊憹讀曲囉嗊 其始何嘗不詘俚猥瑣 如今之下山也乎 皆由詞人韻士制作隲梧之如何耳 遂搜其詞 爲下山前後歌各七章 斯即下山時 先倡後和之義也

上山苦當喘	下山愁當歌
當喘不可說	當歌愁奈何
春朝散遊絲	徧與春時女
朝朝下山時	無處不愁緒

鳴聲不如歸　　那曾嘔血了
傳是不歸魂　　爲此山中鳥
染裙莫太紅　　太紅招人見
緣山七里隈　　行人苦顧戀
採山亦有伴　　得採還戴頭
來時北門道　　見兒遺釵不
南巫賽山日　　被服誰不欽
鳴鐃不足聽　　擊鼓眞如心
可笑盲師邃　　生來邨野聲
教兒牭學得　　何事不知卿

　　　　　　　李學逵(1770~1834),『洛下生全集』권上

4-04-04-04 後下山歌

可憐昏中參　　先夕儲胥上
裁衣尙未終　　已插南山嶂
狂兒初離母　　溫存莫浪憐
悲鳴最寒夜　　通夕攪兒眠
山西去當壚　　夫子何太野
教將酒勸人　　那嫌親手瀉
南妓信非羞　　裙衣極襴襴
言辭半齒音　　的是京城語
渠是府胥兒　　遮人壟東麥
麥秀正含胎　　因渠太狼藉
孱僮牝馬鞍　　自謂千金子
顏色尙猶人　　衣履太不侶
鴉頭渾脫帽　　當門舖乳兒

兒今十七許　　　　　　　羞汝喚娘時
　　　　　　　　　　李學逵(1770~1834),『洛下生全集』권上

4-04-04-05 幽崖採謠

紅樹芳陰採綠謠　　　　幽居春日破寥寥
鶯歌鵞語兼淸滑　　　　把酒憑欄興不消
　　　　　　　安英老(1797~1846),『勉庵集』권1,〈高山齋十六景〉제10수

4-04-04-06 採茱詞

採茱城南婦　　　　採茱不盈筥
回首歌一曲　　　　落花寂寂
靑山暮　　　　　　山路多石角
纖纖弱手　　　　　空辛苦
春日遲遲兮　　　　腰帶減一圍
子規一聲腸欲斷　　怊悵獨何歸
江邨斜日雨霏霏　　溪畔裊裊垂楊裏
堪把長條惱欲眠　　採茱婦採茱婦情
可憐爲汝歌一曲
山蒼蒼　　　　　　水涓涓
　　　　　　　　　　金榮洛(1831~1906),『龜溪遺稿』권1

4-04-04-07 薇田軟菜

春雨濛濛濕　　　　薇蕨細生茅
採女携筐去　　　　爭唱山有花
　　　　金鎭宇(1867~?),『素窩集』권1,〈做山雜詠 幷嶺內勝蹟〉제10수

4-05 여성 생활 노래

4-05-01 농가 여성 노래

4-05-01-01 村婦詞 二首

4-05-01-01-01
貧家無食亦無衣　　兒女啼寒稚子饑
日暮山前村路黑　　出門猶待賣薪歸

4-05-01-01-02
貧家少婦謾多情　　夫壻苦寒衣未成
夜向窓前獨不寐　　隔林松火繰車鳴

李星益(17세기), 『龜菴先生集』

4-05-01-02 村婦詞

深村有婦人　　不知新髻插釵
閒容儀見客　　低頭不肯語
紅潮着面偸眼時　　若敎置在歌舞地
儒州妓女應羞死

崔成大(1691~1761), 『杜機詩集』 권1

4-05-01-03 丹丘俚曲(8)

4-05-01-03-01
草草山中女　　生不識綺羅
富家黃楊釵　　貧家本無釵

4-05-01-03-02
黑布三幅裙　　　　　　是儂嫁時裁
一幅大娣贈　　　　　　二幅郞便來

4-05-01-03-03
日日白木钁　　　　　　獨採吉更草
借問大堤娘　　　　　　看花那得飽

4-05-01-03-04
中男能遠樵　　　　　　大男善耕犁
小男大聰慧　　　　　　八歲能把鋤

4-05-01-03-05
三娘復四娘　　　　　　辛苦採紫草
一掬麥一升　　　　　　十掬麥一斗

4-05-01-03-06
窈窕東家娘　　　　　　十五西家嫁
小少同遊戲　　　　　　今日那不語

4-05-01-03-07
阿郞催夜舂　　　　　　明日西疇理
舂時莫去糠　　　　　　細糠狗餌膩

4-05-01-03-08
小男莫夜啼　　　　　　門外虎聲去
阿爺洗鋤去　　　　　　來時懷餠輿

李安中(1752~1793), 『玄同集』

4-05-01-04 田婦

田婦鋤田中　　　　　　二兒置屋裏
屋裏望田畔　　　　　　小兒啼亂耳
母語大兒　　　　　　　將小兒去向
不見我處止　　　　　　見我啼不已

金鍾厚(1721~1780), 『本庵集』 권1

4-05-01-05 村婦(2)

4-05-01-05-01
問君母年幾　　　　　　我母常多病
了鋤合一歸　　　　　　舅嚴不敢請

4-05-01-05-02
君家遠還好　　　　　　未歸猶有說
而我嫁同鄉　　　　　　慈母三年別

李亮淵(1771~1853), 『大東詩選』 권8

4-05-01-06 貧女

共得一天氣　　　　　　鷺白烏何黑
人富我何貧　　　　　　呵手夜中織

李亮淵(1771~1853), 『山雲李亮淵 詩選』

4-05-01-07 東家

綉我羅衣裳　　　　　　何必雙元央
父母勿我嫁　　　　　　嫁者多苦業
東家啼遠戍　　　　　　西家怨遊俠

但願爲女瘦	不願爲婦肥
苦樂在於人	樂亦不足爲
二十豈粉脂	十五耻畵眉
月出東南天	誰家不開帷
念彼月下人	優閒少如台
却爲他人憂	弱淚無乾時
所以古君子	樂彼猗儺枝

李亮淵(1771~1853), 『大東詩選』 권8

4-05-01-08 婦餉田

野薔薇花白雪落	丁男揷田身獨作
屋中無人婦餉來	壟上披草相對嚼
婦謂夫	春麥炊遲腹飢無
婦謂夫	兒啼□拾歸勿久
朱門仕女靑孀眠	願爲農民婦餉田

李象秀(1820~1882), 『峿堂集』 권3

4-05-01-09 田家婦

田家少婦何所歎	身備四愁心五悲
新嫁三日承姑訓	織絹耘畝宜及時
農乃登麥期卒歲	布欲供稅看星移
夕窓紡燭晨繼爨	垢膩頰淚斑斑垂
夫婦情深無暇樂	夜何漫漫日又遲
鷰入巢兮筍成竹	把銚持鎛良人隨
日午南郊耨且饁	汗沾單衫流四肢
帶月歸家催上機	燈煤扗鼀不嫌熱

八月九月秋乃成　　　疋如雲錦稼如茨
公糴私貸都償了　　　穀無擔石箱無絲
大兒小兒泣相語　　　生不得襪脚餅胝
婦曰阿郞何由活　　　我言非譎亦非訾
昨過城南豪貴門　　　錦帳花燭夢熊羆
四時不勤衣廩足　　　生未仰止死爲期
郞曰婦看措大妻　　　案對黃卷廚懸錡
近夜還家妾羞面　　　含淚渡水兒呼飢
使吾自安不服田　　　冬未著綿夏未絺
郞言有理足相憐　　　敢將辛苦作皺眉
一生耕織是本分　　　妾兮郞兮復奚爲
我姑歌此聊寫憂　　　閭里艱難有誰知

徐璘淳(1827〜1898), 『華軒遺稿』 권3

4-05-01-10 詩家婦

詩家隔在田家隣　　　招招隔墻論懷悲
田婦一歎語　　　　　休息暫無時
織絹償逋農輸租　　　救活不覺年光移
比我平生嘆亦喜　　　語未口出淚眼垂
夫壻讀書城南去　　　書中富貴云不遲
弊貂何必蘇子還　　　後車爲恥買臣隨
去年東堂射策日　　　賣盡嫁衣露四肢
今春又何科　　　　　剪盡頭髮鬐
破窓冷突風颾颾　　　析薪難於登具茨
我非女工拙　　　　　篋裏元無絲
每雇鄰家春　　　　　何嫌手足胝

不窺園蕪惟下帷　　　雖然厭聽傍人訾
不識奚妻烹伏雞　　　謾待周王卜匪熊
羨君猶有豳遺俗　　　夫耕婦饁驩永期
撲棗斷瓠秋成日　　　新稻白飯盈釜錡
二月新絲五月穀　　　償逋有期能耐飢
視我白面無恒業　　　寒不能裘暑不絺
徒喫英華浮榮色　　　一点貴氣肯嚧眉
十年做工還白首　　　紆靑拕紫何時爲
手持琅玕無羽翰　　　每欲愬天天不知

徐璘淳(1827~1898), 『華軒遺稿』 권3

4-05-01-11 戱村女

半穿芒鞋數幅裳　　　貧家産業每奔忙
春衣織出三端布　　　夜食春來幾斗粱
小女催呼因汲水　　　大兒敎送且除場
皺眉自道平生事　　　吾人斯門髮已霜

申應善(1834~?), 『心堂集』 권2

4-05-01-12 田家女

夜深春麥曉炊烟　　　片刻無時野婦眠
而已又征南畝饁　　　荳花稻穗有今年

蔡相學(1837~1927), 『悔齋遺稿畏庵』 권1

4-05-01-13 田婦詞

沒水呼寒弊布裳　　　一生那識粉脂糚

晨炊午饁惟田事　　　　夕杵菱歌趁月光

姜時馨(1850〜1928), 『聾隱集』 권4

4-05-01-14 田婦

嫁與田家世味濃　　　　卉鬖草屨畫邨容
龍鬚一席陽臺雨　　　　牛背千車石廩峯
滿屋匏瓜冬蓄旨　　　　四鄰春火夜聽鐘
木棉歲稔農工歇　　　　更有紡燈巷裏從

高允植(1831〜1891), 『泰廬文集』 권2

4-05-01-15 貧家婦

愁色看花花不香　　　　憂心對月月無傷
黃金歎息工歌笑　　　　白粒畧干乞粃糠
十歲縫衣三五短　　　　半田害苗萬千長
西隣出卜問康易　　　　幸得大坤元吉裳

許炯(19세기 말) 『錦湖文集』 권2

4-05-02 시집살이 노래

4-05-02-01 苦苦苦

苦苦苦　　　　機上苦
田中苦　　　　廚下苦
十二時　　　　何時不苦

李安中(1752〜1791), 『玄同集』

4-05-03 의붓어미 노래

4-05-03-01 晚孃篇

晚孃晚孃莫打兒	打兒尙可莫殺兒
兒實無罪過	
園中有棗兒不食	笱上有魚兒不逐
昨夜夢見我母入	廚滌瀡出門汲淸
潛悲不敢聲	
倉中有千粟箱	室裏有桂樹爲樑
鷹隼畫堂中	有四角香囊
百寶衣裳	朝日照之爛輝光
兒苦飢	兒寒不敢窺其傍
庭前黃爵巢飛來	啾啾夾兩鷇喈彼
黃爵寧啄我肺	毋食我稻黍
令我朝春白粲	暮來計不足
晚孃怒	黃爵飛去奈何
一雙粒翻使	
兒命誤	兒命誤
中原有草花	葉微細採之
長歎爰我衆邁	爰我衆邁兮
年年怨魂少顏色	向人呿口人不識

崔成大(1691～1761), 『杜機詩集』 권1

4-06 사랑 노래

4-06-01 고염곡

4-06-01-01 古艶雜曲 十三篇

4-06-01-01-01
歡爲樸樕林　　儂作忍冬花
花花自糾結　　葉葉自偎斜

4-06-01-01-02
銅釵與窄袖　　儂是村婆娘
江南買金鈿　　不用時世粧

4-06-01-01-03
少小被孃憐　　嫁儂浿城客
不喜浿城遠　　但愛江水綠

4-06-01-01-04
鴉鬟兩金釵　　桃袖雙絲履
隨君拾草去　　暫恐孃母詈

4-06-01-01-05
晩孃愛豆娘　　大姊好孤悷
爺聽晩孃言　　女悲那敢題

4-06-01-01-06
天上白花開　　狗耳尋幽虱
歡性大聰明　　是儂智慧術

4-06-01-01-07
回頭語阿妹　　　儂今定何許
薯童寄信來　　　金輿那到汝

4-06-01-01-08
儂食酢漿草　　　駃騎果下馬
行行到君家　　　受拜翁姥賀

4-06-01-01-09
郎定惡心性　　　敎儂不出門
暫逢相識人　　　低頭那敢言

4-06-01-01-10
昨日濺裙去　　　冒闇歸暫遲
上堂執華燈　　　郎遽已生疑

4-06-01-01-11
不見芙蓉花　　　長在水中泥
儂是郎許物　　　百年那得移

4-06-01-01-12
江南草堞結　　　夫婿作官去
野棠若可剪　　　作官舞衣袪

4-06-01-01-13
三日不辭勞　　　窄窄製雙袂
衣成着向君　　　化作雙蝴蝶

崔成大(1691~1761), 『杜機詩集』 권1

4-06-02 신염곡

4-06-02-01 新聲艶曲 十篇

4-06-02-01-01
蹀躞桃花騎　　旖旎杏葉裙
金鞍載將去　　畢竟入誰門

4-06-02-01-02
攙擧花枝嫩　　春寒試曉粧
羞人暗偸見　　回照鏡奩光

4-06-02-01-03
春山藏曼睩　　露葉帶啼痕
思量何限事　　低蹙不肯言

4-06-02-01-04
壓鈿高雲碧　　飛蟬濕翼輕
將安三尺髻　　廻望不勝情

4-06-02-01-05
桃花承鬌輔　　蘭氣發朱唇
不將春扇掩　　應見惱死人

4-06-02-01-06
羅袖薰朱橘　　金環帶翠錢
如何將弄曲　　拄着鈿箏絃

4-06-02-01-07
玉釵欹初整　　娭光斂復睞

終知言語淺　　　　　　已覺意中來

4-06-02-01-08
盼眄遠山際　　　　　　低徊光景中
高樓一百尺　　　　　　長袖擺春風

4-06-02-01-09
孤直凄初上　　　　　　融明斷復連
一聲檀板拍　　　　　　千里練光圓

4-06-02-01-10
芳樹可憐月　　　　　　娟娟天一涯
淸輝如變夜　　　　　　窺照最高花

　　　　　　　　　　崔成大(1691~1761), 『杜機詩集』 권1

4-06-03 자야가

4-06-03-01 子夜歌 二十首

4-06-03-01-01
憶妾少小初　　　　　　郞年纔六七
郞家對門居　　　　　　遊戲每同出

4-06-03-01-02
窈窕妾簪花　　　　　　蹩蹀郞馬竹
長干春草時　　　　　　携手共踏綠

4-06-03-01-03
弄雛代尊鴈　　　　　　編草作新髻

昨夜東家婚　　　　　　新娘如儂拜

4-06-03-01-04
十五嫁眞郎　　　　　　眞郎非別郎
華燭洞房內　　　　　　復作堤上拜

4-06-03-01-05
暗憶少小事　　　　　　含羞面發紅
郎性好戲劇　　　　　　道妾再嫁儂

4-06-03-01-06
儂家七寶鏡　　　　　　郎照儂亦照
朱口未及啓　　　　　　寶鏡已知笑

4-06-03-01-07
裂出機中錦　　　　　　春來擬作裳
湖中無限鳥　　　　　　那得繡元央

4-06-03-01-08
笑停手中梭　　　　　　呼郎續斷縷
綺是郎所着　　　　　　那得儂獨苦

4-06-03-01-09
摘得園中橘　　　　　　團團如拳許
郎自藏懷中　　　　　　道儂知橘處

4-06-03-01-10
郎從芍藥園　　　　　　折花來比妾

艷色差似儂　　　　　眞香殊未及

4-06-03-01-11
郞言尊中酒　　　　　淸香酒味殊
含笑向郞道　　　　　酒是儂飮餘

4-06-03-01-12
朝從堤上歸　　　　　遺璫踏靑處
含嬌不肯覓　　　　　端知郞拾去

4-06-03-01-13
局上投瓊子　　　　　郞百儂作五
莫忘賭時約　　　　　儂負爲郞婦

4-06-03-01-14
新作來蓮舟　　　　　日日共郞遊
那將儂家水　　　　　獨使元央戲

4-06-03-01-15
各種連理樹　　　　　一雙臨池水
笑指交柯上　　　　　爲儂多結子

4-06-03-01-16
儂是蘭草性　　　　　到死香不易
郞自白日心　　　　　纔朝已復夕

4-06-03-01-17
儂家非無花　　　　　儂家非無醑

郎今定何去　　　　　要去儂與去

4-06-03-01-18
遵彼園中路　　　　　含嬌執郎袂
儂不信郎言　　　　　知宿靑樓計

4-06-03-01-19
早知郎不來　　　　　初不放郎去
都緣儂心軟　　　　　信郎丁寧語

4-06-03-01-20
自從別歡耒　　　　　雲髮亂蓬似
摠由郎不來　　　　　郎來敎郎理

李安中(1752~1793),『玄同集』

4-06-04 아조

4-06-04-01 雅調第一(17)

雅者 常也 正也 調者 曲也 夫婦人之愛其親敬其夫 儉於其家 勤於其事者 皆天性之常也 亦人道之正也 故此篇 全言愛親敬夫勤儉之事 而以雅調名之 凡十七篇

4-06-04-01-01 其一
郎執木雕鴈　　　　　妾捧合乾雉
雉鳴鴈高飛　　　　　兩情猶未已

4-06-04-01-02 其二
福手紅絲盃　　　　　勸郎合歡酒

一盃生三子　　　　　三盃九十壽

4-06-04-01-03 其三
郞騎白馬來　　　　　妾勝紅轎去
阿孃送門戒　　　　　見舅拜勿遽

4-06-04-01-04 其四
兒家廣通橋　　　　　夫家壽進坊
每當登轎時　　　　　猶自淚沾裳

4-06-04-01-05 其五
一結靑絲髮　　　　　相期到葱根
無羞猶自羞　　　　　三月不共言

4-06-04-01-06 其六
早習宮體書　　　　　異凝微有角
舅姑見書喜　　　　　諺文女提學

4-06-04-01-07 其七
四更起掃頭　　　　　五更候公姥
誓將歸家後　　　　　不食眠日午

4-06-04-01-08 其八
養蠶大如掌　　　　　下塏摘柔桑
非無東海紬　　　　　要驗趣味長

4-06-04-01-09 其九
爲郞縫衲衣　　　　　花氣惱儂倦

回針插襟前　　　　　　坐讀叔香傳

4-06-04-01-10 其十
阿姑賜禮物　　　　　　一雙玉童子
未敢顯言佩　　　　　　結在流蘇裏

4-06-04-01-11 十一
小婢窓隙來　　　　　　細喚阿哥氏
思家如不禁　　　　　　明日送轎子

4-06-04-01-12 十二
艸綠相思緞　　　　　　雙針作耳囊
親結三層蝶　　　　　　倩手捧阿郎

4-06-04-01-13 十三
人皆戲鞦韆　　　　　　儂獨不與偕
宣言臂力脆　　　　　　恐墜玉龍釵

4-06-04-01-14 十四
包以日文袱　　　　　　貯之皮竹箱
手剪阿郎衣　　　　　　手香衣亦香

4-06-04-01-15 十五
屢洗如玉手　　　　　　微減似花粧
舅家忌日近　　　　　　薄言解紅裳

4-06-04-01-16 十六
眞紅花布褥　　　　　　鴉靑土紬衾

何必雲紋緞　　　　　四龜鎭黃金

4-06-04-01-17 十七
人皆輕錦綉　　　　　儂重步兵衣
旱田農夫鋤　　　　　貧家織女機

李鈺(1760〜1812), 『藝林雜佩』「俚諺引」

4-06-05 염조

4-06-05-01 艷調(18)

艷者 美也 此篇所言 多驕奢浮薄夸飾之事 而上雖不及於雅 下亦不至於宕 故名之以艷 凡十八篇

4-06-05-01-01 一
莫種鬱陵桃　　　　　不及儂新粧
莫折渭城柳　　　　　不儂眉及長

4-06-05-01-02 二
歡言自家酒　　　　　儂言自娼家
如何汗衫上　　　　　臙脂染作花

4-06-05-01-03 三
白襪瓜子樣　　　　　休踏碧粧洞
時體針線婢　　　　　能不見嘲弄

4-06-05-01-04 四
頭上何所有　　　　　蝶飛竹節釵

足下何所有　　　　　　花開錦草鞋

4-06-05-01-05 五
下裙紅杭羅　　　　　　上裙藍方紗
琮琤行有聲　　　　　　銀桃鬪香茄

4-06-05-01-06 六
常日夭桃髻　　　　　　粧成腕爲酥
今戴簇頭里　　　　　　脂粉却早塗

4-06-05-01-07 七
且約東鄰嫗　　　　　　明朝涉鷺梁
今年生子未　　　　　　親問帝釋傍

4-06-05-01-08 八
未耐鳳仙花　　　　　　先試鳳仙葉
每恐爪甲靑　　　　　　猶作紅爪甲

4-06-05-01-09 九
纖纖白苧布　　　　　　定是鎭安品
裁成角岐衫　　　　　　光彩似綾錦

4-06-05-01-10 十
莫觸頂門簪　　　　　　轉墮簇頭里
恐有人來看　　　　　　呼儂老處子

4-06-05-01-11 十一
儂有盈箱衣　　　　　　個個紫繢粧

最愛兒時着　　　　　蓮峰粉紅裳

4-06-05-01-12 十二
三月松錦緞　　　　　五月廣月紗
湖南賣梳女　　　　　錯疑宰相家

4-06-05-015-13 十三
細吮紅口兒　　　　　扭來但空皮
返吹春風入　　　　　圓似在傍時

4-06-05-01-14 十四
甛嫌中白桂　　　　　烈怕梨薑膏
在腥惟花鰒　　　　　於果六月桃

4-06-05-01-15 十五
細梳銀魚鬢　　　　　千回石鏡裏
還嫌齒太白　　　　　忙噈淡墨水

4-06-05-01-16 十六
蹔被阿郞罵　　　　　三日不肯飡
儂佩靑玒刀　　　　　誰不愼儂言

4-06-05-01-17 十七
桃花猶是賤　　　　　梨花太如霜
停勻脂與粉　　　　　儂作杏花粧

4-06-05-01-18 十八
郞愛燕雙美　　　　　儂愛燕兒多

一齊生得妙　　　　　　那個是哥哥

　　　　　　　　　　　李鈺(1760~1812), 『藝林雜佩』「俚諺引」

4-06-06 탕조

4-06-06-01 宕調(15)

宕者 佚而不可禁之謂也 此篇所道 皆娼妓之事 人理到此亦宕乎 不可禁制 故名之以宕 而亦詩之有鄭衛風也 凡十五篇

4-06-06-01-01 一
歡莫當儂髻　　　　　　衣沾冬柏油
歡莫近儂唇　　　　　　紅脂軟欲流

4-06-06-01-02 二
歡吸煙草來　　　　　　手持東萊竹
未坐先奪藏　　　　　　儂愛銀壽福

4-06-06-01-03 三
奪儂銀指環　　　　　　解贈玉扇墜
金剛山畵扇　　　　　　留欲更誰戱

4-06-06-01-04 四
西亭江上月　　　　　　東閣雪中梅
何人煩製曲　　　　　　教儂口長開

4-06-06-01-05 五
歡來莫纏儂　　　　　　儂方自憂貧

有一三千珠　　　　　　纔直十五緡

4-06-06-01-06 六
拍碎端午扇　　　　　　低唱界面調
一時知我者　　　　　　齊稱妙妙妙

4-06-06-01-07 七
卽今秋月老　　　　　　年前可佩歸
文君何樣生　　　　　　儂不愼渠詩

4-06-06-01-08 八
人歡儂輩媒　　　　　　儂輩實自貞
逐日稠坐中　　　　　　明燭度五更

4-06-06-01-09 九
不知歡名字　　　　　　何由誦職啣
挾袖惟捕校　　　　　　紅衣定別監

4-06-06-01-10 十
聽儂靈山曲　　　　　　譏儂牢巫堂
座中諸令監　　　　　　豈皆是花郞

4-06-06-01-11 十一
六鎭好月矣　　　　　　頭頭點朱砂
貢緞鴉靑色　　　　　　新着加里麻

4-06-06-01-12 十二
章有後庭花　　　　　　篇有金剛山

儂豈桂隊女　　　　　　不曾解魂還

4-06-06-01-13 十三
小俠保重金　　　　　　大俠靑綉皮
近日花房牌　　　　　　通淸更有誰

4-06-06-01-14 十四
儂作社堂歌　　　　　　施主盡居士
唱到聲轉處　　　　　　那無我愛美

4-06-06-01-15 十五
盤堆蕩平菜　　　　　　席醉方文酒
幾處貧士妻　　　　　　鐺飯不入口

　　　　　　　　　李鈺(1760~1812),『藝林雜佩』「俚諺引」

4-06-07 비조

4-06-07-01 悱調(16)

詩云 小雅 怨而不悱 悱者 怨而甚者之謂也 大凡世之人情 一失於雅則至於艶 艶則其勢必流於宕 世旣有宕者 則亦必有怨者 苟怨之則必已甚焉 此悱之所以有作 而悱者所以悱其宕也 則此亦亂極思治 反求於雅之意也 詩凡十六篇

4-06-01-10-01 一
寧爲寒家婢　　　　　　莫作吏胥婦
纔歸巡邏頭　　　　　　旋去罷漏後

4-06-07-01-02 二
寧爲吏胥婦　　　　　莫作軍士妻
一年三百日　　　　　百日是空閨

4-06-07-01-03 三
寧爲軍士妻　　　　　莫作譯官婦
篋裏綾羅衣　　　　　那抵別離久

4-06-07-01-04 四
寧爲譯官婦　　　　　莫作商賈妻
半載湖南歸　　　　　今朝又關西

4-06-07-01-05 五
寧爲商賈妻　　　　　莫作蕩子婦
夜每何處去　　　　　朝歸又使酒

4-06-07-01-06 六
謂君似羅海　　　　　女子是托身
縱不可憐我　　　　　如何虐我頻

4-06-07-01-07 七
三升新襪子　　　　　縫成轉嫌寬
箱中有紙本　　　　　何不照憑看

4-06-07-01-08 八
間我梳頭時　　　　　偸得玉簪兒
留固無用我　　　　　不識贈者誰

4-06-07-01-09 九
亂提羹與飯　　　　照我面前擲
自是郎變味　　　　儂手豈異昔

4-06-07-01-10 十
巡邏今散未　　　　郎歸月落時
先睡必生怒　　　　不寐亦有疑

4-06-07-01-11 十一
使盡闌干脚　　　　無端蹴踘儂
紅頰生靑後　　　　何辭答尊公

4-06-07-01-12 十二
早恨無子久　　　　無子返喜事
子若渠父肖　　　　殘年又此淚

4-06-07-01-13 十三
丁寧靈判事　　　　說是坐三災
送錢圖畵署　　　　另購大鷹來

4-06-07-01-14 十四
一日三千逢　　　　三千必盡嚇
足趾雞子圓　　　　猶應此亦罵

4-06-07-01-15 十五
嫁時倩紅裙　　　　留欲作壽衣
爲郎鬪箋債　　　　今朝淚賣歸

4-06-07-01-16 十六

夜汲槐下井　　　　　輒自念悲苦
一身雖可樂　　　　　堂上有公姥

　　　　　　　　李鈺(1760~1812),『藝林雜佩』「俚諺引」

4-06-08 기타

4-06-08-01 秋夜長

夜如何其殊未央　　　樓中美人心恨長
踈簾徘徊秋月光　　　寒杵氤氳羅衣香
羅衣寂寂爲誰香　　　秋月高高照君傍
爲誰錦衾雙鳳凰　　　爲誰羅幛兩元央
關山去去無極已　　　蘭閨夜夜遙相望
慊慊思君不可忘　　　願隨秋風鴻鴈翔
淚墨縱橫千行萬　　　欲寄音書川無梁

　　　　　　　　　　李安中(1752~1793),『玄同集』

4-06-08-02 月節變曲 十二首

4-06-08-02-01 正月

薄雪寒不歛　　　　　尙看春色遠
先着儂兩臉　　　　　願郎莫嗔儂
錦衾共纏繞　　　　　那得識儂身

4-06-08-02-02 二月

折得可憐紅　　　　　與儂同照鏡
花定不及儂　　　　　縱今花勝儂
花詎爲郎織　　　　　花詎爲郎食

4-06-08-02-03 三月
小立花林中　　　　　　楊葉似新眉
桃花學裙紅　　　　　　呼郎來覓儂
桃東復李西　　　　　　何處得眞儂

4-06-08-02-04 四月
千林花盡空　　　　　　獨見郎樓上
一枝尙留紅　　　　　　郞莫愛黃鳥
終日織柳絲　　　　　　那得一尺繡

4-06-08-02-05 五月
不寬亦不窄　　　　　　羅衫白苧袍
朝來與郎着　　　　　　郎去入市中
買取白團扇　　　　　　報儂針線工

4-06-08-02-06 六月
授扇故不持　　　　　　十指應似儂
每來令儂揮　　　　　　蒸炎夜不歇
壚酒郎莫飮　　　　　　眠時郎肌熱

4-06-08-02-07 七月
試出長河渚　　　　　　郎作牽牛來
儂作織女去　　　　　　相逢更無人
不知天上事　　　　　　似儂今日歡

4-06-08-02-08 八月
促織鳴寒戶　　　　　　儂欲上機時
已復呼儂去　　　　　　願郎聽儂語

但知催寒服	令儂不得織

4-06-08-02-09 九月
故向儂樓前	郎栽一叢菊
令儂繡時看	朝來剌一葩
阿郎忽來見	錯道落眞花

4-06-08-02-10 十月
嚴霜厚如雪	千林盡憔悴
松栢守舊節	願郎心勿易
百年相對老	懷心比松栢

4-06-08-02-11 十一月
今日寒政苦	鴛衾薄不暖
竟夜交郎抱	回首向郎道
不知東家婦	獨宿寒何許

4-06-08-02-12 十二月
今夜不張燭	不見阿郎面
但聞香氣息	朝來對鏡看
如何臉邊朱	一半着郎面

李安中(1752~1793), 『玄同集』

4-06-08-03 戲爲泉浦泣別美人 十絶

4-06-08-03-01
莫唱西洲曲	儂今西洲去
欲別不忍去	問儂年幾許

4-06-08-03-02
郎言儂薄情　　　　　薄情無如子
同居三二年　　　　　不知儂年幾

4-06-08-03-03
纔可十五餘　　　　　窈窕吳女郎
自結月中繩　　　　　生死雙鴛鴦

4-06-08-03-04
元央復元央　　　　　不如失羣鳳
昔君周旋日　　　　　不道別離長

4-06-08-03-05
情知別離苦　　　　　少年偏獨甚
壚頭一壺酒　　　　　哽咽不能飮

4-06-08-03-06
還君玳瑁釵　　　　　換我紅羅巾
羅巾不足惜　　　　　巾中郞淚痕

4-06-08-03-07
莫言晝苦短　　　　　亦有夜還長
晝夜歡不足　　　　　明日更斷腸

4-06-08-03-08
爲儂起嚴粧　　　　　明日長相思
相看淚如雨　　　　　最憐腹中兒

4-06-08-03-09
生女嫁比隣　　　　　莫嫁他鄕兒
或恐如爺孃　　　　　少年生別離

4-06-08-03-10
生男長如爺　　　　　相送歸故園
西洲千萬里　　　　　尉儂相思魂
　　　　　　　　　　李安中(1752~1793), 『玄同集』

동요 차례

5. 童謠 : 아이들 노래 ········379
5-01 아이들 노래 ··················379
5-01-01 고잡곡(별노래) ··········379
5-01-01-01 古雜曲 二篇 ········379
5-01-02 대추 따는 노래 ··········379
5-01-02-01 撲棗謠 ···············379
5-01-02-02 撲棗謠 ···············380
5-01-03 칠석 노래 ················380
5-01-03-01 七夕謠 ···············380
5-01-04 기타 동요 ················380
5-01-04-01 浪華女兒曲 四首 ·380
5-01-04-02 童謠 ··················381

5. 童謠 : 아이들 노래

5-01 아이들 노래

5-01-01 고잡곡(별노래)

5-01-01-01 古雜曲 二篇

5-01-01-01
初月上中閨　　　女兒連袂出
擧頭數天星　　　星七儂亦七

5-01-01-02
迢迢樹枝鳥　　　自言翁女魂
翁今渡此水　　　應憶兒前言

崔成大(1691~1761),『杜機詩集』권1

5-01-02 대추 따는 노래

5-01-02-01 撲棗謠

隣家小兒來撲棗　　　老翁出門驅小兒
小兒還向老翁道　　　不及明年棗熟時

李達(1539~1612),『蓀谷集』全

5-01-02-02 撲棗謠

隣家小兒來撲棗	老翁出門驅小兒
小兒還向老翁道	不及明年棗熟時

柳莘老(1581~1648), 『春圃遺稿』 권1

5-01-03 칠석 노래

5-01-03-01 七夕謠

小兒望天	星一我一
寄語隣人	莫彈烏鵲
嗟爾烏鵲	吾聞
人間一年	天上一日
一日一度	
時相見牛女	何曾有離別

李種徽(1731~1797), 『修山集』 권1

5-01-04 기타 동요

5-01-04-01 浪華女兒曲 四首

5-01-04-01-01
儂家十橘樹	葉盡實漸大
勸郎合歡酒	一盃橘一箇

5-01-04-01-02
儂言歡子舟	人道太守舶
明月照船中	江水黃金色

5-01-04-01-03
與儂旣同年　　　　食性復如我
朝逢長崎賈　　　　買取沙棠襄

5-01-04-01-04
郞愛如波酒　　　　又愛如絲麵
千金賭一歡　　　　最愛如花面

　　　　　　　　　　　　李安中(1752〜1793), 『玄同集』

5-01-04-02 童謠

里巷歌謠樂歲逢　　烟霞萬點畫形容
濁醪助興婆娑去　　小鼓先聲次第從
樵牧兼身爲爾事　　耕耘隨手勉吾農
人間快活無過此　　自笑衰慵暫駐筇

　　　　　　　　　　　金承霆(1920년대), 『墨樵詩稿』 권1

기타 차례

6. 기타 …………………385
- 6-01 의례·세시 노래 …………375
  - 6-01-01 다리 밟기 노래 ………385
    - 6-01-01-01 踏橋曲(3) …………385
    - 6-01-01-02 踏橋軸 …………385
  - 6-01-02 땅 다지는 노래 ………386
    - 6-01-02-01 卜居歌(5) …………386
  - 6-01-03 풍물 타령 …………387
    - 6-01-03-01 絃歌 …………387
    - 6-01-03-02 農樂 …………387
    - 6-01-03-03 鼕鼕曲 …………388
    - 6-01-03-04 農樂 …………389
  - 6-01-04 세시가 …………389
    - 6-01-04-01 歲時詞(17) …………389
  - 6-01-05 널뛰기 노래 …………392
    - 6-01-05-01 跳跳曲 板戱也 ……392
  - 6-01-06 정월 대보름 노래 ……392
    - 6-01-06-01 上元謠 …………392
  - 6-01-07 설날 노래 …………393
    - 6-01-07-01 肥年詞 …………393

- 6-02 사물 노래 …………395
  - 6-02-01 꽃타령 …………395
    - 6-02-01-01 杜鵑花 …………395
    - 6-02-01-02 酸蔣歌 …………395
    - 6-02-01-03 杜鵑花 …………395
    - 6-02-01-04 暎山紅 …………396
    - 6-02-01-05 杜鵑花 …………396
    - 6-02-01-06 暎山紅歌 …………396
    - 6-02-01-07 暎山紅歌 …………397
    - 6-02-01-08 綵松歌 …………397
    - 6-02-01-09 暎山紅 …………397
  - 6-02-02 새타령 …………398
    - 6-02-02-01 黃鳥歌 …………398
    - 6-02-02-02 求求鳥 …………398
  - 6-02-03 달타령 …………399
    - 6-02-03-01 望月謠 …………399
    - 6-02-03-02 蹋月詞 …………399
    - 6-02-03-03 月明謠 …………400
  - 6-02-04 담배 타령 …………400
    - 6-02-04-01 南草謠 …………400
  - 6-02-05 대나무 노래 …………401
    - 6-02-05-01 叢竹歌 …………401

6-03 인정·세태 노래 ·············402
　6-03-01 노처녀가 ·············402
　　6-03-01-01 老處子歌 ············402
　6-03-02 기녀 노래 ·············403
　　6-03-02-01 房妓 ·············403
　6-03-03 문답가 ·············403
　　6-03-03-01 愚夫歎 ············403
　　6-03-03-02 懶婦答 ············403
　6-03-04 신세타령 ············403
　　6-03-04-01 子夜歌(2) ············403
　　6-03-04-02 宿都門客舍述民謠 二首
　　　　　　　　·············404

6-04 아리랑 ·················405
　6-04-01 아리랑 ··············405
　　6-04-01-01 哦囉哩 ·············405
　　6-04-01-02 聞童謠(2) ············405
　　6-04-01-03 咏啞耳聾謌 ·······405

6-05 지역 민요 ···············406
　6-05-01 각 지역 민요 ·············406
　　6-05-01-01 花山曲(5) ············406
　　6-05-01-02 補毛羅歌 幷序(14) 407
　　6-05-01-03 又補毛羅歌(14) ···409
　　6-05-01-04 重補毛羅歌(14) ····411
　　6-05-01-05 金馬別歌(32) ·······413
　　6-05-01-06 耽津村謠 二十首(15수)
　　　　　　　　·············418
　　6-05-01-07 綾州詞(6) ···········420
　　6-05-01-08 綾州雜詩(6) ········421
　　6-05-01-09 三浦風謠 七絶 ····423

6. 기타

6-01 의례·세시 노래

6-01-01 다리 밟기 노래

6-01-01-01 踏橋曲(3)

6-01-01-01-01
長安何喧喧　　　　　今夜踏橋遊
月出大道上　　　　　歌吹自相求

6-01-01-01-02 其二
明月暎何限　　　　　靑樓夾廣川
上有歌舞人　　　　　下有踏橋人

6-01-01-01-03 其三
長安水東西　　　　　明月光徘徊
笙歌不相識　　　　　齊向橋上來

金昌業(1658~1721),『老稼齋集』권1

6-01-01-02 踏橋軸

舊俗年豊無事之時 洞民會集大張 鼓吹或歌或舞 以舒自得之樂 名之曰답교축

萬燭光中鼓笛喧　　　　　傲傲亂舞舞如猿
人人咸醉豊年樂　　　　　烟月烟花擊壤村
　　　　　　　　　　　　崔永年(1856~1935), 『海東竹枝』 中編, 「俗樂遊戲」

6-01-02 땅 다지는 노래

6-01-02-01 卜居歌(5)

6-01-02-01-01
歌一曲　　　　　　　　　望之東
天上峴頭樹叢叢
淸宵雲罷月朦朧　　　　　乘鶴仙官下碧空

6-01-02-01-02
歌二曲　　　　　　　　　望之西
天貫山色秀層梯
夕陽已歛星彩奎　　　　　必有賢人其下棲

6-01-02-01-03
歌三曲　　　　　　　　　望之南
靑楓溪上柳鬖鬖
長堤春水碧如藍　　　　　漁子乘舟剩泳涵

6-01-02-01-04
歌四曲　　　　　　　　　望之北
蒼鷹峰影立崱屴
森嚴松栢生昏黑　　　　　樵客攀援愁降陟

6-01-02-01-05

歌五曲　　　　　　　　望之中
別有仙區自天工
居民行樂塵世遠　　　　耕田讀書古淳風

　　　　　　　　　閔丙稷(1874~1938), 『悟堂集』 권2

6-01-03 풍물 타령

6-01-03-01 絃歌

古詩三百篇　　　　聖人陶俗化
一自離騷變　　　　聲音日以下
五言創蘇李　　　　靡麗及顔謝
中間李杜家　　　　勃興爲雜霸
晩唐尙險怪　　　　西崑有名價
江西亦無譏　　　　雪樓安足詑
四始正葩語　　　　剽竊徒相藉
聲病是能事　　　　詩學固不暇
尙憶大毛公　　　　專門窮日夜
瑤琴絃已絶　　　　千載聽莫借

五歌 並小序
歲月推遷 功業多障 身處邱樊 感時傷俗 輒濡翰賦之 盖多觸目眞境事
　　　　　　深進永(1788~1860), 『晩羲集』 권6, 〈五歌〉 제5수

6-01-03-02 農樂

擒賊先擒酋　　　　除草當除根
所以農丁會　　　　部勒如用軍

銅角噴初壯　　　　　行旛颭對張
雙鑼鏗有節　　　　　兩皷淵以鏜
始用緩聲作　　　　　漸以繁音暢
蹲蹲若將舞　　　　　回環紛相向
習慣手從心　　　　　興酣頭應足
不須辨律呂　　　　　焉知有宮角
鏘鏘復鎗鎗　　　　　坎坎又闐闐
音從心所樂　　　　　節族愶自然
亦有大沙羅　　　　　匉訇響遠震
終曲鳴相合　　　　　洽然成一亂
里社團羣耦　　　　　臨田勉耡耨
擧趾一何勤　　　　　分行無錯繆
曾聞陶唐世　　　　　擊壤有古戲
俗尙雖不同　　　　　樂意未應異
餉飮憩阡陌　　　　　靑草以爲茵
瓦盆溢濁釀　　　　　酬讓回厖淳
夕霞耀烟樹　　　　　彩翠錯成繡
帶醉歸村巷　　　　　淸風動褐袖
踏暝更一張　　　　　餘音隨緩步
玆眞上古樂　　　　　詎減聞韶頀

　　　　　　　　　　李定稷(1790〜1841),『石亭集』권3

6-01-03-03 鏊鏊曲

聞道柳克信　　　　　一倡放達習
作爲優人戲　　　　　說禮又講學

踊躍類築埋	歌舞效巫覡
笑哭無定態	名曰鏊鏊曲
貳於栗尢輩	相率日湊輻
尊尙兩賢者	儕流日孤獨
假使欲援止	效嚬捧其膓
此爲甚麼樣	不若守舊轍

田愚(1841~1922), 『民齋私稿』續 권16

6-01-03-04 農樂

鐃鳴山欲裂	旗動野分寬
禽鳥回蒼莽	神仙俯廣寒
炎蒸愁已熾	雨澤惜方乾
兵象非佳俗	荒年況盡歡

朴文鎬(19세기 말), 『壺山集』 권9

6-01-04 세시가

6-01-04-01 歲時詞(17)

6-01-04-01-01

深紅蒨綠彩衣巾	楚楚其儀競此辰
孰使之然無少長	一時咸與歲俱新

6-01-04-01-02 之二

限日仁恩禁令收	庖丁善刃目無牛
人人大酒兼肥肉	和氣宜從醉飽求

6-01-04-01-03 之三
晨昏打餠四隣同　　椒肉糝羹氣味融
一椀一年添一齒　　長憐童穉老憐翁

6-01-04-01-04 之四
刻木雙雙作戲場　　輸贏立決木陰陽
高聲拍膝投燈下　　白髮從傍笑倒床

6-01-04-01-05 之五
房軒燈燭到深更　　廚下庫中亦短檠
衆得祥光噓滿室　　通年長似此宵明

6-01-04-01-06 之六
跳板家家象女娘　　妬紅競翠耀新粧
人從墻外移時望　　釵髻高低聳短墻

6-01-04-01-07 之七
莫使空鞋戶外停　　今宵來竊夜叉靈
兒童認作眞然事　　相戒深藏不出庭

6-01-04-01-08 之八
西菴東寺化齋僧　　到處乞求齋米稱
意在元朝徼佛福　　欣然笑應各盈升

6-01-04-01-09 之九
呼兒叮囑着眠遲　　眠後分明白盡眉
困覺輩蒙驚且哭　　走看盆水笑初欺

6-01-04-01-10 之十
尕尋人事並童孩　　　舊歲新年拜謁回
舊歲纔祈安穩過　　　新年更賀吉祥來

6-01-04-01-11 之十一
長安大道廓而平　　　穰往熙來掉袂輕
幾處新裙童少婢　　　雙雙至暮問安行

6-01-04-01-12 之十二
將軍鍪甲彼阿誰　　　厥像雲長又尉遲
畫出神威門左右　　　新春魑鬼呵禁之

6-01-04-01-13 之十三
市門齊閉貨箱收　　　坐賈行商各自休
惟有酒家燈徹曉　　　當爐叫買挽人留

6-01-04-01-14 之十四
客到朱門盡富豪　　　慇懃內饌雉流膏
各司單子几人剌　　　烏漆圓盤石鎭高

6-01-04-01-15 之十五
靑煙籠羃滿城噓　　　三日新炊飯玉如
佐以豆芽兼菖菜　　　知應人飫錯珍餘

6-01-04-01-16 之十六
梳餘垢髮久成堆　　　貼裏藏來一歲迴
道是陳陳宜付丙　　　夕風飄送盡空灰

6-01-04-01-17 之十七
一城街巷醉呼人　　　　　萬戶樓臺吹彈辰
縱有金吾渾不問　　　　　月正元日建寅春

　　　　　　　　　　李肇源(1758~1832), 『玉壺集』 권1

6-01-05 널뛰기 노래

6-01-05-01 跳跳曲 板戲也

6-01-05-01-01
高跳莫誇身輕弱　　　　　爾身非輕我善跳
若道爾身輕如許　　　　　待我休時爾獨高

6-01-05-01-02
郎家墻高妾身短　　　　　憶郎不見郎顏面
跳跳直過高墻高　　　　　眞樣郎君見復見

6-01-05-01-03
爾笑何事儂笑爾　　　　　粉汗如雨鬢如雲
笑罷點檢儂容顏　　　　　如雨如雲更如君

　　　　　　　　　　李安中(1752~1793), 『玄同集』

6-01-06 정월 대보름 노래

6-01-06-01 上元謠

6-01-06-01-01
閨中少婦年十八　　　　　剪紙翩翩裁雙襪

爭掛高枝仍再拜　　　　　細語未了風窓窣

6-01-06-01-02
村南村北老農叟　　　　　倚杖扶人路左右
今夜月高如去年　　　　　峽中農事又大有

6-01-06-01-03
南橋人嗅北橋人　　　　　北橋不如南橋好
南橋春水雖洋洋　　　　　北橋月色正皓皓

6-01-06-01-04
竿頭繫藁家家立　　　　　爭作長竿恐不及
今夜儂家竿最高　　　　　試看秋稼滿家入

6-01-06-01-05
丈餘長鞭尺餘策　　　　　少兒隊隊爭打稼
我家門前獜犬吠　　　　　爾兒雖象郍得打

　　　　　　　　　　　　　李安中(1752〜1793), 『玄同集』

6-01-07 설날 노래

6-01-07-01 肥年詞

肥年記元朝樂也 西湖人謂冬至爲肥冬 瘦年謂冬節 則肥謂歲時則瘦也 予故以 元朝爲肥年名吾詞

6-01-07-01-01
湯餠元朝第一羞　　　　　一器二器記春秋

富家家家蒸權母　　　　貧家家家代饅頭

6-01-07-01-02
　　　紅剛正間白剛正　　　　氷果無光藥果劣
　　　圓如荔枝甘如蜜　　　　颯颯齒頭碎寒雪

6-01-07-01-03
　　　南房北房復東房　　　　多少隨人命燈張
　　　看取燈明復燈暗　　　　驗得多灾與多祥

6-01-07-01-04
　　　願我高堂壽千秋　　　　願我姉妹迎賢婿
　　　願我郎君大富貴　　　　富貴休娶茂陵女

　　　　　　　　　　　　　李安中(1752~1793), 『玄同集』

6-02 사물 노래

6-02-01 꽃타령

6-02-01-01 杜鵑花

萬紫千紅一夜衰	鶯歌燕舞摠無知
杜鵑似惜春光老	啼向東風血滿枝

李萬榮(1679-?), 『竹陰先生集』 권1

6-02-01-02 酸蔣歌

靑靑酸蔣	生彼中野
我行見之	涕流雙下
靑靑酸蔣	爰在中田
我生華屋	泣涕漣漣
漣漣維何	採彼將歸
我懷前世	亦孔之悲
祁祁衆兒	在彼河畔
里門有人	旣歌且歎
履其跡兮	窅窅不見
黃口謠諑	猛虎孤疑
靑靑酸蔣	使我心悲

崔成大(1691~1761), 『杜機詩集』 권1

6-02-01-03 杜鵑花

杜鵑花	
一年好	風來一花開

一年惡 風吹一花衰
明年三月新花好 誰識故枝曾發花
人情愛新不愛舊 君不見杜鵑花
南公轍(1760~1840), 『金陵集』 권1

6-02-01-04 暎山紅

耒蕾的歷掛烟梢 繞樹山翁日可交
不獨暎山兼暎水 生香絡續入書巢
田秉淳(1816~1890), 『扶溪集』 권1

6-02-01-05 杜鵑花

蜀魂何事托花容 粧出嬋姸向暖風
但看血痕深淺裏 誰知怨魄有無中
千林繡錦擅紅國 萬里紫霞凝碧空
遺恨似含羞澁態 羣芳且莫共爭雄
鄭澤承(1841~1907), 『拙軒先生文集』 권4

6-02-01-06 暎山紅歌

昨日空枝立 今日花滿枝
粉紅臙赤媚春姿
昨日花 今日落
只有繁華綠 離離又見綠
葉落盡 復空枝
君莫愛暎山紅 倏忽乃如斯
請看南山老松色 千霜萬雪也不移
魯炳喜(1850~1918), 『壺亭遺稿』 권1

6-02-01-07 暎山紅歌

草堂之下小池上　　　　　　　獨立亭亭晚得春
英華謾照前山雨　　　　　　　望盡天涯不見人

魯炳喜(1850~1918), 『壺亭遺稿』 권1

6-02-01-08 綵松歌

同我曾年厭世喧　　　　　　　歸來此地寄香魂
紅桃岸接武陵水　　　　　　　黃菊隣如栗里村
花開山屋須增價　　　　　　　爲報主人灌涪恩
除却陽春晚夏香　　　　　　　羞與衆芳校卑尊
昨日開　　　　　　　　　　　今日落
落又開　　　　　　　　　　　昨日明日無窮存
兒童錯認愛芳華　　　　　　　採向東籬種石根
賴彼遨遊塵念息　　　　　　　世人愼莫使報靑猿
寧在枝頭歛香跡　　　　　　　不零地下染塵痕
綵松花歌猶罷　　　　　　　　爲將大白醉昏昏

閔丙稷(1874~1938), 『悟堂集』 권2

6-02-01-09 暎山紅

暎山紅氣泛天晴　　　　　　　鮮血無光杜宇驚
地上莓苔班滅沒　　　　　　　日中蝴蝶眩縱橫
一株栽得幽人侈　　　　　　　數朶簪歸渾室明
入夜看君如衣繡　　　　　　　世間花事有虛名

李錫熙(19세기말), 『一軒集』 권1

6-02-02 새타령

6-02-02-01 黃鳥歌

黃鳥黃鳥	吾不以汝凡鳥比
色能稟中央	聲可合律呂
春與杜宇至	秋逐玄鳥去
不知爾何意	出處徧學彼
杜宇爲蜀魄	玄鳥號燕子
汝非蜀帝之公子	無乃燕丹之嬌愛
抑亦偶然爲物類	聞爾好音在邱隅
羨爾於止知所止	
爾色吾所取	爾音吾所喜
從今不離儂家	西園樹莫向金閨
喚起遠夢被打起	

尹行儼(1728~?, 1762年 진사), 『守默堂遺稿』 권2

6-02-02-02 求求鳥

求求終夜號求求	求求爾何求
求者彼所厭	所求豈肯酬
一求猶難得	求求況多求
求求長不已	相好化爲仇
奚但求不得	適足爲身災
寄語世間名利子	愼莫學彼鳥多求
求滔滔前車顚覆	皆是當年多求者

尹行儼(1728~?, 1762年 진사), 『守默堂遺稿』 권2

6-02-03 달타령

6-02-03-01 望月謠

莫惜上元日	去望上元月
且望上元月	且聽老農說
去歲月上南芍樂	田野荒穢人事略
今年月上東芍樂	芍樂之東我心樂
此峯驗月七十年	往在熟年今歲若
兒孫肥牛且脩犁	明朝輦糞家南陂
高畦種粟粟如樹	下塍穫稌雲旖旎
輸官可免賣黃犢	且餘盎庾給我私
我聞此語向月謁	歲歲長如今歲月
於乎	歲歲長如今歲月

姜樸(1690~1742), 『菊圃先生集』 권2

6-02-03-02 蹋月詞

蹋月詞 本金官小吏 襃姓*失其名妻 作月夕聞里兒聯聲互唱 念其詞旨微婉有可採者 遂演其意 作此 附于紀事之尾云

朗月何彎彎	只在彥陽山
兒家彥陽邑	近月起樓欄
月光應更寒	父母念兒遠
見月卽長歎	夫壻暮來返
衣上霜露溥	言自彥陽還
前見彥陽月	更在東天端
其外海漫漫	去天九萬里

月光如等閑　　　　　　　兒女故不識
敎兒仔細看

　　　　　　　　　　李學逵(1770~1834), 『洛下生全集』 권上

6-02-03-03 月明謠

舊俗 兒娘月下唱此曲爲戲 二晦堂輯云 此是正祖朝御製 令宮娥唱之 流出于外 稱之曰달아달아

謫仙去後桂花秋　　　　　玉斧聲中起一樓
奉歡父母心中月　　　　　照得千年樂未休

　　　　　　　　崔永年(1856~1935), 『海東竹枝』 中編, 「俗樂遊戲」

6-02-04 담배 타령

6-02-04-01 南草謠

長安毛笠子　　　　　　　相逢長安陌
見它吸烟草　　　　　　　前致禮數說
曾前雖未面　　　　　　　幸惠一兩竹
其人睍而立　　　　　　　問君何處客
居在長安裏　　　　　　　世情何不識
烟草一葉錢　　　　　　　僅能十竹得
珍藏油囊中　　　　　　　要作一日食
一葉豈容易　　　　　　　獨喫猶未足
至親四寸間　　　　　　　乃可許一給
若見新查頓　　　　　　　始以爲款接
嘗見士夫家　　　　　　　揥解烟草惜

人非面相熟	不肯使之喫
遇他顔情客	然後勸其吸
一竹尙可許	二竹非所欲
三竹誠悶迫	眉間已見蹙
客去捫草匣	悔却不袖入
世情旣如此	況復生面目
煩君勿謂薄	取與當從俗
聽此默無言	只可一歎息

李顯穆(18세기 중엽), 『笑庵集』 권上

6-02-05 대나무 노래

6-02-05-01 叢竹歌

種竹庭除菀草耘	綠軒題得子瞻文
色貫四時凌霜雪	幹長千尺衡雲霄
君不見	
寒天草木黃落盡	愧比春日衆芳芬
安知尼聖眞愛意	不可無此我曾聞
寸土如金幸得所	脩脩籜龍自成群
葩經詠頌君子德	猗彼淇園衛詩云
心本淸虛體通直	貞貞高節色先分
春風可愛長兒孫	穿罷階面碧苔紋
人心易俗累	動棋隨此君
世人莫問主人趣	自笑紅塵自紛紛
垂賁他日鳳凰棲	吾王聖德稽放勳

閔丙穆(1874~1938), 『悟堂集』 권2

6-03 인정 · 세태 노래

6-03-01 노처녀가

6-03-01-01 老處子歌

東隣生女西隣又	二娘紅臉芙蓉秀
俱是同庚情益厚	蕙戶蘭窓朝夕叩
咸願許身金吾郎	花林笑戲同鷇鶵
蹇脩入門暗自喜	心中所恃惟父母
一女早結月姥繩	新郎風彩刪玉稜
鴛鴦幷戲兩翼比	鳳凰相着雙眸凝
人皆有親我獨無	芳年漸衰不知夫
妾父擇婿己太甚	東床坦腹那待吾
奚關豨監牛醫子	夫妻相愛斯己矣
三旬欻過四旬及	紅淚闌干虛屈指
不幸阿爺捨女歿	産業洗盡淸於水
寡婦晝哭淚如雨	不及閨中空老女
坊里咸惜老處子	綠髮肯取白頭侶
聞說東家宴新婚	暗見醮婦衷懷論
童年女伴皆己老	膝上笑弄金玉孫
髮莖漸皤齒根黑	鐵鑞抛棄銅鏡捫
寧爲枯落霜月閨	不作日下新進妻
天綠湊合靑鳥翔	幸遇海島老新郎

吳鶴淳(1868~1936), 『守靜遺稿』 권1

6-03-02 기녀 노래

6-03-02-01 房妓

野說聞荷襦　　　島俗見褰裳
蓮幕誇增價　　　梅閣藉生光
不必謀潤屋　　　爲先喜入房
離合如有數　　　迎送視爲常
何論情厚薄　　　例也曰無傷

李然竹(1776~185?), 『然竹集』 권1, 〈敬次耽羅十謠〉 제10수

6-03-03 문답가

6-03-03-01 愚夫歎

芻楚山中朝暮　　　鋤穮隴上春秋
家人飽食何事　　　牆壁殘機不收

李五秀(1783~1853), 『東里集』 권1

6-03-03-02 懶婦答

經冬襦薄易病　　　徹夜兒啼少眠
莫問瓶甖虛實　　　城中斗米三錢

李五秀(1783~1853), 『東里集』 권1

6-03-04 신세타령

6-03-04-01 子夜歌(2)

春 使君未就新歡 回扳舊緣 忙蝶悄花光景絶倒 遂賦二章 以補

古子夜變餘意云

6-03-04-01-01
郎就他儂寢　　　　　　不與儂計較
他儂不迎郎　　　　　　郎忽向儂笑

6-03-04-01-02 其二
郎自念他儂　　　　　　儂豈無他郎
但爲疇昔好　　　　　　容郎在儂傍

姜樸(1690~1742), 『菊圃先生集』 권2

6-03-04-02 宿都門客舍述民謠 二首

6-03-04-02-01
哀哀復哀哀　　　　　　哀我生靈何所食
薇蕨亦霑周天露　　　　菽粟嗟非殷土植
朝不食夕不食　　　　　弱子疲妻長歎息
可柰何可柰何　　　　　此心唯有蒼天識

6-03-04-02-02
春雨濡秋霜肅　　　　　靑山往哭祖先墓
莓苔不蝕螭頭文　　　　將軍之宅侍中厝
酌淸流採山薇　　　　　葛笠兒孫哭且訴
哭未了日已盡　　　　　白楊蕭索愁雲暮

韓希甯(1868~1911), 『愚山文集』 권1

6-04 아리랑

6-04-01 아리랑

6-04-01-01 哦囉哩

距今三十餘年前 所謂此曲未知從何而來 遍于全土 無人不唱 其音哀怨 其意淫哇 其操噍殺短促 蓋季世之音至今有之名之曰아라리타령

喉舌無端自發生	不知哀怨觸人情
可憐朝暮新羅世	已有忉忉怛怛聲

崔永年(1856~1935), 『海東竹枝』 中編, 「俗樂遊戲」

6-04-01-02 聞童謠(2)

我那離我那離	南溟北海欲何之
日暮空山風雨急	弱樓寄在最高枝

我勞農我勞農	朝耘南畔暮歸春
去年禾熟今年又	醉哺康衢烟月濃

崔鍾和(1859~1918), 『松菴集』 권1

6-04-01-03 咏啞耳聾謌

啞囉伊啞囉伊	素餐阿屎孰如儂
昔我聞諸里中	老啞人最好兼耳聾
啞耳聾啞耳聾	笑而不答心自寬
昔我聞諸里中	老啞聾善笑
是格言勸君	莫病靈臺主
風火爲祟藥與效	

金贊謨(1862~1910), 『希菴集』 권1

6-05 지역 민요

6-05-01 각 지역 민요

6-05-01-01 花山曲(5)

6-05-01-01-01
儂家花山縣　　　　　　君家漢江涘
儂家與君家　　　　　　本自連一水
君今夏日來相過　　　　使儂其如秋夜何

6-05-01-01-02 其二
儂採山蔬待　　　　　　君載海鹽來
山蔬調海鹽　　　　　　自足侑一盃
請君且盡今宵樂　　　　莫使他日長相憶

6-05-01-01-03 其三
君乘氾泭來　　　　　　儂釀麥酒迎
江水政浩浩　　　　　　君可少留行
江流西去返無日　　　　惟恐恩情從此絶

6-05-01-01-04 其四
儂家在江干　　　　　　慣知江中事
水淺灘常礙　　　　　　水深湍又駛
君雖心忙莫遄歸　　　　且待江波下石磯

6-05-01-01-05 其五
三汀水始大　　　　　　八峯灘甚惡
灘中石嶜岈　　　　　　行舟愼莫觸

君雖經歷知所從　　　　　　不如江干生長儂

　　　　　　　　　　　　　　　朴泰淳(1653~1704), 『東溪集』 권3

6-05-01-02 補毛羅歌 并序(14)

佔畢齋金先生 嘗過成歡驛 遇濟州人藥材陪持者 因夜話問風土物產 錄其言 爲毛羅歌十四首 後人亦有補之者 余於病伏中 再步其韻間附述懷書事等語終篇 大抵遊山日記 雖其文字不能得古人之髣髴 而若其目見詳於耳聞 足踏勝於口傳 則不敢辭矣 亦令愼明和之

6-05-01-02-01
殊音異服强相親　　　　　時獻驪龍領下珎
亭長初非從汝索　　　　　看君知是有求人
* 風俗志 毫縷細故 皆有贈賂 不知廉義爲何事

6-05-01-02-02
朝廷初不稅蠻人　　　　　藥物惟供絶海濱
內局卽今多責應　　　　　船船滿載是靑陳

6-05-01-02-03
衙軒東北勢空闊　　　　　瘴雨腥風入戶凉
病骨不堪尖利氣　　　　　斜陽移上橘林堂
* 南槎錄 風氣尖利 捷於中人

6-05-01-02-04
賣妻鬻子尋常視　　　　　此地人情不可諳
王化卽今無內外　　　　　只緣風氣限天南

6-05-01-02-05
鈴下趨蹌多刻面　　　前年纔脫黑縲間
朝朝向日祈無死　　　願得田園半餉間

6-05-01-02-06
靑螺纓子隔珊瑚　　　異彩玲瓏世所無
縱橫石上磨礱跡　　　盡入侯門別簡須

6-05-01-02-07
仙府深深在漢山　　　神官羅列幾重般
有人手孰嬴粮袋　　　不見眞元面目還
＊ 崔牧使啓翁自稱忩懷子 以仙人聞笑語 輒避手持數升粮獨上漢挐山 迷失道困
　頓乃還

6-05-01-02-08
名區珎木傲風霜　　　納錫年年犯大洋
半夜別關星火急　　　尙方催進紫檀香

6-05-01-02-09
羅綺香風陣陣圍　　　芳心先向八房披
那堪聽取靑樓曲　　　厭薄官人不自疑

6-05-01-02-10
朝爲赤子暮蛇龍　　　芽蘖時能敗古風
甫介巳囚嚴卜死　　　家家花月醉郫筒

6-05-01-02-11
絃誦洋洋衣帶整　　　嶺湖風習不爭多

可憐土俗輕題品　　　　　官妓虛當第一科
* 方言 有一妓生 二官奴 三衙前 四假卒 五鄉所 六先輩之語

6-05-01-02-12
山陰橡栗秋來熟　　　　　獐鹿成羣日漸肥
告獲不堪充俎豆　　　　　悍兵元是傲官威

* 春秋兩丁自營出 牙兵二哨獵山獸 以供各祭脯醢 而卒習甚悍 不肯盡力於捕
  捉祭需 每患窘束

6-05-01-02-13
牧馬千羣半故斃　　　　　爲言南地雪風高
冷丞只解箝書尾　　　　　都付營門數鬣毛

* 南地風雪甚惡 牧場馬故斃多 至數千皮鬣 皆入營門 所謂牧官 擧行文書而已
  毫末不與焉

6-05-01-02-14
到口生憎瞿麥酒　　　　　淺紅時上小螺盃
雲安此去無多地　　　　　須取醹人麴米來

　　　　　　　　　　　　南九明(1661~1719),『寓庵先生文集』권1

6-05-01-03　又補毛羅歌(14)

6-05-01-03-01
纖毫起梗便忘親　　　　　一束枯芻認至珎
太守好將鄒魯待　　　　　汝家猶是化中人

6-05-01-03-02
相逢渾是異鄉人　　　　　樽酒從容寂寞濱
莫把皮毛當面過　　　　　天涯何處覓雷陳

6-05-01-03-03
氓俗耐寒兼耐暑　　　　　不關天氣變炎凉
齁齁鼻息眠猶穩　　　　　白板家家掩土堂

6-05-01-03-04
月下歌聲相村杵　　　　　音調凄澁聽難諳
夜深變秦思歸引　　　　　樓上愁人憶嶺南

6-05-01-03-05
獠面猶能知禮讓　　　　　每逢冠蓋伏田間
逡巡細報喉中語　　　　　爲訴生涯不暫閒

6-05-01-03-06
靈丘瓊樹雜珊瑚　　　　　多事人間說有無
神翁曉劈麒麟腊　　　　　爲進儒仙案上須

6-05-01-03-07
隔海纔分點點山　　　　　望鄉心事幾千般
開愡忽聽偵人報　　　　　巨艦今從陸地還

6-05-01-03-08
田間墟墓埽秋霜　　　　　終古寃魂泣大洋
家人謾拾衣巾葬　　　　　痛哭荒原注瓣香

6-05-01-03-09
士女傾城簇四圍　　　　　分曹相搏勢紛披
老翁亦自忘筋力　　　　　執索呼邪不少疑
　＊ 州志八月十五日 男女曳大索決勝負 謂之照里戲

6-05-01-03-10
生男只解怨蛟龍　　　重利輕身不畏風
一半閭閻皆寡婦　　　天寒背上水鳴筒

6-05-01-03-11
漁郞能釣不能網　　　爲說南溟石嶼多
黠吏休言漁稅薄　　　此翁元是拙催科

6-05-01-03-12
丘陵木石有滛祀　　　百數巫男日覺肥
槎馬已灰錚鼓歇　　　滿山蛇虺失神威

* 州志 俗尙滛祀 每歲元日作儺戲得槎形如馬頭者 飾以彩帛作躍馬 戲以娛神
又地多蛇虺 見灰色蛇 以爲神禁不殺王午 牧使李衡祥撤滛祠

6-05-01-03-13
使君秋設養老宴　　　觀德亭前綺席高
四百餘人皆百歲　　　紫驄冠下土猪毛

6-05-01-03-14
塵封硯匣綠生印　　　兒妓時擎掌上盃
牆角梅花開爛熳　　　香風吹入小摠來

南九明(1661~1719), 『寓庵先生文集』 권1

6-05-01-04 重補乇羅歌(14)

6-05-01-04-01
炎洲鷗鷺日相親　　　虎杏神瓜味味珎
太守風流惟自樂　　　是非都付北方人

6-05-01-04-02
一逕通樵不見人　　　孝林神宇小溪濱
宗工曉告供禋祀　　　丹荔黃蕉次第陳

6-05-01-04-03
小隊旌旗出廣壤　　　一邦山水不凄凉
明朝擊鼓祈田祖　　　浴罷孤眠演武堂

6-05-01-04-04
乘間偶上望辰閣　　　水戶山村歷歷諳
高處還嫌風氣惡　　　華筵移設小溪南

6-05-01-04-05
翠屛潭中牽錦纜　　　鼙角笙歌兩岸間
歸來尙有扶桑恨　　　更占靑鞋半日閒

6-05-01-04-06
暇日將尋廣成約　　　荷衣新拂一塵無
滇池赤杖靑猿酒　　　分付仙童應所須

6-05-01-04-07
風送藍輿上遠山　　　洞天奇態各千般
雲軿漸下笙簫近　　　知是王喬駕鶴還

6-05-01-04-08
四月深山夜有霜　　　冷風駕腋入茫洋
遊人卻傍仙巖宿　　　草舍終宵樺燭香

6-05-01-04-09
山下滄溟碧四圍　　　　煩襟時向北風披
路傍無數瓊瑤樹　　　　異彩玲瓏欲把疑

6-05-01-04-10
頂上靈湫祕毒龍　　　　遊人到此怵雷風
扶筇暮入三梅洞　　　　臥聽蠻童吹竹筒

6-05-01-04-11
莫恨仙源窮未了　　　　平生還覺此遊多
因風直欲凌波去　　　　簿牒明朝閱幾科

6-05-01-04-12
尋幽遠入天池瀑　　　　春雨初還水正肥
顧語兒童莫轉石　　　　雷喧恐犯神靈威

6-05-01-04-13
遊鞭晚駐遮歸浦　　　　西見中洋石扇高
霹靂乍過風雨急　　　　雛鵬當午浴新毛

6-05-01-04-14
名區閱盡錦囊富　　　　爲向江山勸一盃
也識前生緣果重　　　　此行非是偶然來

南九明(1661～1719), 『寓庵先生文集』 권1

6-05-01-05 金馬別歌(32)

使君*南泰普治行爲兩湖最 於其歸 金馬之民 必有攀轅涕泣者 僕 爲歌道其意 以遺其民 思備一邦風謠之作 而自以爲麤得樂府遺

意 往往有閭巷聲口 有如異日 太史氏採詩 庶幾有取焉云

6-05-01-05-01
金馬使君行　　　　　九面萬男女
爭持使君啼　　　　　使君便莫去

6-05-01-05-02 其二
三更馬莫喫　　　　　五更鷄莫聲
天明使君去　　　　　天下憐人情

6-05-01-05-03 其三
官門抱馬足　　　　　不畏馬上嗔
却罵六年限　　　　　枉殺金馬民

6-05-01-05-04 其四
可憐乙丙年　　　　　斗米錢二百
天遣活佛來　　　　　百姓衣天德

6-05-01-05-05 其五
貪官愛賑財　　　　　持錐刺浮黃
案前飢民抄　　　　　朱點百把長

6-05-01-05-06 其六
暗官入吏袖　　　　　邑中多瓦屋
案前見吏心　　　　　監色無宗服

6-05-01-05-07 其七
官廳月料米　　　　　誰禁貿春錢
細細補作賑　　　　　不買楊根田

6-05-01-05-08 其八
凍天十二月　　　　　烹粥熱浮浮
各名一大梡　　　　　遍身寒粟收

6-05-01-05-09 其九
大槖及小囊　　　　　斗斗齊受粟
還家夕擧火　　　　　子女環坐食

6-05-01-05-10 其十
軍官申次男　　　　　貿衣嶺南市
一時百寒人　　　　　擧袖誇鄰里

6-05-01-05-11 其十一
婚姻誰過時　　　　　喪葬誰不擧
一一面任報　　　　　隨例錢米與

6-05-01-05-12 其十二
春浦無水野　　　　　大堤官高築
年年春浦魚　　　　　捉與案前喫

6-05-01-05-13 其十三
春月布穀鳴　　　　　司倉散種食
倉中無雀鼠　　　　　一石還一石

6-05-01-05-14 其十四
端午芒種雨　　　　　四野秧皷聲
無牛未移秧　　　　　官令借牛耕

6-05-01-05-15 其十五
稻欲三寸時　　　　　官來一牽馬
腰繩白草鞖　　　　　田田逐高下

6-05-01-05-16 其十六
處處山有花　　　　　齊發翠禾中
欣然謂農夫　　　　　善哉勤用功

6-05-01-05-17 其十七
七月洗鋤夜　　　　　村餅大如月
願作案前嘗　　　　　畏逢牌頭喝

6-05-01-05-18 其十八
秋成還上令　　　　　不待里丁催
一心開倉日　　　　　牛馬輪納來

6-05-01-05-19 其十九
霜朝背黃口　　　　　夫妻昔訴官
今等歲抄時　　　　　儂兒睡穩安

6-05-01-05-20 其二十
三稅五六月　　　　　貧戶不輿杖
龍山三浦口　　　　　猶見盆山舫

6-05-01-05-21 其二十一
十錢募一夫　　　　　登登客舍役
儂背不知木　　　　　儂手不知石

6-05-01-05-22 其二十二
閭閻六年間　　　　　夜犬無吠吏
松明績麻火　　　　　男女作笑戲

6-05-01-05-23 其二十三
家家白飯禱　　　　　六年加一年
鄰官願買去　　　　　休奪儂案前

6-05-01-05-24 其二十四
今日案前歸　　　　　敎儂若爲住
幼兒失爺孃　　　　　衣飯誰當厝

6-05-01-05-25 其二十五
子弟田中歎　　　　　父老室中泣
涼風八月初　　　　　案前行發邑

6-05-01-05-26 其二十六
摧却瑪瑠橋　　　　　藏去錦江舟
新官自京來　　　　　舊官難可留

6-05-01-05-27 其二十七
鄕所領印信　　　　　下直向兼官
下堂淚如雨　　　　　行次祝平安

6-05-01-05-28 其二十八
殺鷄欲餞官　　　　　三吹官欲起
煩官少駐馬　　　　　更飮盃山水

6-05-01-05-29 其二十九
飄颻皂羅傘　　　　　駞駞黃騮馬
勸馬一聲遠　　　　　行塵十里野

6-05-01-05-30 其三十
來時無別物　　　　　去時無別物
靑紅一雙袂　　　　　八卷古簡札

6-05-01-05-31 其三十一
儂持送官淚　　　　　直到礪山還
婦女望官去　　　　　遙登彌勒山

6-05-01-05-32 其三十二
蝗虫殺晚禾　　　　　新官問何人
官人多愛錢　　　　　大杖善打民

申光洙(1712～1775),『石北集』권4

6-05-01-06 耽津村謠　二十首(15수)

6-05-01-06-01
樓犁嶺上石漸漸　　　長得行人淚洒沾
莫向月南瞻月出　　　峯峯都似道峯尖
* 月出山在康津　道峰在楊州

6-05-01-06-02
山茶接葉冷童童　　　雪裏花開鶴頂紅
一自甲寅鹽雨後　　　朱欒黃柚盡枯叢

6-05-01-06-03
海岸篔簹百尺高　　　如今不中釣船篙
園丁日日培新笋　　　留作朱門竹瀝膏

6-05-01-06-04
崩城敗壁枕寒丘　　　鐃吹黃昏古礎頭
諸島年年空斫木　　　無人重建聽潮樓

6-05-01-06-05
水田風起麥波長　　　麥上場時稻插秧
菘荣雪天新葉綠　　　鷄雛蜡月嫩毛黃

6-05-01-06-06
石梯院北路多歧　　　終古娘娘此別離
恨殺門前楊柳樹　　　炎霜摧折少餘枝

6-05-01-06-07
棉布新治雪樣鮮　　　黃頭來博吏房錢
漏田督稅如星火　　　三月中旬道發船
　* 民田之漏於王籍者 六百餘結 其僞災稱是 公室之賦幾何

6-05-01-06-08
莞洲黃漆瀅琉璃　　　天下皆聞此樹奇
聖旨前年蠲貢額　　　春風髧髦又生枝

6-05-01-06-09
烏蠻總角髮如雲　　　寫出三倉法外文
不是瓜哇應呂宋　　　薔薇玉盒潑奇芬
　* 時有漂船泊濟州 不知何國人

6-05-01-06-10
蓮寺樓前水一規　　　　　春潮如雪上門楣
名藍總隸頭輪寺　　　　　爲有西山御製碑

6-05-01-06-11
村童書法苦支離　　　　　點畫戈波箇箇欹
筆苑舊開薪智島　　　　　掾房皆祖李匡師

6-05-01-06-12
荊棘何年一路開　　　　　黃茅苦竹似珠雷
形房小吏傳呼急　　　　　知是京城謫客來

6-05-01-06-13
三月松池馬市開　　　　　一駒五百揀天才　*方言良馬 謂之天才馬
白驄籠子烏驄帽　　　　　都自挐山牧裏來

6-05-01-06-14
自古漸臺嗜鰒魚　　　　　山茶濯胎語非虛
城中小吏房櫳內　　　　　徧插奎瀛學士書

6-05-01-06-15
都督開營二百年　　　　　皐夷不復繫倭船
陳璘廟裏生春草　　　　　漁女時投乞子錢
　　　　　　　　　　丁若鏞(1762~1836), 『與猶堂全書』제1책 권4

6-05-01-07 綾州詞(6)

6-05-01-07-01
長夏流風海國　　　　　　淸秋落日湖鄕

綠樹多如京北　　　　　青天澗侶潭陽

6-05-01-07-02
蠶子邨肯日落　　　　　朱家洞裏人還
兩處難分秋色　　　　　雲中鴨脚如山

6-05-01-07-03
漫見東陵送客　　　　　仍聞北里留賓
滴瀝華星暎戶　　　　　靑黃橋樹迷人

6-05-01-07-04
湖上女兒生小　　　　　江中估客長歡
亞字欄毐看水　　　　　打魚聲裏微寒

6-05-01-07-05
海上名駒玉腕　　　　　湖中摺扇銀光
上日南城看市　　　　　誼聲直到湖梁

6-05-01-07-06
鳳尾靑山薄暝　　　　　蠶頭碧瓦初寒
一片端正明月　　　　　行人郤望長安

　　　　　　　李學逵(1770~1834), 『洛下先生集』「竹樹集」

6-05-01-08 綾州雜詩(6)

6-05-01-08-01
州舍楓香滿　　　　　　邨園竹樹層
困禾饒瓦雀　　　　　　甕鮓起麻蠅
壤地不須灌　　　　　　歌呼復寔能

唯愁捉褃襪   觸熟到邱膣

6-05-01-08-02
北墅風猶熱   南人意更深
敎兒持摺扇   候客視團箋
碧酒交淸水   緗簾生晝陰
明朝驛使發   尺素定相尋

6-05-01-08-03
湫水龍鯉合   家門竹葉分
 * 土人歲暵祀龍湫取竹葉懸門禳旱
淸風吹驛路   初日賽江濆
翳翳江衣霧*羅州島名   英英白鹿雲*耽羅山上有池曰白鹿
時聞數點雨   已自灑高墳

6-05-01-08-04
濱海王風遠   緣山物態繁
稻田吹白雨   竹樹靜黃昏
北斗元相望   南音近未諼
遙憐故園月   一夜傍柴門

6-05-01-08-05
客意諧良夜   疏房*余所居室曰疏房晏坐餘
里巫風外邃   邨女月中梳
食有菠薐美   家無觓蝮居
唯聞涼吹發   作意賦歸歟

6-05-01-08-06

急峽奔雷響	澄江捲曉霞
人居掃竹舍	風雨看榴花
白幘低仍濕	緗簾踈復斜
西樓正留客	一醉臥田家

李學逵(1770~1834),『洛下先生集』「竹樹集」

6-05-01-09 三浦風謠 七絕

6-05-01-09-01

我以官來不是遊	月明江上未登舟
居人那識風烟好	稠疊閭家盡背邱

6-05-01-09-02

北苑牆邊古木層	每宵登望數漁燈
歸來寂寞擁書卷	兀兀牕前似定僧

6-05-01-09-03

幾疊雲濤到稅船	白頭沙格面黧烟
斛中欠縮明朝事	愁坐蓬牕夜弗眠

6-05-01-09-04

龍山浦口富人多	積米如阜不糶何
賭得倍錢猶德色	百廛操縱在渠家

6-05-01-09-05

柴商强半是貧氓	羸馬朝朝駄入城
一駄價錢纔滿握	每歸猶被濁醪酲

6-05-01-09-06
銅雀江邊沙最長　　　行人絡屬趁斜陽
非商非宦緣何至　　　射利賭名自四方

6-05-01-09-07
正稅年年火督收　　　太倉曾見幾包留
不知底處消耗盡　　　罪歲尤民州郡憂

　　　　　　　　　　李源祚(1792~1871), 『凝窩集』 권1

작품 색인

ㄱ

嫁秧　1-02-02-60
柯原樵歌　2-04-02-38
角山樵唱　2-04-02-33
艮岑樵歌　2-04-02-24
江滄農歌　1-05-02-35
牽牛牧童　次明律　1-03-03-04
耕麥　1-01-05-05
竟長畝　1-04-02-03-11
戒牧童詞　1-03-03-08
戒收童詞　1-03-03-09
古徑樵歌　2-04-02-11
苦苦苦　4-05-02-01
鼓腹　1-04-02-03-09
古艷雜曲 十三篇　4-06-01-01
古雜曲 二篇　5-01-01-01
谷口農歌　1-05-02-65
曲磴樵歌　2-04-02-28
公讌　1-04-04-09-12
串浦漁歌　3-05-01-02
串浦漁歌　3-05-01-07
誇農　1-04-02-03-06
鸛峯樵歌　2-04-02-47
鸛峯樵歌　2-04-02-48
鸛坪農謳　1-05-02-53
廣野農歌　1-05-02-38
廣野農唱　1-05-02-22
求求鳥　6-02-02-02
宮坪農謳　1-05-02-40
捲露　1-04-02-03-02
金谷樵歌　2-04-02-17
金馬別歌　6-05-01-05
汲婦　4-04-03-02
汲箐　4-04-03-01
騎牛　1-03-03-03-03

ㄴ

懶婦答　6-03-03-02
南麓樵歌　2-04-02-14
南畝農歌　1-05-02-10

南畝農謳　1-05-02-14
南草謠　6-02-04-01
南湖戲歌　3-05-01-15
納官　4-03-02-01-08
浪華女兒曲 四首　5-01-04-01
蘆管　1-03-03-03-05
露梁漁歌　3-05-01-18
蘆岭樵歌　2-04-02-09
蘆岸樵歌　2-04-02-01
路中聞樵歌　2-04-02-16
老處子歌　6-03-01-01
蘆浦漁歌　3-05-01-03
綠野農歌　1-05-02-07
鹿埜農歌　1-05-02-81
農歌　1-04-02-02
農歌　1-04-02-04
農歌　1-04-02-05
農歌　1-04-02-06
農歌　1-04-02-09
農歌 庚辰　1-04-02-08
農家謠　1-04-02-01
農謳　1-04-02-07
農謳十四章　1-04-02-03
隴頭耘歌　1-02-03-01
隴頭耘歌　1-02-03-05
農樂　6-01-03-02
農樂　6-01-03-04
農夫歌　1-04-01-01

農夫詞 四絶　1-04-01-02
籠巖農歌　1-05-02-08
籠巖農歌　1-05-02-09
農謠　1-04-02-12
農謠　1-04-02-13
農謠 九首　1-04-02-11
綾州詞　6-05-01-07
綾州雜詩　6-05-01-08

ㄷ

短橋樵歌　2-04-02-15
丹丘俚曲　4-05-01-03
踏橋曲　6-01-01-01
踏橋軸　6-01-01-02
蹋月詞　6-02-03-02
踏田　1-01-02-01
大谷樵歌　2-04-02-18
大坪農歌　1-05-02-24
大坪農唱　1-05-02-20
待饁　1-04-02-03-08
德山樵歌　2-04-02-02
德城樵歌　2-04-02-22
德坪農歌　1-05-02-55
跳跳曲 板戲也　6-01-05-01
道陽樵歌九章　2-04-02-49
擣衣婦　4-04-01-03
擣衣詞　4-04-01-02

작품 색인 **427**

擣衣篇 八絶　4-04-01-01
稻田鷗雀　1-02-04-02
擣砧　4-03-02-01-06
道坪農唱　1-05-02-18
獨樵歌　2-02-02-09
東家　4-05-01-07
鼕鼕曲　6-01-03-03
童謠　5-01-04-02
東郊漁歌　3-05-01-09
杜鵑花　6-02-01-01
杜鵑花　6-02-01-03
杜鵑花　6-02-01-05

ㅁ

麻谷農歌　1-05-02-06
馬坪農歌　1-05-02-46
晚秧詞　1-02-02-39
晚孃篇　4-05-03-01
晚風樵歌　2-04-02-43
望月謠　6-02-03-01
望秋　1-04-02-03-10
賣魚　3-04-02-01-08
牧谷樵歌　2-04-02-59
牧童　1-03-03-03-01
牧童詞　1-03-03-01
牧童詞　1-03-03-02
牧童詞　1-03-03-07

牧童詞 六首　1-03-03-03
牧童吟　1-03-03-10
木綿歌　4-01-01-02
牧牛　1-03-03-03-02
牧牛詞　1-03-03-05
鶩嵯樵歌　2-04-02-40
戊午農歌　1-04-02-10
聞童謠　6-04-01-02
聞山有花有感　2-03-01-14
聞李秀才唱予山花百濟詞有贈
　2-03-01-12
聞樵歌　2-02-02-08
薇田軟菜　4-04-04-07

ㅂ

薄暮樵歌　2-04-02-08
薄暮樵歌　2-04-02-29
撲棗謠　5-01-02-01
撲棗謠　5-01-02-02
房妓　6-03-02-01
放屯　1-03-03-06
百五田歌　1-04-04-06
伐木　2-01-02-02
伐薪　2-01-03-01
補毛羅歌 幷序　6-05-01-02
寶村農歌　1-05-02-70
卜居歌　6-01-02-01

峯腰樵笛　2-04-02-50
鳧川漁歌　3-05-01-04
婦餉田　4-05-01-08
北山焦歌　2-04-02-07
北嶽樵歌　2-04-02-13
肥年詞　6-01-07-01
悱調　4-06-07-01
貧家婦　4-05-01-15
貧女織　4-01-04-02
貧女　4-05-01-06

人
―――――

簑笠　1-03-03-03-04
槎船　3-02-01-01
四野農歌　1-05-02-59
飼牛　1-04-04-09-03
沙灘漁歌　3-05-01-11
沙灘漁歌　3-05-01-12
山有枏三章　2-03-01-24
山有花　2-03-01-01
山有花　2-03-01-02
山有花　2-03-01-07
山有花　2-03-01-09
山有花　2-03-01-15
山有花　2-03-01-18
山有花　2-03-01-21
山有花　2-03-01-25

山有花歌　2-03-01-23
山有花歌吟　2-03-01-03
山有花曲　2-03-01-06
山有花曲　2-03-01-19
山有花曲 四首　2-03-01-16
山有花百濟舊曲也　2-03-01-04
山有花四曲　2-03-01-13
山有花三章　2-03-01-05
山有花女歌　2-03-01-08
山有花六曲　2-03-01-22
山有花後曲　2-03-01-20
酸蔣歌　6-02-01-02
山中歌謠十三章　2-04-01-02
山中謠　2-04-01-01
山中樵子歌　2-02-01-03
山花詞　2-03-01-11
三浦風謠 七絶　6-05-01-09
挿秧　1-02-02-07
挿秧　1-02-02-49
挿秧　1-02-02-85
挿秧　1-02-02-87
相勸　1-04-02-03-07
上東樵歌　2-04-02-27
上箔　4-03-02-01-03
上元謠　6-01-06-01
相杵歌　4-02-02-02
上倉　1-04-04-09-11
西郊農唱　1-05-02-13

西郊農唱　1-05-02-42
西山樵歌　2-04-02-23
西疇農談　1-05-02-45
西湖漁歌　3-05-01-06
鋤禾　1-02-03-10
鋤禾　1-02-03-12
鋤禾　1-02-03-14
鋤禾　1-02-03-19
石逕樵歌　2-04-02-10
夕歸　1-03-03-03-06
析木　2-01-02-03
石舟漁歌　3-05-01-17
石川漁歌　3-05-01-08
石坪農謳　1-05-02-50
船離謠　3-02-02-01
仙塢樵歌　2-04-02-05
船人謠　3-02-02-02
剡坪秧歌　1-05-02-60
洗鋤　1-04-04-09-08
洗鋤歌　1-02-03-18
洗鋤宴　1-02-03-11
洗鋤宴　1-02-03-13
洗鋤宴　1-02-03-15
洗鋤飮　1-02-03-06
歲時詞　6-01-04-01
繅絲　4-03-02-01-05
松島漁歌　3-05-01-20
松梁農歌　1-05-02-66

松亭樵歌　2-04-02-58
松坡農談　1-05-02-31
松浦耘歌　1-02-03-17
水鷄鳴　1-04-02-03-12
水碓舂梁　4-02-01-01
水山樵唱　2-04-02-26
水舂歌　4-02-01-02
授衣　4-03-02-01-07
水田移秧　1-02-02-91
宿都門客舍述民謠 二首
　　6-03-04-02
拾穗謠　1-03-02-01
拾穗謠　1-03-02-02
詩家婦　4-05-01-10
蒔秧　1-02-02-22
新聲豔曲 十篇　4-06-02-01
新秧　1-02-02-74
莘野曲　1-02-01-01
莘野春耕　1-01-05-02
雙巖香娘　2-03-02-03

ㅇ

哦囉哩　6-04-01-01
阿女篇　4-04-02-01
雅調第一　4-06-04-01
秧　1-02-02-45
秧歌　1-02-02-23

秧歌　1-02-02-70
秧歌 九絶　1-02-02-04
秧歌 五章　1-02-02-10
秧歌十五絶　1-02-02-19
秧畔農歌 早夏　1-05-02-41
秧田守鳥　1-02-04-01
夜聞隣人唱山有花有懷却寄伯津
　　2-03-01-17
夜聞漁歌　3-04-01-05
瀼溪漁歌　3-05-01-22
凉谿樵歌　2-04-02-21
穰田　1-04-04-09-06
陽坡樵歌　2-04-02-32
羊峴樵歌　2-04-02-12
漁歌　3-04-01-01
漁歌　3-04-01-02
漁歌　3-04-01-03
漁歌　3-04-01-04
漁歌　3-04-01-06
漁歌　3-04-02-01-09
漁竿　3-04-02-01-03
漁磯　3-04-02-01-02
於難難曲　2-03-01-10
漁網　3-04-02-01-04
漁父　3-04-02-02
漁夫　3-04-02-05
漁父詞　3-04-02-04
漁父詞 九首　3-04-02-01

漁夫吟　3-04-02-03
漁舟　3-04-02-01-05
漁村　3-04-02-01-01
漁火　3-04-02-01-07
漁簑　3-04-02-01-06
鷗谷樵歌　2-04-02-57
蓮塘農歌　1-05-02-39
演耘歌　1-02-03-09
蓮渚漁唱　3-05-01-13
炎場打麥　1-01-04-16
艶調　4-06-05-01
饁畝　1-04-04-09-05
暎山紅　6-02-01-04
暎山紅　6-02-01-09
暎山紅歌　6-02-01-06
暎山紅歌　6-02-01-07
咏啞耳聾謌　6-04-01-03
潁野農歌　1-05-02-17
迎陽　1-04-02-03-03
永坪農歌　1-05-02-58
刈韭　1-01-10-01
刈稻　1-02-05-05
刈稻　1-02-05-07
刈稻　1-02-05-09
刈稻　1-02-05-10
刈稻用前韻　1-02-05-03
刈麥　1-01-03-011
刈麥　1-01-03-012

刈麥　1-01-03-02
刈麥　1-01-03-09
刈麥詞　1-01-03-07
刈麥四章　1-01-03-04
刈麥謠　1-01-03-01
刈麥謠　1-01-03-010
刈麥謠　1-01-03-03
刈麥行　1-01-03-08
刈新麥　1-01-03-06
刈早稻　1-02-05-02
刈禾詞 庚寅　1-02-05-04
午橋農唱　1-05-02-11
午橋農唱　1-05-02-15
五月聞打麥　1-01-04-03
臥龍樵歌　2-04-02-25
浴蠶　4-03-02-01-01
春歌　4-02-01-03
春歌　4-02-01-04
春歌　4-02-01-06
春歌行　4-02-02-04
春梁謠　4-02-01-07
春磨　4-02-01-05
春麥　4-02-01-08
傭夫歌 六首　1-04-03-01
春杵女　4-02-02-01
愚谷樵歌　2-04-02-06
又補毛羅歌　6-05-01-03
愚夫歎　6-03-03-01

愚野農歌　1-05-02-75
雨暘若　1-04-02-03-01
雨中刈麥 二首　1-01-03-05
雨浦農歌　1-05-02-28
耘稻　1-02-03-16
耘畝　1-01-06-03
耘草　1-01-06-02
怨女草歌　4-04-04-02
遠山樵歌　2-04-02-19
月明謠　6-02-03-03
月夜漁歌　3-05-01-05
月節變曲　4-06-08-02
月坪農謠　1-05-02-05
月下荷鋤　1-02-03-07
柳橋漁歌　3-05-01-21
幽崖採謠　4-04-04-05
柳坪秧歌　1-05-02-48
柳坪秧歌　1-05-02-56
六月移秧　1-02-02-05
栗島耘歌　1-02-03-04
鷹峯樵歌　2-04-02-45
爾我謠 村俗什伍結伴輪回相爾我
　　卽南楚謠曲　1-02-03-08
耳巖樵歌　2-04-02-04
移秧　1-02-02-01
移秧　1-02-02-02
移秧　1-02-02-03
移秧　1-02-02-11

移秧 1-02-02-12
移秧 1-02-02-13
移秧 1-02-02-14
移秧 1-02-02-15
移秧 1-02-02-18
移秧 1-02-02-20
移秧 1-02-02-21
移秧 1-02-02-24
移秧 1-02-02-25
移秧 1-02-02-26
移秧 1-02-02-27
移秧 1-02-02-28
移秧 1-02-02-29
移秧 1-02-02-30
移秧 1-02-02-31
移秧 1-02-02-32
移秧 1-02-02-33
移秧 1-02-02-35
移秧 1-02-02-36
移秧 1-02-02-37
移秧 1-02-02-38
移秧 1-02-02-40
移秧 1-02-02-41
移秧 1-02-02-42
移秧 1-02-02-43
移秧 1-02-02-46
移秧 1-02-02-47
移秧 1-02-02-50

移秧 1-02-02-51
移秧 1-02-02-52
移秧 1-02-02-53
移秧 1-02-02-54
移秧 1-02-02-55
移秧 1-02-02-56
移秧 1-02-02-57
移秧 1-02-02-58
移秧 1-02-02-59
移秧 1-02-02-61
移秧 1-02-02-62
移秧 1-02-02-63
移秧 1-02-02-64
移秧 1-02-02-65
移秧 1-02-02-66
移秧 1-02-02-67
移秧 1-02-02-68
移秧 1-02-02-69
移秧 1-02-02-71
移秧 1-02-02-72
移秧 1-02-02-73
移秧 1-02-02-75
移秧 1-02-02-76
移秧 1-02-02-77
移秧 1-02-02-78
移秧 1-02-02-79
移秧 1-02-02-80
移秧 1-02-02-81

작품 색인 433

移秧　1-02-02-82
移秧　1-02-02-84
移秧　1-02-02-86
移秧　1-02-02-88
移秧　1-02-02-89
移秧　1-02-02-90
移秧 二首　1-02-02-16
移秧歌 四絕 並小序　1-02-02-44
移秧婦　1-02-02-83
移秧詞三絕　1-02-02-17
梨野秧歌 夏　1-05-02-80
梨亭農歌　1-05-02-29
隣家織女　4-01-04-05
引絲　4-03-02-01-04
日啣山　1-04-02-03-13
荏坪農歌　1-05-02-54
臨河伐木歌　2-01-02-01

ㅈ

子夜歌　6-03-04-01
子夜歌 二十首　4-06-03-01
潛女　3-03-01-02
蠶婦詞　4-03-02-01
蠶婦詞　4-03-02-04
蚕婦詞　4-03-02-02
蚕婦詞　4-03-02-06
蠶婦吟　4-03-02-03
蚕婦吟　4-03-02-05
潛女歌　3-03-01-01
長鬐農歌　1-05-02-32
獐坪農歌　1-05-02-44
杵婦　1-04-04-09-10
笛洞樵歌　2-04-02-20
赤壁江漁歌　3-05-01-10
田家　1-04-04-08
田家　1-04-04-11
田歌　1-04-04-12
田家女　4-05-01-12
田家婦　4-05-01-09
田家詞 十二首　1-04-04-09
田家三絕　1-04-04-10
田家樂　1-04-04-03
田家謠　1-04-04-01
田家謠　1-04-04-04
田家吟　1-04-04-14
田家雜謠　1-04-04-02
田家雜謠　1-04-04-07
田家夏日雜謠 三首　1-04-04-05
前溪遊魚　3-05-01-19
前郊農謳　1-05-02-25
前郊農謳　1-05-02-26
前郊刈稻　1-02-05-01
前郊打麥　1-01-04-05
田婦　4-05-01-04
田婦　4-05-01-14

田婦詞　4-05-01-13
田舍雜咏　1-04-04-13
田畯　1-04-04-09-07
前坪農歌　1-05-02-52
前下山歌　4-04-04-03
折薪行　2-01-03-02
折草　2-01-01-01
折草　2-01-01-02
折草　2-01-01-03
店谷農歌　1-05-02-79
咀泉　1-04-04-09-02
齊嶺樵歌　2-04-02-51
提鋤　1-04-02-03-04
除草　1-01-06-01
造山農歌　1-02-02-06
棗亭農歌　1-05-02-61
棗亭農歌　1-05-02-62
棗亭農歌　1-05-02-63
棗亭農歌　1-05-02-68
棗亭農歌　1-05-02-69
棗亭農歌　1-05-02-71
棗亭農歌　1-05-02-72
棗亭農歌　1-05-02-73
棗亭農歌　1-05-02-74
棗亭農歌　1-05-02-76
棗亭農歌　1-05-02-77
棗亭秧歌　1-05-02-67
鳥項峙採桑歌　4-03-01-01

種栗　1-03-01-01
種麥　1-01-01-01
種木綿花　4-01-01-01
種蔬　1-01-09-01
種粟　1-01-07-01
種秧詞　1-02-02-08
種秧詞　1-02-02-09
種菸謠　南草　1-01-08-01
酒坪農歌　1-05-02-04
重補毛羅歌　6-05-01-04
芝嵒樵歌　2-04-02-56
織涼　4-01-04-04
織婦歎　4-01-04-01
織布詞　4-01-04-03
叱牛　1-01-05-03
叱牛耕田　1-01-05-06
叱牛吟　1-01-05-04

ㅊ

次樵歌韵　2-02-02-02
滄溪漁唱　3-05-01-01
采葭謠　2-01-04-01
採木花吟　4-01-02-01
採鰒兒　3-03-02-01
採桑　4-03-02-01-02
綵松歌　6-02-01-08
採薪行　2-01-03-04

작품 색인 **435**

採薪行　2-01-03-05
採茶詞　4-04-04-06
採樵吟　2-01-03-03
淸溪漁歌　3-05-01-16
靑門樵謳　2-04-02-30
樵歌　2-02-02-01
樵歌　2-02-02-04
樵歌　2-02-02-05
樵歌　2-02-02-06
樵歌　2-02-02-10
樵歌　2-02-02-11
樵歌　2-02-02-12
樵奴詞　2-02-01-09
樵童　2-02-01-06
樵童　2-02-01-18
樵童唱酬　2-02-01-08
樵夫　2-02-01-14
樵夫　2-02-01-20
樵夫歌　2-02-01-10
樵夫歌　2-02-01-13
樵夫歌　2-02-01-19
樵夫歌　2-02-01-21
樵夫詞　2-02-01-05
樵夫詞　2-02-01-07
樵父詞　2-02-01-11
樵夫詞　2-02-01-12
樵夫吟　2-02-01-16
樵夫吟　2-02-01-15

樵夫行　2-02-01-01
樵兒歎　2-02-01-04
樵翁答問　2-02-01-02
樵翁謠　2-02-01-17
草坪農歌　1-05-02-78
草坪秧歌　1-02-02-34
村歌　2-02-02-07
村女杵歌　4-02-02-03
村婦　4-05-01-05
村婦詞　4-05-01-01
村婦詞　4-05-01-02
叢竹歌　6-02-05-01
秋夜長　4-06-08-01
築墻　1-03-04-01
築場　1-04-04-09-09
春耕　1-01-05-01
春茶謠　4-04-04-01
醉樵歌　2-02-02-03
稚秧　1-02-02-48
七夕謠　5-01-03-01

ㅌ

打大荳 用前韻　1-01-11-01
打稻　1-02-06-03
打稻　1-02-06-04
打稻歌　1-02-06-05
打稻詞　1-02-06-02

打稻十韻　1-02-06-01
打麥　1-01-04-04
打麥　1-01-04-07
打麥　1-01-04-08
打麥　1-01-04-15
打麥　1-01-04-17
打麥　1-01-04-18
打麥　1-01-04-20
打麥　1-01-04-21
打麥　1-01-04-22
打麥　1-01-04-24
打麥　1-01-04-25
打麥　1-01-04-26
打麥　1-01-04-27
打麥　1-01-04-28
打麥　1-01-04-29
打麥　1-01-04-30
打麥　1-01-04-31
打麥　1-01-04-32
打麥　1-01-04-33
打麥　1-01-04-34
打麥　1-01-04-35
打麥　1-01-04-36
打麥　1-01-04-38
打麥　1-01-04-39
打麥歌　1-01-04-37
打麥歌　1-01-04-40
打麥詞　1-01-04-01

打麥詞　1-01-04-02
打麥詞　1-01-04-06
打麥二絶寄北靑明府便面 二首
　1-01-04-12
打麥日會吟　1-01-04-09
打麥八絶　1-01-04-19
打麥行　1-01-04-10
打麥行　1-01-04-11
打麥行　1-01-04-23
打小麥　1-01-04-13
打魚歌　3-01-01-02
濯足　1-04-02-03-14
彈綿詞　4-01-03-01
耽津農歌十章　1-05-02-33
耽津漁歌十章　3-05-01-14
耽津村謠 二十首(15수)
　6-05-01-06
塔郊秧歌　1-05-02-64
宕調　4-06-06-01
碭峴樵歌　2-04-02-31
台岜樵歌　2-04-02-35
台岜樵歌　2-04-02-41
台岜樵歌　2-04-02-44
噲洞樵歌　2-04-02-37
兔階農歌　1-05-02-47
討草　1-04-02-03-05
吐坪農歌　1-05-02-21
吐坪農歌　1-05-02-30

작품 색인 437

ㅍ

播麥　1-01-01-02
播麥　1-01-01-03
播麥歌 五絶　1-01-01-05
播麥詞 三絶　1-01-01-04
播種　1-04-04-09-04
八公樵歌　2-04-02-52
八公樵歌　2-04-02-53
八公樵歌　2-04-02-54
八公樵歌　2-04-02-55
平郊農謳　1-05-02-57
平郊農唱　1-05-02-19
平郊農唱　1-05-02-37
平村農謳　1-05-02-16
布穀　1-04-04-09-01
浦口農歌　1-05-02-03
浦口耘歌　1-02-03-02
豊年歌　1-05-01-01

ㅎ

夏日農歌　1-05-02-82
夏坪農歌　1-05-02-27
下坪農謳　1-05-02-43
夏畦鋤禾　1-02-03-03
鶴山樵歌　2-04-02-42
寒峙樵歌　2-04-02-39
杏坪農歌　1-05-02-51

香娘　2-03-02-04
香娘詩　2-03-02-02
薌娘謠　2-03-02-01
絃歌　6-01-03-01
花山曲　6-05-01-01
和打麥　1-01-04-14
霍溪農歌　1-05-02-49
穫稻　1-02-05-06
黃鳥歌　6-02-02-01
穫稻　1-02-05-08
孝峯樵歌　2-04-02-34
後溪打魚　3-01-01-01
後山樵歌　2-04-02-36
後山樵唱　2-04-02-03
後野農歌　1-05-02-01
後野農歌　1-05-02-02
後野農歌　1-05-02-12
後坪農歌　1-05-02-23
後下山歌　4-04-04-04
鵂巖樵歌　2-04-02-46
屹坪農歌　1-05-02-34
屹坪農歌　1-05-02-36
戲爲泉浦泣別美人　4-06-08-03
戲村女　4-05-01-11

▌ 저자약력

최재남 : 경남대학교 교수 역임, 문학박사
　　　　현 이화여자대학교 국어국문학과 교수
정한기 : 경남대학교 연구교수 역임, 문학박사
　　　　현 홍익대학교 교양과 교수
성기각 : 경남대학교 연구교수 역임, 문학박사
　　　　현 경남대학교 교양학부 강의전담교수

문집소재
조선후기 민요자료 정리와 분류

초판 1쇄 발행 _ 2008년 6월 12일

저　자 _ 최재남·정한기·성기각
발행인 _ 김흥국
발행처 _ 도서출판 **보고사**(등록 제6-0429)
주　소 _ 서울시 성북구 보문동7가 11번지 2층
　　　　전화 922-5120~1(편집) 922-2246(영업) | 팩스 922-6990
　　　　메일 kanapub3@chol.com | www.bogosabooks.co.kr

정　가 _ 25,000원
ISBN _ 978-89-8433-656-8(93670)

＊잘못된 책은 바꾸어 드립니다.
＊저자와의 협의에 의하여 인지는 생략합니다.